Rainer Biesinger
The Fire of Change

Für Mart. —

Play heavy

& keep your fire

burning

Rainer Biesinger

The Fire of Change

Für ein besseres Leben ist es nie zu spät

Mit einem Vorwort von OHRENFEINDT-Frontman Chris Laut

Bibliografische Information der Deutschen Nationalbibliothek

Die Deutsche Nationalbibliothek verzeichnet diese Publikation
in der Deutschen Nationalbibliografie; detaillierte bibliografische Daten
sind im Internet unter http://dnb.d-nb.de abrufbar.

ISBN 978-3-86936-630-2

Lektorat: Eva Gößwein, Berlin
Umschlaggestaltung: Martin Zech Design, Bremen | www.martinzech.de
Illustrationen: Timo Wuerz | www.timowuerz.com
Fotos: werdewelt und Rainer Biesinger | www.werdewelt.info und
    www.rainer-biesinger.de
Satz und Layout: Das Herstellungsbüro, Hamburg | www.buch-herstellungsbuero.de
Druck und Bindung: Salzland Druck, Staßfurt

www.gabal-verlag.de
www.twitter.com/gabalbuecher
www.facebook.com/Gabalbuecher

Inhalt

Chris Laut ist Gründer und Frontman des Kiez-Rock-Trios OHRENFEINDT. Raucht nicht, trinkt keinen Alkohol und nimmt auch sonst keine Drogen. Wenn er nicht gerade im Studio oder auf Tour ist, lässt er sich tätowieren, geht mit seinem Husky spazieren, reitet seine Harley oder isst Sushi und Erdbeerkuchen. Ist das noch Roggenrohl? Absolut ja!

Vorwort von Chris Laut, Frontman der Kiez-Rockband OHRENFEINDT

Hilf dir selbst, sonst hilft dir keiner!

Als ich Rainer Biesinger das erste Mal traf, wusste ich nicht so recht, wie ich ihn einsortieren sollte. Einige Minuten nach einer Show auf den Hamburg Harley Days – ich war eben von der Bühne gekommen und noch etwas außer Atem – gab mir ein Security-Mitarbeiter eine schwarze Visitenkarte mit 'nem Drachen drauf: »Da ist so 'n Typ, der dich sprechen möchte.« Das kommt ab und zu vor, aber dieses Mal fühlte es sich irgendwie speziell an.

Vor dem Backstage-Bereich stand ein szenetypisch schwarz gekleideter Kerl mit Bandana und Bart, dessen außergewöhnlich offene, freundliche und bescheidene, aber dennoch bestimmte Ausstrahlung mir gleich auffiel. »Deine Musik und Deine Texte begleiten mich schon eine Weile« – ein Kompliment, das mich sehr freute, auch wenn mir dessen Bedeutung erst klar wurde, als ich begann, mich mit Biesingers Arbeit zu beschäftigen.

Ich wollte mehr wissen. Wir schrieben Mails, telefonierten lang und intensiv. Biesinger gab mir eine Vorabfassung seines Buches und bat mich um meine Gedanken dazu.

Ein wichtiges Thema ist seine Vorgeschichte, eine Geschichte von Selbstzerstörung und Exzess, von Selbstverleugnung und Rücksichtslosigkeit, vom Weglaufen, vom Hinfallen, vor allem aber auch vom Aufstehen.

Wo viele andere Menschen versucht hätten, eine Vorgeschichte als Süchtiger, als nicht gesellschaftsfähiger Arsch, zu verschleiern und verschweigen, geht Biesinger offensiv mit seiner Vergangenheit um und nutzt sie als Teil seiner Botschaft: einer Einladung zu einer furiosen, kompromisslosen Reise an einen Ort, den viele gut zu kennen glauben, obwohl sie ihn möglicherweise fürchten und meist meiden – ihr Innerstes.

Sicher, vieles von dem, was er zu sagen hat, hat man schon mal irgendwo von irgendwem gehört, die Betreffenden als »gescheitert« eingeordnet und dann weiterhin »Business as usual« betrieben. Ist ja auch das Einfachste.

Aber Biesinger bringt die Dinge auf den Punkt, wie es sonst kaum jemand tut. Schon nach wenigen Seiten nimmt sein Buch den Leser gefangen, denn ein ums andere Mal findet er sich selbst wieder, fühlt sich vielleicht ertappt und merkt, wie oft und wie dicht er schon an den gleichen Abgründen stand, die Rainer Biesinger durchquert hat, um das zu werden, was er heute ist: der liebevolle, aber unerbittliche Heavy Metal Coach, der dich nicht vom Haken lässt, bevor du dir selbst ins Gesicht gesehen hast, um dir danach am eigenen Beispiel zu zeigen, dass nicht die anderen, sondern du selbst bestimmst, wer du bist und welchen Wert du hast. Du bist der Herr deines Lebens und du – und nur du – kannst es in den Griff kriegen!

Mit forschen, teils provokanten Statements bringt »The Fire of Change« den Leser dazu, sich selbst auf den Prüfstand zu stellen und zu durchleuchten. Aber Biesinger wäre nicht Biesinger, wenn er ihn danach hängen ließe. Sein Buch ist eine »Räuberleiter« für die, die mit verkrusteten Lebenslügen ins Gericht gehen und ihr Leben aufräumen möchten, für die, die ihr ganz persönliches Waterloo nicht nur einmal, sondern schon oft erlebt haben und die Ursache dafür an der Wurzel packen möchten.

Dazu braucht es neben der Selbstreflexion, der Annahme der Diagnose und dem Wunsch nach Veränderung auch den unbedingten Willen, dahin zu gehen, wo es wehtut, und das Feuer der Veränderung nicht nur zu entfachen, sondern auch zu ertragen.

Mal eben den großen Zeh reinhalten ist nicht – hier ist der Kopfsprung ins kalte Wasser, ins Unbekannte, in die Tiefen des eigenen Ichs gefordert, sonst wird das nichts. Von Biesinger kriegt keiner was geschenkt, auch er selbst nicht. Diesbezüglich lässt er keinen Zweifel aufkommen.

Keine leichte Reise, nix für Sissis – zumal »The Fire of Change« mit gezielten, bisweilen höchst unangenehmen Fragen den Leser immer wieder dazu zwingt, ganz genau hinzusehen. Rumeiern läuft nicht. Klare Sprache, konkrete Bilder, immer wieder gewürzt mit Einblicken in seinen eigenen, hausgemacht steinigen Weg, die stetige Konfrontation des Lesers mit dem oder den eigenen Dämonen – in Biesingers Fall der Drache Junior, der immer wieder auftaucht, mal als schlimmster Feind, aber auch als Verbündeter und Freund.

Nur wer diese Prozedur durchläuft und übersteht, kann im Feuer der Veränderung sein neues Ich schmieden. Nur die Harten kommen in den Garten, schreibt Rainer Biesinger, und nur diejenigen, die die Angst vor dem Blick in die schwarzen Löcher der eigenen Seele überwinden, können in diesem Feuer geläutert werden.

Der Preis ist gar nicht mal so hoch und dennoch für manche Menschen fast unerschwinglich: brutale, schonungslose Ehrlichkeit sich selbst, aber auch anderen gegenüber. Keine Ausreden, kein Ausweichen, keine Gnade!

Klingt heftig? Ist es wohl auch. Aber möglicherweise die einzige Chance, das eigene Leben in den Griff zu bekommen, die eigene Seele zu retten.

All die harte Arbeit an der eigenen Persönlichkeit wäre jedoch wertlos, stünde nicht am Ende des Weges nach der Selbstzerstörung, der Diagnose und dem Kampf um die eigene Seele auch etwas Neues: die Liebe, zunächst zu sich selbst, denn wer sich selbst nicht liebt, kann Liebe weder annehmen noch geben. Und schließlich Vergebung als Schlussstrich unter die Vergangenheit und damit als wichtigen Schritt zum Aufräumen. Worte, die man nicht erwartet, wenn man den Heavy Metal Coach zum ersten Mal liest oder besser noch erlebt.

Und der fordert dich auf, dich auf deine Träume zu besinnen und sie wahr werden zu lassen. Er ermutigt dich, dich was zu trauen und dir dein Leben zurückzuholen. So soll es sein!

Roggenrohl!   CHRIS LAUT, ST. PAULI ROCK CITY IM JULI 2014

DAS
WARM-UP

Prolog

In diesem mit grammatikalischen Juwelen in Reinkultur gespickten Brett meines Lebens gibt es Antworten auf Fragen, die du dir noch nie gestellt hast! Was du hier in der Hand hältst, ist:

**Die Bibel für Ungläubige
Ein Gedankenmassaker für Stehengebliebene
Das Manifest für Lebenssüchtige**

Willkommen zu deiner ganz persönlichen Selbstzerstörungsprophylaxe und Sternenstaubevolution in der Freidenkervollzugsanstalt des Heavy Metal Coach®.

Chaos, Unwissenheit und Ignoranz prägten meine Wege, Sucht und Wahnsinn pflasterten meine Straßen, Krieg und Frieden erschufen die Alleen ins Reich meines Privatnirwanas.

Mein Leben war eine Groteske. Vollgas auf der Überholspur in der Achterbahn des Lebens. Ein dreißigjähriger Krieg gegen mich selbst. Getrieben von der unstillbaren Sucht nach Leben. Fluch und Segen zugleich. Gelebter Wahnsinn zwischen Abhängigkeit, Größenwahn und Depression. Out of Order. Leidenschaftlich Leiden schaffend. Lernen durch Schmerz. Gefährlicher Leichtsinn und gnadenlose Dummheit. Ein emotionaler Ritt mit dem Schädel durch die Betonwand. Eine gottverdammte Schicksalsmelodie. Eine katastrophale Odyssee durch den Wahnsinn, durch Licht und Dunkelheit – es war alles viel zu viel.

Ich sah zerstörte Weltbilder, enttäuschte Illusionen, menschliche Tragödien und Wahnsinn, in Sucht und Suizid abgleitende und abgestürzte Menschen. Ich sah die Fratze eines jämmerlichen Seins – ich sah mich selbst.

Mein Leben war ein dreissigjähriger Krieg gegen mich selbst.

Ich schreibe, damit ich niemals vergesse, woher ich komme, wer ich bin und wohin ich gehe. Ich berichte von meinem Weg ins eigene Selbst. Einem Weg, der für jeden Menschen das Wirklichste und Wahrhaftigste überhaupt sein sollte. Ein Weg, den nur wenige Menschen kennen und wirklich bereit sind zu gehen. Es war an der Zeit zu sterben, um neu geboren zu werden – dass ich so gesund bin, verdanke ich meiner Krankheit.

Ich spielte mit den Engeln und habe Gott bei der Arbeit zugesehen. Meine Irrwege sollen der Katalysator für dein persönliches »Fire of Change« sein. Dabei handelt es sich um meine Erfahrungen, Erkenntnisse und Erlebnisse aus einer Welt der Extreme – zwischen Rausch und Lethargie. Ich war ganz unten und weiß, wie hoch man Scheiße stapeln kann.

Sucht kommt von Suchen, hieß es bei einem meiner vielen Therapieversuche. Und tatsächlich habe ich in meinen Drogenräuschen und Alkoholexzessen vieles gesucht: Spaß, Aufregung, Identität, Heimat. Ich habe es auch gefunden, zumindest anfangs.

Drogen funktionieren klasse, sie machen einen super Job. Sonst würde sie ja keiner nehmen. Irgendwann aber ist der Spaß vorbei. Die Sucht fordert ihren Tribut. Meine Sucht hat einen hohen Preis gefordert: Ehescheidungen, körperlicher Ruin, Gesichtsverluste, immense vergeudete Geldsummen, verlorene Gehirnmasse, verbreitetes Leid; seelischer Schmerz; langfristige psychische Traumata; verlorene Führerscheine und Verurteilungen, um nur einige Dinge zu nennen. Viele ehemalige Freunde, Bekannte und Kollegen sind an den Folgen des massiven Missbrauchs psychotroper Substanzen jämmerlich verreckt oder wurden lebenslang in Justizvollzugsanstalten und Psychiatrien weggeknastet. Unzählige vegetieren in einem total verpeilten Scheißleben vor sich hin, sind innerlich zerrissen, in sich selbst gefangenen, verloren, verirrt. Ich habe aufgehört zu zählen. Sucht zerbröselt die härtesten Charaktere. Auf Dauer zwingt sie *jeden* in die Knie!

Sucht zerbröselt die härtesten Charaktere.

Seit annähernd fünfzig Jahren habe ich überlebt. Meine letzte Dröhnung liegt fast 20 Jahre zurück. Drei Jahre vor der Jahrtausendwende habe ich zum letzten Mal entgiftet. Seither habe ich mir

16

kein Kokain, kein Speed und keine Pillen, kein Hasch und kein Gras und nicht einen Tropfen Alkohol mehr eingebaut. Nicht mehr gesnieft, gesoffen, gekifft, nichts mehr. Ich bin äußerst zuversichtlich, dass es so bleibt!

Die Themen »konsequente Veränderung« und »Entwicklung der eigenen Persönlichkeit« sind nicht nur für offiziell attestierte und auch gesellschaftlich abgestempelte Süchtige relevant, sondern auch für dich. Jeder Mensch hat seine ganz persönliche, prägende Sucht, die seinen Blick auf das Wesentliche einschränkt und ihn auf Dauer unterdrückt. Du brauchst Mut, um dich aus deiner sehr oft fremdbestimmten Lethargie herauszureißen und dein Leben konsequent anzupacken. Egal, ob du nun ein Suchtthema hast, ob du es wahrhaben willst oder auch nicht.

Nicht jeder, der im Sumpf sitzt, überfordert wird oder Schicksalsschläge hinnehmen muss, entwickelt körperliche oder seelische Erkrankungen oder gar Süchte. Manche Menschen scheinen zunächst einfach stärker zu sein als andere. Ihr Optimismus ist nicht leicht zu erschüttern, sollte man meinen. Egal, wie tief diese Menschen am Boden sind, sie stehen immer wieder auf. Andere geben jedoch die Hoffnung auf, entwickeln Depressionen, Angstzustände, Schlaflosigkeit, schießen sich mit Drogen, Tabletten und Alkohol weg und brauchen ärztliche und psychotherapeutische Hilfe. Ich spreche hier auch jene Menschen an, die glauben, vor allem und je dem sicher zu sein, obwohl sie ahnen, dass sie sich in einer Scheinwelt bewegen.

Warnung: Dieses Buch bietet kein allgemeingültiges Patentrezept zur erfolgreichen Lebensbewältigung! Ich will dir meine Überzeugungen nicht aufzwingen. Du bist alt genug zu entscheiden, was du von mir annimmst und was nicht. Du hast einen freien Willen. Ich schreibe über meine ganz persönlichen Erkenntnisse aus meinem einst total abgefuckten, durch alle möglichen Süchte geformten, fremdbestimmten, desolaten Leben. Ich schreibe über meine Lebensphilosophie, über meine ganz persönlichen Gedankenmassaker und über meine eigenen Lebensanker! Ich schreibe über meine Sicht auf die Welt und über die Dinge, die mich zu dem Menschen gemacht haben, der ich heute bin. Ich beschreibe, wie ich es geschafft habe, meinem Leben eine komplett neue Richtung zu geben. Ich schreibe über das geile Leben, welches wir alle nur ein einziges Mal auf dieser wunderbaren Erde verbringen dürfen. Nachahmung freigestellt!

Tick Tack – die Uhr läuft!

KRASS

Konsequent – **R**adikal – **A**ktiv – **S**elbstbestimmt – **S**tark

Das ist heute mein Lebensmantra – das Akronym meiner Daseinsberechtigung. Diese Formel braucht's, um dem in mir durch Drogen, Alkohol und alle möglichen Süchte und Abhängigkeiten generierten, wildgewordenen Monster namens Junior ein Leben lang dauerhaft Paroli bieten zu können.

Abgerockt

Heute führe ich ein verdammt cooles und wirklich privilegiertes Leben. In gewissem Sinne habe ich sogar Narrenfreiheit. Ich tue, was ich will, wann ich will. Ich laufe so rum, wie ich es will. Ich tue das, wofür ich lebe. Dafür bin ich aus tiefstem Herzen heraus sehr dankbar! Viele Menschen sehen mich als Leitbild. Sie zollen mir ihren Respekt und ziehen den Hut vor mir und davor, dass ich es geschafft habe, mich selbst aus dem Sumpf der Abhängigkeiten zu befreien. Und auch davor, wie ich es geschafft habe, meine Persön-

18

lichkeit vom total abgefuckten Underdog hin zu einem autonomen, zentrierten und lebenshungrigen Menschen zu entwickeln – und so mich und mein Leben zu verändern. Das ruft bei dem einen oder anderen auch Neid hervor – hammerhart! Sehr schnell wird geurteilt und verurteilt.

Vorurteile sind die Geißel der Menschheit. Wer vorverurteilt, Menschen in Schubladen steckt, verpasst mit sehr großer Wahrscheinlichkeit die Chance, wirklich interessante Typen kennenzulernen, die ihn möglicherweise weiterbringen könnten. Viele mit Scheuklappen bestückte Ackergäule des Alltags sehen stets nur das, was sie sehen wollen. Sie sehen einen volltätowierten charismatischen Kerl, der authentisch und glücklich ist und der ihnen vielleicht sogar Angst macht.

Wer sich hinter der Fassade verbirgt, welche Täler der Tränen ich in meinem vergangenen Leben bereits durchwandert, welche schmerzhaften körperlichen und geistigen Grenzerfahrungen ich gemacht habe, welchen Preis ich für meine Entwicklung und Metamorphose bezahlen musste und welches harte Stück Arbeit dahintersteckt, danach fragen nur die wenigsten Menschen. Dennoch mache ich sie neugierig. Sehr oft wollen sie sich das Wissen und die Erkenntnisse meiner Transformation einverleiben. Genau deshalb gratuliere ich dir zum Kauf dieses Buches – zu dieser ausgezeichneten Investition in dein und für dein Leben. Es wird massive Spuren in deinen Synapsen hinterlassen und dir den Grundstock für ein freieres Leben legen. Es wird dich in die Stratosphäre deines Bewusstseins katapultieren! Mach was daraus!

Enttäuschung #1

Ent-»täuscht« bist du immer dann, wenn die Täuschung auffliegt. Ich will dich nicht täuschen. Ich will dir Hoffnung und Mut machen. Ich rede Klartext. In diesem Werk handelt es sich um knallharte, provozierende, schonungslose Einsichten und Erkenntnisse aus meiner krassesten Zeit der persönlichen Veränderung, nicht um ein mit Wischiwaschi-Geplänkel gefülltes, oberflächlich und leidenschaftslos dahingerotztes Lesebuch zur gemütlichen Feierabendberieselung! Es ist keiner dieser fluffig-leichten Ratgeber. Es ist auch nicht die Blümchenfantasie irgendeines Hobbypsychologen, der seine Leser in Watte packt und mit wortreichem Schöngelaber therapeutische Empathie vorgaukelt. Das hier ist nicht die MS Sonnenschein. Es gibt keinen Wellness-Bereich, keine Haute Cuisine und keine schnuckeligen Kellner, die kunstvoll drapierte Cocktails mit Käsehäppchen reichen. Alles, was ich dir anbieten kann, ist ein Ritt auf dem Jetski ohne Rettungsweste, mitten durch den gigantischen Taifun deines eigenen Lebens. Die Arbeit liegt bei dir, ganz allein bei dir.

Ich biete dir einen Ritt auf dem Jetski durch den Taifun deines Lebens.

Ich bin kein Psychologe und kein Therapeut. Ich habe die Welt der menschlichen Abgründe nicht studiert, aber du kannst sicher sein: Ich weiß ganz genau, wovon ich rede. Nicht immer war ich der erfolgreiche Persönlichkeitstrainer, Speaker und Coach; nicht immer verlief mein Leben nach Plan. Wenn du weiterliest, wirst du mich besser kennenlernen und bald erkennen, dass wir uns sehr viel ähnlicher sind, als du es vielleicht vermutest. Ich kenne deine Geschichte nicht. Ich weiß nicht, wer du bist, woher du kommst oder was dich im Leben antreibt. Ich weiß auch nicht, was dich letztendlich zu mir geführt hat. Mit meiner Geschichte und meiner praxiserprobten Lebensphilosophie fordere ich dich heraus, dich selbst und deine Welt neu zu entdecken. Schön, dass du antrittst. Ich bin verdammt stolz auf dich!

Ich halte dir ungeschönt den Spiegel vor. Ich zeige dir mögliche Wege, wie du dein Leben wirklich rocken und wie du dir auch ohne Drogen echte Kicks verschaffen kannst. Ich zeige dir, wie du dich auf deine letzte Stunde vorbereitest. Ich feuere Klarheit durch deine Membranen. Gemeinsam verreisen wir ein Stück, bevor du bis zur Halskrause mit neuer Energie bewaffnet und stark wie nie zurückkommst. Gehen musst du deinen Weg allein.

Enttäuschung #2

In Interviews, bei Talkshows und in persönlichen Gesprächen werde ich oft gefragt, wie ich es geschafft habe, mich aus meinem persönlichen Mordor zu befreien. Die Menschen wollen wissen, wo mein Wendepunkt, mein »Point of no Return« war, wie ich meinen Hals aus der Schlinge der Abhängigkeit und meinen Körper aus den unerbittlichen Klauen des Monsters namens Sucht befreit habe. Sie wollen wissen, wie ich zur Einsicht, Erkenntnis, Erleuchtung gelangt bin. Sie wollen mein Wissen und meine Schatzkiste persönlicher Erfahrungen adaptieren, auf sich transferieren und modifizieren. Sie erwarten von mir Lösungsansätze, Patentrezepte, Methoden, Checklisten, Trainingspläne, Umsetzungsstrategien, Antworten ...

So einfach ist das nicht! Seit meiner Wiedergeburt sind inzwischen fast zwanzig Jahre vergangen. Damals habe ich mich, nach dem katastrophalen Totalabsturz meiner Festplatte, komplett neu resettet. Seither zermartere ich mir den Kopf, prügle meine Synapsen windelweich, malträtiere mein zartes Schädelchen mit genau dieser einen Frage: »Wo ist der Schalter für ein besseres Leben und wie lege ich ihn um?«

Seit dieser Zeit bin ich auf der Suche nach Antworten und Lösungsstrategien, die dem geforderten ultimativen Konzept für erfolgreiche persönliche Veränderung gerecht werden könnten. Auf meiner Suche wälzte ich Regale von Erfolgsbüchern und Glücksratgebern. Ich studierte die großen Philosophen und recherchierte in sämtlichen Glaubenslehren. Ich hinterfragte die Naturwissenschaften und surfte in den abgedrehtesten Foren des Internets. Ich lebte das Leben in allen vorstellbaren Extremen.

Was ist Glück? Wer definiert den Lebenssinn? Was ist Wahrheit? Ist Freiheit nur ein Wort, eine Floskel, eine Illusion? Sind wir alle vielleicht doch nur die Marionetten in einem großen Spiel der Götter, oder von wem auch immer? Ich bin zu keinem zufriedenstellenden persönlichen Ergebnis gekommen. Ich weiß es nicht.

Enttäuschung #3

Wir Menschen sind von Haus aus sehr naiv, faul, passiv und einfach gestrickt. Wie die Lämmer zur Schlachtbank gehen wir gerne den Weg des geringsten Widerstandes und warten darauf, dass jemand kommt, uns ans Händchen nimmt und uns sagt, wie dieses oder jenes läuft. Wir warten darauf, dass einer uns klare Ansagen macht, was wir zu tun haben. Wir sind zu notorischen »Abwartern« mutiert. Wir reagieren anstelle zu agieren. In blindem Vertrauen begeben wir uns gutgläubig in die Hände weg- und richtungsweisender Personen, Institutionen, Kirchen, Gurus und Regierungen, die uns dann mit allem möglichen Scheiß und sinnlosen Aufgaben zumüllen. In unserem Alltag ist kein Platz mehr für Neugierde, Kreativität und Risiko. Wir haben verlernt und vergessen zu hinterfragen, was richtig oder falsch ist, und ob das, was wir tun, gut oder schlecht für uns ist. Blind und taub nehmen wir hin, was andere uns zum Fraß vorwerfen. Passivität ist einfach. Dabei musst du deinen Schinken nicht aus deiner Furzmulde herausbewegen.

Von Kindesbeinen an wurdest du so geformt. Von den Stellen, die dich schulen, wirst du so erzogen und konditioniert. Du kannst also nichts dafür, dass du so bist, wie du bist. Das lasse ich als Ent-»schuld«-igung erst einmal gelten. Seit deiner Geburt lernst du, dass für alles, was es gibt, Regeln, Gebrauchsanweisungen, Backrezepte und Erklärungen nötig sind. Deine eigene Kreativität geht dabei vor die Hunde. Du meinst, dass alles durch empirische Studien bewiesen, beschrieben, definiert und belegt sein muss, da es sonst nichts taugt. Selbst für deine Daseinsberechtigung forderst du Erklärbarkeit. Mystisches und Unerklärbares macht dir Angst.

Unerklärbarkeit ist das Stichwort: Es ist unmöglich, dieses geforderte Patentrezept für erfolgreiche Lebensbewältigung im Außen, bei einem Guru, einem Gott, einem Wissenschaftler oder sogar bei mir zu finden. Persönliche Veränderung kann nicht rational erklärt werden und funktioniert auch nicht so. Dazu sind wir Menschen viel zu komplex. Jeder, der dir etwas über das Geheimnis des Lebens oder über die ultimative Formel zum Glück erzählt, ist ein Lügner! Oder einer, der mit dir Geld verdienen will. Jemand, der sonst nichts auf der Pfanne hat und meint, sich mit dem neu erfundenen Rad vor den anderen profilieren oder wichtig machen zu müssen. Neuer Wein in alten Schläuchen!

Die Provokation

Sind alle deine bisherigen Versuche, dein Leben endlich in den Griff zu bekommen, kläglich gescheitert? Bist du »so richtig im Arsch«, ausgebrannt, demotiviert und deprimiert, ohne Hoffnung und ohne Ziel? Stehst du mit dem Rücken zur Wand und wartest darauf, dass dir dein Lebensmut endgültig entgleitet? Hast du alles verloren, was du jemals zu besitzen glaubtest? Genau jetzt, hier und heute, steht dir das Wasser bis zum Hals? Findest du es verstörend, dass ich dich so provoziere? Merkst du in diesem Moment, dass meine Vermutung vielleicht deiner Wahrheit entspricht?

Super! Das bedeutet, dass du bereit bist, dein Leben selbst in die Hand zu nehmen. Du bist gezwungen, dich selbst und deine Umstände zu verändern. Vielleicht fehlt es dir auch nur an etwas Selbstvertrauen und Durchsetzungskraft? Vielleicht hast du das ungute Gefühl, du solltest karrieremäßig längst weiter sein? Oder du fühlst dich von anderen unterdrückt und gegängelt? Bist fremdbestimmt durch Meinungen und Erwartungen, durch Vorurteile? Vielleicht meint es das Leben nicht gut mit dir? Haderst du mit deinem Schicksal? Hast du die Hoffnung verloren, dass es auch einmal wieder besser für dich laufen könnte? Vielleicht kämpfst du mit Ängsten, Süchten, Depressionen, verabscheust dein Spiegelbild und ertränkst alles in Alkohol oder erstickst es mit Drogen? Flüchtest du vor deiner Verantwortung? Vor dem einzigen Menschen, für den du wirklich verantwortlich bist – vor dir selbst?

Keine Panik! Ich verurteile dich nicht dafür. Auch ich bin nicht stolz auf meine Vergangenheit. Aber ohne sie wäre ich heute ein anderer Mensch und hätte dieses Buch nicht schreiben können.

Ich will und kann dich dabei unterstützen, dein Leben nachhaltig zu verändern. Nur wer sich in den härtesten Zeiten nicht unterkriegen lässt und lernt, sich an den eigenen Haaren aus dem Sumpf zu ziehen, wird am Ende belohnt. Nur wer damit beginnt, die bedingungslose Verantwortung für sein Leben zu übernehmen, wird ein Sieger in der Schlacht des Lebens sein. Ich habe es geschafft. Du kannst das auch. Die Zeit ist reif!

Ich führe dich bis in die dunkelsten Winkel deiner eigenen Existenz. Ich werde dein Selbst- und Weltbild auf den Prüfstand stellen und dich Dinge fragen, denen du bisher erfolgreich ausgewichen bist. Zusammen gehen wir dorthin, wo es wehtut. Gemeinsam begeben wir uns in den Maschinenraum deines Lebens. Dorthin, wo sich die Hebel befinden, die wir in Bewegung setzen wollen. Für leere Phrasen und falsche Rücksicht ist kein Platz. Wenn du jemanden suchst, der dich in deiner Lethargie unterstützt und dir für jede Kleinigkeit wohlwollend auf die Schulter klopft, dann bist du bei einem Therapeuten besser aufgehoben. Ich will mit dir nicht um den heißen Brei herumreden – ich will mit dir arbeiten. Kämpfe werden vielleicht im Kopf entschieden, aber ganz sicher nicht auf dem Sofakissen. Also reib dir den Schlafsand aus den Augen und schnalle dich an. Lehne dich nicht in der Hoffnung zurück, dass dir jemand diese existenzielle Arbeit der persönlichen Horizonterweiterung, Wissens- und Meinungsbildung abnimmt.

Der radikale Weg

Du lässt dich gerne berieseln, stimmt's? Du nimmst die multimediale Scheiße und Meinungsmache, die man dir täglich ungefragt und ungefiltert serviert, einfach so hin? Wie oft glaubst und vertrittst du diese »Ander«-ungen als wären sie deine eigenen »Mein«-ungen? Irgendwie scheinst du als selbstbestimmtes, freies Subjekt keinen Bock mehr auf eine weitere Entwicklung deiner Persönlichkeit und das Finden der eigenen Wahrheit zu verspüren?

Als Krone der Schöpfung vegetierst du im selbstgefälligen Dämmerschlaf vor dich hin? Gefährlich! Bewusstseinsentwicklung ist Arbeit. Vielleicht stellst du dir jetzt folgende Fragen: »Wird mir das Spaß machen? Hab ich da überhaupt Bock drauf? Muss ich mir das hier geben? Ruft das einen Lustgewinn hervor? Was soll mir das bringen? What the fuck – soll ich mich dann womöglich auch noch mit mir selbst belasten?« Ich sage dir: »*Mach's!*« Aber solange du gesundheitlich noch einigermaßen fit bist, du ein Dach über dem Kopf, etwas zum Spachteln im Kühlschrank und einen Job hast, ist deine Welt ja noch in Ordnung, entgegnest du daraufhin?

Erst wenn etwas schiefläuft, besser: meist erst, wenn dir die Kacke mal wieder bis zum Halse steht, erst in diesem Fall beginnst du, die Augen aufzureißen und sogar deinen Arsch zu bewegen. Dann bist du verzweifelt, enttäuscht und am Boden zerstört. Dann ist das Geschrei groß! Liebend gerne gibst du sofort die Verantwortung für dein eigenes Versagen an andere ab und suhlst dich weiter frustriert und verbittert in der Opferrolle.

Der Weg, den ich hier beschreibe, ist der aktive Weg. Raus aus der Opferrolle, rein ins wirkliche und reale Leben. Raus aus der selbstgefälligen, sich in scheinbarer Sicherheit wiegenden Komfortzone der Passivität, in der man sich gerne wälzt wie ein Schwein in der Scheiße. Da ist es ja schön warm und der Gestank, der einen umgibt, ist nur das kleinere Übel. Daran gewöhnt man sich schnell, oder? Doch Johnny der Schlächter hat die Messer schon gewetzt. Hörst du schon das Schleifen der Klingen?

Der aktive und radikale Weg bedeutet, dass du dein Hirn und auch dein Herz einschalten musst. Hier gibt es kein Hintertürchen, keinen Fluchttunnel: Dein Wille zur Veränderung muss aus dir selbst heraus geboren werden. Intrinsische Motivation ist angesagt – auf Deutsch: Beweg deinen Arsch! Es gibt langfristig keinen Weg des geringsten Widerstandes und der Passivität. Stillstand ist Tod. Irgendwann, spätestens in deiner letzten Stunde, ist jeglicher Widerstand

Der aktive Weg: raus aus der Opferrolle – rein ins wirkliche Leben!

zwecklos! Willkommen in der Realität, willkommen im richtigen Leben. Ich will dich motivieren, konsequent die Verantwortung für dich selbst zu übernehmen, dich deinen Ängsten zu stellen, Mut zu entwickeln und das Risiko einzugehen, dich auf die Reise zu begeben.

Metal up your Ass!

Statement #1

Ich bin extrem dankbar dafür, noch am Leben sein zu dürfen. Trocken und clean. Alles, was passiert ist, alles, was ich getan habe, all die Exzesse, Überdosen und Vergiftungen, haben mich dahin geführt, wo ich heute stehe. Und da fühle ich mich sauwohl. Für irgendetwas mussten all der Irrsinn und das Leid ja gut gewesen sein. Ich habe die Kurve gekriegt, bin stolz auf mich und gehe heute den aufrechten Weg.

»Blei-frei« ist meine Lebensmaxime, die ich mir quer über die Stirn tätowiert habe.

In meinen schlimmsten Zeiten wäre ich sehr dankbar gewesen, wenn mir jemand rechtzeitig in den Arsch getreten hätte. Niemand besaß damals den Mut und die Courage, mir ordentlich den Song reinzulassen. Stattdessen wurde ich mit weichgespülten, generalisierenden und unpraktikablen, teils echt abgespaceten Patentlösungen für eine erfolgreiche Lebensbewältigung vollgesülzt! Mir wurde mit wohlwollendem Mitleid, geschmeidigen Samthandschuhen, haltloser Vorverurteilung und psychologischem Gewäsch begegnet. Man versuchte, mich mit unzähligen gescheiterten Methoden aus der manipulativen Trickkiste der klassischen Psychologie zu therapieren. Nur um dann festzustellen, dass ich »nicht therapierbar« bin! Mir persönlich hat wohlgemeinte, halbherzige Hilfe und Unterstützung nichts gebracht. Mir, meiner Tochter und meinem familiären und sozialen Umfeld wäre viel Leid erspart geblieben, hätte mir jemand das in diesem Buch enthaltene Wissen schonungslos und brutal vor den Latz geknallt.

Mit diesem Buch verfolge ich die Absicht, dass du dir Respekt – den der anderen und den vor dir selbst – verdienst. Hey, du hast bis hierher überlebt. Respekt! Das allein ist schon der erste Grund, damit zu beginnen, deine Heldenbrust aufzublasen! Der Zug ist in Bewegung, abspringen unmöglich.

And now: Catch me if you can!

Die Mission

Wie du bemerkt hast, riskiere ich eine recht große Klappe. Meine Worte sind zum Teil krass und laut. Wie sonst soll ich die Zombies aufwecken, die mir täglich begegnen? Bei meiner Arbeit als Coach und Trainer und bei meinen sehr tiefen Einblicken in unsere Gesellschaft sehe ich viel zu oft viel zu viele Menschen, die im Alter von 30 Jahren bereits gestorben sind und als leere Hülle durchs Leben geistern. Deren Lebensinhalt darin besteht, auf die eigene Beerdigung zu warten. Ein jämmerlicher Zustand! Wie du weiterhin sicher schon festgestellt hast, benutze ich eine einfache und verständliche Sprache. Keine schönen, geflügelten Worte, wie sie dir die Werbeindustrie und die Politik ständig zu ihrem eigenen Nutzen um die Ohren hauen. Warum sollte ich mich auf ein höheres Niveau begeben und unverständlich herumlabern? Nur damit mich keiner versteht? Also: offensiv, klar, direkt und ohne schleimiges Gehabe. Mein Schreibstil ist kein rhetorisches Feuerwerk, an dem ich jahrelang gebastelt habe. Was ich hier wiedergebe, ist weder angelesen noch eingeübt. Ich hab's gelebt! Ich lebe es! Einer der dich überzeugen, manipulieren oder bescheißen will, muss konsequent sein. Er muss logisch und rational strukturiert vorgehen, um sich in deinen Synapsen einzunisten. Ich will dir jedoch nichts verkaufen, sondern dich wachrütteln. Du bist mein einziges Anliegen.

Es ist mir egal, ob das, was ich schreibe, folgerichtig und grammatikalisch korrekt ist. Der rote Faden in diesem Buch ist ein Stahlseil, das dich aus deiner selbst geschaffenen Hölle herauszieht. Wiederkehrende Betrachtungen aus den verschiedensten Blickwinkeln des Lebens stellen dabei die Wichtigkeit bestimmter existenzieller Grundlagen heraus. Ich will keinen Ein-»Druck« auf dich machen (Druck erzeugt Gegendruck!). Der Aufbau dieses Werkes soll dein Gerüst sein, der Unterbau ist meine Wahrheit.

Der rote Faden in diesem Buch ist ein Stahlseil, das dich aus deiner selbst geschaffenen Hölle herauszieht!

Du kannst dein Stahlkorsett jetzt ablegen. Nimm deine tausend Brillen, Gesichtswindeln und Masken ab! Ich will dich offen, zugänglich und splitternackt sehen. Niemand hat je gesagt, dass der Weg zum eigenen Selbst Spaß macht. Schlimmer noch: Die Buddhisten sagen, dass der Weg zur Erleuchtung über den Weg des Leidens führt. Auf Deutsch: Wenn du tatsächlich etwas in deinem Leben erreichen willst, dann musst du dich jetzt in Bewegung setzen. Vom Schöngerede allein kannst du dir nämlich nichts kaufen!

Nothing is forever, nothing is for free!

Ich bin davon überzeugt, dass Menschen am Leiden reifen und wachsen können. Um es mit den Worten Viktor Frankls auszudrücken: »Erst unter den Hammerschlägen des Schicksals, in der Weißglut des Leidens an ihm, gewinnt das Leben Form und Gestalt.«

Die Kriegserklärung

Dies ist meine persönliche Kriegserklärung an dich! Meine Kriegserklärung an dein Ego. Ich fordere dich zum Sparring deines Lebens heraus. Ich stelle dich mit dem Rücken an die Wand. Ich klage dich an. Ich provoziere dich, bis dir schwindelig wird. Ich bringe dich zum Nachdenken über dich und dein jetziges Dasein. Ich will dich komplett verunsichern. Ich will, dass du aus deinem Dämmerschlaf erwachst, dass du damit beginnst, dich deinem Leben zu stellen. Ich knocke dir, bildhaft gesehen, mitten in die Fresse. Ich werde dich komplett filetieren und dein Weltbild erschüttern. Du wirst meine Schattenseiten kennenlernen.

Dies ist meine ganz persönliche Kampfansage an die ferngesteuerte Ellenbogengesellschaft unserer heutigen Zeit. Ein Attentat auf die Oberflächlichkeit und Ignoranz der Menschheit.

Ich fordere dich heraus, deine Opfer- und Kinderrolle zu verlassen und damit zu beginnen, deinen Arsch zu bewegen! Ich fordere dich dazu auf, dass du unabhängig und frei wirst! Ich fordere dich dazu auf, dass du ganz allein richtig viele kostbare und geile Augenblicke in deinem Leben erreichst! Ohne mich und ohne sonst irgendeinen anderen fucking äußeren Anlass, Beweggrund oder Menschen! Dazu bist du ganz allein fähig, wehr dich!

Traue dich heraus, aus deiner schöngeredeten, langweiligen, selbstverliebten Käseglocke! Heraus aus der Komfortzone. Sicherheit ist Illusion! Verlasse dein ferngesteuertes Marionettendasein. Es wird dir sonst früher oder später das Genick brechen. Nur du ganz allein hast die Verantwortung und die Macht, dein eigener Herr zu sein! Nur du allein hast die Macht, dein Leben nach deinen eigenen Wünschen und Vorstellungen zu gestalten, dich selbst zu verwirklichen! Nur du allein hast die Macht, selbstbestimmt und frei zu leben! Tue das, was du tun willst, und zwar mit ganzem Herzen! Sei der Chef deines eigenen Lebens und erfülle das, wozu du geboren wurdest. Lebe! Bis zum bitteren Ende!

Was ist das Schlimmste, das dir hier passieren kann? Entweder passiert gar nichts oder du machst den einen oder anderen Fehler ... Na und? Steh einfach wieder auf und lerne daraus! Mit unserer Vorstellungskraft erschaffen wir jede Menge Horrorszenarien und malen uns alles schlimmer aus, als es wirklich ist. Riskiere es, dein Leben selbst in die Hand zu nehmen. Ich werde dich aufbauen, motivieren und dir Mut machen. Wir finden die Wahrheit, wir rechnen ab. Keine Panik, ich bin bei dir!

Das Setting

Warum ist das Thema Persönlichkeitsentwicklung schon seit Jahr-tausenden für die Menschheit so spannend? Das Orakel von Delphi verkündete einst: »Erkenne dich selbst!« Auftrag und Aufgabe zu-gleich. Und was zur Hölle bedeutet eigentlich Persönlichkeit? Der Begriff ist abgeleitet vom lateinisch-etruskischen Wort »persona«, welches »Maske« und »das Darüberliegende« bedeutet. Das heißt: Je deckungsgleicher deine Gesichtswindeln sind mit dem, was sich in deinem Inneren verbirgt, desto stärker ist die Strahlkraft deiner Persönlichkeit. Alles klar? Es geht darum, deine 10 000-Watt-Scheinwerfer ein-zuschalten. Es geht um Echtheit, Glaubwürdig-keit, Authentizität. Es geht darum, dass du dei-ne Innenwelt mit deiner Außenwelt in Einklang bringst. Erst dann entsteht »Wirkung«, die Faszi-nation der Persönlichkeit. Einklang ist der einzige Weg, deinem »Sein« ein Fundament zu geben. Du bist der Bauherr deines Lebens. Es ist Zeit, dein eige-ner Lebenschef zu werden!

Bring deine Innenwelt mit deiner Aussenwelt in Einklang, um deinem Sein ein Fundament zu geben.

Das Buch gliedert sich in vier Kapitel:

Devolution – Revolution – Evolution – Transformation

In unserer Gesellschaft haben wir für alles und für jeden Gebrauchs-anweisungen, Richtlinien, Regeln, Normen und Gesetze, die uns andere aufs Auge gedrückt haben. Für das eigene Leben und für die Entfaltung deiner Persönlichkeit gibt es zum Glück noch einen kleinen rechtsfreien Raum. Genau da will ich mit dir hin. Dieser in deinem Unterbewusstsein verschüttete Tempel deines Selbst wird dir den Weg zu einem richtig geilen und lebenswerten Leben auf-zeigen.

»Hier und Jetzt« ist die einzig akzeptable Zeit: die Gegenwart. Die Anrede ist das »Du«. Gleiche Augenhöhe ist angesagt. Es ist mir egal, wer du bist und was du warst. Ob du Männlein oder Weiblein bist. Wenn dir das nicht passt, kannst du ja weiterhin die Augen verschließen. Du kannst dich mit Komplexen beladen und minderwertig fühlen, um dann deine Befriedigung in der Hetze und Oberflächlichkeit des Alltages oder dem Urteilen über andere zu erlangen.

Das wichtigste Gesetz auf deiner Lustfahrt durch dieses Werk sollte deshalb deine Verpflichtung zur Selbsterkenntnis sein. Hermann Hesse schrieb in seinem Werk *Demian* einst: »Nichts auf der Welt ist dem Menschen mehr zuwider, als den Weg zu gehen, der ihn zu sich selbst führt.« Diese Aussage möchte ich hier aushebeln und dich dazu motivieren, es zu tun: Geh den Weg zu dir selbst. Halte dich aus und lerne dich selbst zu ertragen.

Junior

Junior ist mein Gehilfe, meine Exekutive, mein persönlicher Adjutant und Co-Autor. Er ist die Faust in deinem Nacken! Später gibt's mehr zu Junior. Du wirst ausreichend Zeit dazu haben, ihn intensiv kennenzulernen! Immer wenn Junior irgendwo auftaucht, wird's verdammt ernst für dich! Dann gibt's Challenges, Übungen, klar definierte Arbeitsaufträge, Sparrings, Specials, Burner (Brandbeschleuniger für dein Feuer der Veränderung) und deutliche Ansagen. Diese werden dich bei deiner ganz persönlichen Befreiung begleiten. Dann heulen die Sirenen auf wie beim Bombenangriff der Japaner auf Pearl Harbor. Kannst du Juniors markerschütterndes Geschrei schon hören? Dann ist es an der Zeit, den Kamikazepiloten in dir zu wecken. Dann ist es an der Zeit für ein gepflegtes Sparring im »Super-Heavy-Metal-Schwergewicht« in den heiligen Hallen des »Heavy-Metal-Psycho-Circus«!

Die Figur des Drachen ist in den östlichen und westlichen Glaubensrichtungen und in der Mythologie ambivalent. Der Drache ist sowohl Zerstörer als auch Glücksbringer. Je nach Betrachtung ist er gut oder böse. Du musst dich Junior stellen, tritt an. Zieh die gestellten Aufgaben durch! Lauf nicht vor Junior davon, du wirst es bereuen. Er holt dich ein, eiskalt und hundsgemein mutiert er zum tödlichen Virus. Er ist unbarmherzig und kennt keine Regeln – glaube mir! Mach ihn platt und verweise ihn in seine Schranken. Es kann nur einen geben: *dich!*

Die Symbole, die dich im Buch mit Junior konfrontieren, sind:

| SPECIAL | SPARRING | BURNER | RAINER TALKS | JUNIOR TALKS |

Betrachte »The Fire of Change« als deine ganz persönliche, existenziellste Expedition durch den tiefsten Dschungel deines Selbst. Wir lassen Wege entstehen und bauen Brücken. Lass uns, von Moskitos geplagt, mit geschwungener Machete das Licht aus der Dunkelheit zurückholen. Der Dschungel wird, so klar wie Wodka, zu deinem Spiegel. Dabei wirst du viel mehr erkennen als nur den Splitter im Auge deines Gegenübers. Du wirst den Balken vor deinem Kopf sehen! Leg deinen Egoismus und vor allem dein Ego zur Seite. Fühl dich nicht bei jeder Kleinigkeit von den Moskitos angepisst. Wir sind allein, wir sind unter uns! Das ist kein Lese-, sondern ein Arbeitsbuch!

Hinweis: Diese Reise ist ein großes, mit Rätseln, Provokationen und existenziellen Überlegungen behaftetes Puzzle, dessen Ergebnis das Göttlichste überhaupt ist. Nach dem vierten Kapitel rechnen wir ab! Dort, in der Abrechnung auf Seite 235, wirst du die Ergebnisse der Sparrings, Specials und Brandbeschleuniger – Burner – zusammenfassen. Du wirst dein Leben neu definieren. Versprochen!

Stell schon mal das Weihwasser kalt!

Nummer Eins

Sich ehrlich mit sich selbst und seinen eingefahrenen Verhaltensweisen auseinanderzusetzen macht keinen Spaß. Sich ungeschminkt, mit glasklarem Blick und einem Vergrößerungsglas bewaffnet im Spiegel zu betrachten ist echt erschreckend. Sich seinen Leichen im eigenen Keller zu stellen löst grässliche Panikattacken aus. Verzweifelt durch sein persönliches Mordor zu irren ist furchtbar beängstigend. Für sein eigenes Leben konsequent und mutig die bedingungslose, kompromisslose Verantwortung zu übernehmen kostet Energie ohne Ende und ist extrem heavy!

Mein »Point of no Return«, meine Erleuchtung, meine Berufung, wie auch immer du es nennen möchtest, war, als mich selbst die hochstudierten, gottähnlichen, allwissenden, unfehlbaren Weißkittel – die Therapeuten, Sozialpädagogen und Ärzte mit ihren statistisch belegten Patentrezepten zur glücklichen und zufriedenen Lebensbewältigung – aufgegeben hatten. Es war der Zeitpunkt, als ich vor Gott und der Welt ganz allein dastand. Damals gaben mir diese fragwürdigen Studierten mit einem knüppeldicken Schlag mitten in die Fresse unmissverständlich zu verstehen, dass ich nicht therapierbar sei! Am Boden zerstört, fühlte ich mich von allen Menschen verlassen und hatte bereits die scharfe und entsicherte Kanone in meinem mit Jack Daniels gefüllten Mund stecken. Zum Abdrücken fehlte mir der Mut, zum Schlucken nicht.

Weißt du, wie scheiße es sich anfühlt, wenn dir von den allmächtigen Göttern in Weiß, den Herren über Leben und Tod, attestiert wird, dass man dir nicht mehr helfen kann und auch nicht mehr helfen will!? Kannst du nachvollziehen, wie es sich anfühlt, wenn du hoffnungslos verzweifelt und gefangen in Todespanik lauthals um Hilfe schreist? Wenn dann die einzigen, die darauf antworten, die eigenen Stimmen in deinem Kopf sind? Kennst du das vielleicht sogar? So weit muss es bei dir nicht kommen. Nach meiner gelebten Cannonball-Reality

Ich hatte bereits die scharfe, entsicherte Kanone im Mund stecken.

habe ich es irgendwann aus eigener Kraft und mit eisenhartem Willen geschafft, mich aus dem Tal der Tränen in ein erträgliches und relativ zufriedenes Leben zu katapultieren. Das kannst *du* auch!

Wenn ich in meinem Leben auch nur eines erkannt habe, ist es Folgendes: Jeder Mensch schippert ein Leben lang ganz allein mit seinem eigenen Kahn auf seinem eigenen stürmischen Ozean herum – bei jedem Sauwetter! Das heißt in letzter Instanz: Hilf dir selbst, sonst hilft dir keiner! Darum schreibe ich dieses Buch. Ich zeige dir, wie du es schaffst, dein Leben komplett umzukrempeln. Wie du es schaffst, deinem Dasein eine echte Legitimation zu verschaffen. Damit meine ich keinen Lebensbefähigungsnachweis für deinen Chef, deine Eltern, deine Frau, deine Kinder oder die Nachbarschaft, in der du lebst. Nein, damit meine ich ein kompromissloses »Ready to Rock« für dich selbst, für dich ganz allein! Deshalb positioniere dich gnadenlos an der ersten Stelle. Denn wenn es dir gut geht, geht's auch deinem Umfeld gut! Logisch, oder? Diese Verantwortung für dich selbst hast du, falls du es noch nicht wusstest, ganz allein. Du bist die Number One!

Erinnerst du dich noch an das Wort KRASS?

Lerne dein krasses neues Mantra auswendig und bete es wie einen Rosenkranz immer und immer wieder runter: **K**onsequent, **R**adikal, **A**ktiv, **S**elbstbestimmt und **S**tark – **K**onsequent, **R**adikal, **A**ktiv, **S**elbstbestimmt und **S**tark – **K**onsequent, **R**adikal, **A**ktiv, **S**elbstbestimmt und **S**tark ...
Morgens, mittags, abends, beim Duschen, auf dem Klo, beim Rasieren oder Schminken, beim Frühstück, Lunch und in der Pommesbude, beim Arbeiten, Sport, vor der Glotze, immer und immer wieder. Selbst in deinen tiefsten Träumen bist du ab sofort nur noch KRASS! Do it!

The fallen Dragon

In unserem Leben müssen wir immer wieder neu geboren werden. In Krisenzeiten sollten wir Ausschau nach unserem eigenen Erzdrachen halten. Meiner heißt Junior. Wir können mit ihm ins Gespräch kommen und ihn fragen, was er uns zu sagen hat. In gewisser Weise ist mein Drache zugleich ein gefallener Engel: In manchen Religionen ist die Vorstellung verbreitet, dass es im Reich Gottes rebellische Engel gab, die einen Aufstand gegen Gott probten und deshalb aus dem Himmelreich verbannt wurden. Oft heißt es, die Engel wollten den Menschen keinen Respekt erweisen. In den Augen mancher Künstler und Autoren waren die Engel eifersüchtig auf die Menschen, weil Gott die Menschen mehr liebte und sie dazu noch mit einem freien Willen ausgestattet hatte.

Junior ist die Reinkarnation meines gelebten Wahnsinns. Er ist der gefallene Engel, der mir beim Erschaffen meines derzeitigen Privatnirwanas mächtig in den Hintern getreten hat. Junior ist mein personifiziertes Spiegelbild. Er ist das Tier in mir. Er ist das erbarmungslose Monster, welches ich im Laufe meiner Suchtkarriere in mir gezüchtet, genährt und generiert habe. Junior ist mein Baby. Junior konnte einst kräftig wachsen und sich ohne größeren äußeren Einfluss prächtig entwickeln. Junior ist äußerst intelligent, gewitzt, einfallsreich, ein Meister der Tarnung, der Lüge und Manipulation. Neben mir hat Junior keine natürlichen Feinde. Niemand hatte es jemals geschafft, ihn wirklich in seine Schranken zu verweisen. Niemand machte ihm Vorschriften. Niemand gab ihm Regeln und Orientierung vor.

Als Junior noch jung war, war die Welt mit ihm »on board« ein einziges zügelloses Fest des Lustgewinns. Er machte mich stark und mutig. Er gestattete mir Einblick in Welten jenseits jeglicher Realität, von denen manche Menschen nicht einmal zu träumen wagen. Von Junior habe ich sehr viel über das Leben und die tiefsten Abgründe des menschlichen Daseins gelernt. Der Preis, den ich für diese Eskapaden bezahlen musste, war allerdings viel zu hoch. Eine maßlose Überreizung meines Lebenskredits, die ich meinem ärgsten Feind nicht an den Hals wünschen würde. Ich hab's zurückbezahlt! Auf Heller und Pfennig!

Junior ist heute ein voll ausgereiftes Alphamännchen, das nur eines im Sinn hat: Er will die Macht, er will frei sein. Ohne Rücksicht auf Verluste! Dafür würde er alles, wirklich alles tun! Aktuell lebt Junior eingeknastet im Hochsicherheitstrakt meines Zuchthauses mit dem Namen »Heaven can wait«. Er ist tief in meinem Inners-

ten gefangen. Freigang, wie ihn die Häftlinge in den Justizvollzugsanstalten erhalten, bekommt Junior keinen. Lebenslange, gnadenlose Sicherungsverwahrung und Einzelhaft ist angesagt. Ohne
Aussicht auf Bewährung. Resozialisierung unmöglich! Ein
Gentleman's Agreement, ein Entgegenkommen würde
sofort in einem faulen Kompromiss enden, wäre ein
untragbares Risiko. Junior würde mich ungefragt
und ohne Rücksicht auf Verluste in meine alten
Verhaltensmuster zurückreißen. Er würde mich
gnadenlos demontieren und verschlingen.

Junior, das Monster in mir, lebt aktuell im Hochsicher-heitstrakt – Resoziali-sierung unmöglich!

Unzählige, unvorstellbar brutale Straßen-
schlägereien, bei denen es weder Regeln noch
Limits gab, führten im Jahr 1997 zu einem lebens-
gefährlichen Knockout. Dagegen ist die Darstellung
der Straßenschlachten im Film »Gangs of New York«
eine echte Lachnummer. Dem Sensenmann bin ich dabei gerade nochmal von der Schippe gesprungen.

Junior ist die Metapher für meine Gefühls- und Erlebniswelt.
Endlose Jahre und gefühlte Ewigkeiten lang hatte ich keine Kontrolle über Junior. Zugriff unmöglich! Jahre, in denen ich mich
durch massive Grenzüberschreitungen und Bewusstseinserweite-
rungen komplett von meinem wahren Selbst entfernt hatte. Nach
meinem »Judgement Day« im Jahr 1997 war ich, bedingt durch
Juniors 1:0-Sieg, jahrelang handlungsunfähig in einer lebensbe-
drohenden Depression gefangen. Drei Jahre lang verbrachten wir,
getrennt voneinander, im Koma. Dies war die Zeit, in der ich die
Scherben der Vergangenheit zusammenkehrte. Die Zeit, in der ich
meine Wunden leckte und meine Narben pflegte. Die Zeit, die ich
mit eisenhartem Persönlichkeitstraining verbrachte. Wir waren
zwei Tote in einer Welt voller Leben. Wir fanden keinen Zugang
zu dieser Welt. Nach dem Motto: »Jetzt erst recht!« motivierte ich
mich täglich, mich so weit wieder auf die Beine zu stellen, um
Junior endgültig, ein für alle Mal, den Garaus zu machen. Koste es,
was es wolle, ich hatte nichts mehr zu verlieren!

Dennoch hatte ich die Verantwortung für meine 1987 geborene Tochter, für die ich seit 1993 das alleinige Sorgerecht hatte. Seit 2011 bin ich glücklicher Opa. Die Liebe zu meinem Mädchen revoltierte aus den tiefsten Katakomben meiner Unterwelt. Das nennt man wohl Gewissen? Mir wurde klar, dass ich eine Aufgabe im Leben zu erfüllen hatte. Ich musste, zumindest für meine Tochter, das normale Leben wieder einigermaßen akzeptieren und lieben lernen. Auf keinen Fall aber wollte ich mit Juniors Demütigung im Nacken als gottverdammter Loser aus diesem Leben auschecken.

Junior lehrt mich, bedingungslos die absolute Verantwortung für mein Leben zu übernehmen.

Ich stellte mir täglich die Frage, wie lange ich mir diesen Spießrutenlauf bei der Aufarbeitung meiner Vergangenheit noch geben musste, noch geben wollte. Ich war ein hochexplosives Fass Nitro! Diese Niederlage, diese Schmach, diese persönliche Bankrotterklärung einfach so wegzustecken, käme Feigheit vor dem Feinde gleich. Als logische Konsequenz mobilisierte ich alle meine letzten Ressourcen. Ich trainierte wie ein Kickboxer, der sich im Ringen um den Weltmeistertitel auf die Verteidigung gegen seinen übermächtigen Herausforderer im ultimativen Käfigfight vorbereitet. Ich trainierte mich rund um die Uhr. Ich setzte alles auf eine Karte und forderte Junior zur finalen Entscheidung heraus.

Junior und ich waren zwei hasserfüllte Zombies, die weder miteinander noch ohne einander lebensfähig waren. Wir waren zwei Halbtote, die sich im Krieg um die Führungsrolle im »Corpus Rainer« beinahe ein für alle Mal die Lichter ausgeblasen hätten. Im Jahr 2000 kam, was kommen musste: Revenge! Pay Day for Junior! Seither steht es 1:1.

Als selbstgekrönter Sieger in der Schlacht des Lebens weiß ich heute, dass Junior ein nicht abspaltbarer Teil von mir ist. Ich kann ihn nicht töten, ohne dabei selbst vor die Hunde zu gehen. Wir haben uns bedingungslos miteinander arrangieren gelernt und Waffenstillstand vereinbart. Regelmäßiges Sparring und gnadenlose, knüppeldicke Infights im Super-Heavy-Metal-Schwergewicht sind allerdings Pflicht! Wir schenken uns dabei nichts. Das Ergebnis dieser »Selbstreflexion« ist, dass ich heute noch lebe, gesund und fit bin und dieses Buch schreibe. Mehr noch: Ich habe Junior heute als achtbaren Partner, Coach und Berater an meiner Seite zu schätzen gelernt. Ich akzeptiere und respektiere ihn. Er lässt mich hier und jetzt im Leben achtsam, wach und glasklar bleiben. Er lehrt mich, die Welt zu hinterfragen. Er lehrt mich, nicht alles, was man mir hinwirft und vorgaukelt, ungefiltert hinzunehmen. Er macht mich mutig und bewusst. Er lehrt mich täglich bedingungslos und konsequent die absolute Verantwortung für mein Leben zu übernehmen. Ehrlich, aufrichtig und ohne Selbstbeschiss. Er macht mich frei und gibt mir die Macht, mein Leben richtig KRASS zu rocken! Junior ist ein Teil von mir und mein »geliebter« Feind.

Wie heißt dein »geliebter« Feind?

Wie sieht er aus? Welche Eigenschaften hat er? Welchen Einfluss hat er auf dich? Wann knastest du ihn weg? Wie lange noch führst du sinnlose Diskussionen mit ihm? Welche Waffen brauchst du, um ihn plattzumachen? Schreibe es auf!
Male dir ein Bild von deinem Drecksack, visualisiere ihn vor deinem geistigen Auge – oder, falls du wegen mangelnder Kreativität damit überfordert bist, google dir deinen persönlichen Junior. Jage das Bild durch den Drucker und nagele das Bildnis überall hin: an deinen Arbeitsplatz, an die Bildschirme, an deine Schafzimmerdecke, an die Spiegel und Zimmertüren in deiner Wohnung. Auch in deinem Geldbeutel solltest du ihn finden ... Tätowiere ihn dir quer über deine Stirn! Mach's!

In meinem Rachen tobt ein abartiger Brand und ich bin völlig durchgefroren, weil ich zu faul war, nachts aufzustehen und die Heizung anzumachen. Es ist schweinekalt, die Jalousien sind heruntergelassen, nur ein paar einsame Sonnenstrahlen dringen durch die Ritzen, werfen ihr Licht in meinen Bunker. Für einen Moment sitze ich einfach nur so da – schwer genug – und presse die Handflächen gegen meine Schläfen. Mir fehlt komplett die Orientierung, mein Schädel dröhnt, der Geschmack im Mund erinnert mich an die fünfhundert Jägermeister von letzter Nacht. Es stinkt nach Zigaretten und Kotze, Durchfall. Magen und Darm demonstrieren lautstark gegen die Dauerbetankung. Neben der Couch steht ein Putzeimer, darin schwimmt eine beträchtliche Menge erbrochener Spaghetti, klein gehäckselt, die Bolognese noch unverdaut. Ich habe Mühe, mich an irgendetwas zu erinnern, aber vielleicht ist das auch besser so. Mein Körper schreit nach seiner Medizin und ein Blick auf die Uhr verrät mir: Es wird höchste Zeit für ein Bier.

Nachdem ich meine Wohnung ein bisschen auf Vordermann gebracht, die schleimigen Überbleibsel meines Ausflugs zum Pizzamann das Klo runtergespült und ein paar Teller und Töpfe von tagealten Essensresten freigekratzt habe, werfe ich mich direkt wieder auf die Couch und schalte den Fernseher ein. Ich bin noch nicht mal richtig wach und draußen vor dem Fenster senkt sich schon wieder die Sonne über Erfurt. Mittlerweile habe ich die zweite Dose Becks im Kopf und eine angebrochene Flasche Schnaps wartet im Kühlfach auf das Erreichen ihrer Betriebstemperatur. Cheers.

Heute ist Donnerstag. Seit knapp zwei Wochen bin ich jetzt schon krankgeschrieben, aber es sollte nicht allzu schwerfallen, den Doc davon zu überzeugen, noch wenigstens eine oder vielleicht auch zwei Wochen draufzulegen. Ein bisschen husten (filterlose Zigaretten erfüllen ihren Zweck), ein bisschen Kopfschmerzen vortäuschen, hängende Schultern, kränklicher Blick – im Lügen bin ich mittlerweile Vollprofi.

Klingelt es an der Tür, was selten genug der Fall ist, mache ich gar nicht erst auf. Meistens ist es sowieso nur der Postbote, der ein Paket für die Nachbarn bei mir abgeben will, aber man weiß ja nie. Letztens stand sogar eine ältere Frau bei mir vor der Tür und wollte mit mir sprechen. Sie meinte, sie hätte Post für mich, und als ich ihr sagte, sie solle den Brief unter der Tür durchschieben, antwortete sie, das sei nicht möglich. Ein paar Stunden später schaute ich nach und auf meiner Iron-Maiden-Fußmatte lag ein fetter Batzen Post, mit einem Gummiband zusammengehalten und an mich adressiert. Ich hatte vergessen, meinen Briefkasten zu leeren.

Die Briefe liegen noch immer ungeöffnet auf dem Wohnzimmertisch. Ich weiß, was darin steht, schließlich kommen die meisten von irgendwelchen Behörden, die mir die Kohle aus dem Sack pressen wollen. Also brauche ich sie gar nicht erst zu lesen. Als Untersetzer für Bierdosen machen sich die Umschläge dagegen ganz gut. Hin und wieder schiebe ich mir damit auch eine nette Landebahn aus Koks oder Speed zusammen, je nachdem, was ich gerade im Haus habe, oder ich schaue mir einfach die Bilder auf den Briefmarken an.

Nach einer ausgiebigen Dusche lege ich mir ein paar Platten zurecht, die ich den Abend über gerne hören möchte, und beginne meine allabendliche Privatparty. Der Jägermeister ist mittlerweile eisgekühlt und ich trinke aus der Flasche, schaue Fernsehen und rauche eine Tüte nach der anderen. Ich trinke auf mich selbst, darauf, dass ich mich von der Welt da draußen nicht unterkriegen lassen werde. Trinke auf die Psychologen und Spinner, die stets behauptet haben, ich sei nicht therapierbar. Nicht therapierbar – in meinen Ohren klingt das wie eine Auszeichnung, wie ein Adelstitel und nicht wie die versuchte Anmache eines pseudostudierten Bücherwurms mit Helfersyndrom. Während in der Glotze dumme Menschen noch dümmere Dinge von sich geben, proste ich mir selbst zu und trinke auf den einzigen vernünftigen Kerl im Raum. Nicht, weil sonst keiner da ist, sondern weil mich alle mal kräftig am Arsch lecken können. Weil die anderen Leute nicht kapieren, worum es im Leben eigentlich geht. Weil sie nicht verstanden haben, weil sie einfach nichts verstehen. Prost, Rainer.

Plötzlich klingelt das Telefon. Erst will ich nicht rangehen, aus Prinzip. Doch dann fällt mir ein, dass ich vor ein paar Tagen versucht habe, meinen Dealer zu erreichen. Er hat mir versprochen, mir einen Beutel Gras zu besorgen, sobald sein Kontakt aus der Hauptstadt wieder aktiv sein würde. Gute Nachrichten also? Ich nehme ab. Am anderen Ende meldet sich eine bekannte Stimme. Leider nicht die, die ich erwartet hatte. Der Hörer rutscht mir beinahe aus der Hand, aber vielleicht bin ich auch einfach nur schon wieder viel zu breit.

Hörbar genervt frage ich meine Mutter, was sie von mir will, unter der Woche, mitten am Tag, wenn andere Menschen eigentlich arbeiten. Im Gegenzug wird mir unterstellt, ich sei nicht mehr bei klarem Verstand, und so gleichgültig wie möglich gebe ich zurück, dass das verdammt nochmal meine eigene Sache sei. Ich hasse es, mit meiner Mutter reden zu müssen. Ich hasse es, wenn sich andere Leute grundlos Sorgen um mich machen. Haben die alle denn nichts Besseres zu tun? Sterben vielleicht?

Trotzdem, der Anruf hat seinen Zweck erfüllt. Meine Mutter hat es mal wieder geschafft, mir den Tag zu versauen, bevor er für mich überhaupt richtig begonnen hat. Ich weiß, dass mein Leben momentan nach Scheiße schmeckt. Dafür brauche ich niemanden, der mir das sagt. Man muss mir auch nicht erklären, dass ich meiner Tochter gegenüber zu wenig Verantwortung zeige, dass ich ein miserabler Vater bin, der sich vor seinen Aufgaben drückt, und dass ich gefälligst ein schlechtes Gewissen haben sollte, weil ich mich in meiner Wohnung von allem abschotte. Ich weiß das doch alles. Ich weiß, dass ich mich allmählich verrenne, dass ich mir hier in Erfurt ein Loch gebuddelt habe, aus dem ich nicht so einfach wieder rausklettern kann. Ich weiß auch, dass ich zu viel saufe, aber scheißegal, ich habe auch allen Grund dazu. Gott steht eindeutig nicht auf meiner Seite. Die Welt hat sich gegen mich verbündet, aber nicht mit mir, Leute. Nicht mit mir.

Fickt euch alle, denke ich und setze die Flasche an. Ich fühle mich wie der Held meiner Bukowski-Romane, versenke innerhalb kürzester Zeit ein halbes Päckchen Zigaretten im Aschenbecher und saufe den Jägermeister, als wollte ich mich selbst bestrafen. Ich muss fast kotzen, mein Blick wandert unkontrolliert durch den Raum, im Fernsehen läuft noch immer dieselbe Scheiße. Ich bin stinksauer, hochgradig aggressiv und würde am liebsten rausgehen, um auf der Straße irgendeinem armen Teufel die Fresse zu polieren, ein paar halbstarken Kids die Zahnspangen nachzuziehen oder wenigstens irgendetwas Schönes kaputtzuschlagen. Mit geballten

Fäusten versinke ich in der Couch, presse die Kiefer aufeinander, bis es wehtut, und spüre, wie langsam die Tränen kommen. Scheiße. Reiß dich zusammen, Rainer. Hör auf zu flennen und trink noch einen Schluck. Hau dir ein paar Haldol in den Kopf, rauch noch ein Bong und reiß dich zusammen. Jetzt bitte nicht in Gedanken versinken. Bloß nicht anfangen, über deine Fehler nachzudenken und dich selbst zu geißeln. Lenk dich ab, lenk dich ab, Rainer. Lenk dich ab. Fuck! Wo ist die Flasche? ■

Loser

Wer mich heute kennenlernt, der kann sich oft nicht vorstellen, dass ich früher ein unkontrollierbares, aggressives Arschloch gewesen bin. Dass ich gesoffen, geprügelt und betrogen habe, abgezockt, selbstsüchtig und ignorant war. Dass ich bewusst Leben gefährdet und auch mein eigenes gleich mehrfach aufs Spiel gesetzt habe. Ich war ein »fuckin' asshole«, eine echte Bedrohung für mein Umfeld und eine Enttäuschung für jeden, der damals so dumm war, sich mit mir einzulassen.

Versteh mich nicht falsch, ich bin kein schlechter Mensch. Ich glaube, selbst in den krassesten Phasen meines Lebens wollte ich im Grunde meines Herzens nie jemandem etwas Böses. Heute weiß ich, dass meine innere Unzufriedenheit damals unermesslich war. Ich war so enttäuscht von mir selbst und darüber, dass ich es nicht geschafft hatte, ein selbstbestimmtes Leben zu führen, in dem ich mein eigener Chef sein konnte. Ich wollte mein Leben so gestalten, wie ich es für gut und richtig hielt. Ich war so verbittert, dass der Frust und mein Selbsthass immer unerträglicher wurden. Ich brauchte ein Ventil, ich musste meine Wut irgendwo rauslassen. So wurde aus mir der saufende, vor seiner Verantwortung fliehende Rainer, der vielen Menschen das Herz (und den ein oder anderen Knochen) gebrochen hatte. Darauf kann ich nicht stolz sein.

Die kurze Geschichte, die du eben gelesen hast, ist wirklich so passiert. Jedenfalls habe ich sie so in Erinnerung. Nichts konnte meinen Weg der Selbstzerstörung aufhalten, niemand kam nah genug an mich heran, um mich zur Vernunft zu bringen. Monatelang hielt ich diesen Sauf- und Abschottungsexzess durch, dann war endgültig Feierabend. Meine Mutter kam aus der Heimat und brachte mich in die Psychiatrie! Ich kam in die geschlossene Abteilung. Es war die absolute Hölle. Wochenlanger kalter Entzug, Cold Turkey ... abartig. Die Fenster waren stets verriegelt. Nachts schlurften die Gestalten durch die Gänge und brüllten unverständliches Kauderwelsch oder legten sich mit den Pflegern an. Ich fühlte mich gedemütigt, körperlich und geistig am Ende, eingesperrt mit völlig abgedrehten Psychos, die man sonst nur aus Filmen kennt. Rainer flog übers Kuckucksnest!

Die Psychologen hatten mich bald aufgegeben. Statt mir wirklich dabei zu helfen, meine Probleme zu erkennen und meine chaotische Vergangenheit aufzuarbeiten, versuchten sie mich so schnell wie möglich wieder »funktionstüchtig« zu machen. Keine direkte Konfrontation, kein gesetzter Impuls zur Veränderung. Niemand traute sich, mir klare Ansagen zu machen. Die Tage in den Kliniken waren mein persönlicher 11. September. Alles hatte ich verspielt, alle enttäuscht und vergrault. Ich hatte in meinem Leben bereits öfters alles verloren. Irgendwann, zahlreiche Abstürze später, wurde mir klar, dass ich aktiv werden, etwas verändern und mein eigenes Leben wieder aufbauen musste. Aus dem Dreck ans Licht.

Ich will hier nicht meine ganze Biografie ausbreiten. Ich will nur, dass du verstehst: Der Rainer weiß, wovon er spricht. Auch ich war ganz unten, am absoluten Nullpunkt des Lebens. Ich weiß, wie es sich anfühlt, wenn sich das Glück verabschiedet und einem die Scheiße an den Fersen klebt wie ein alter ausgerotzter Kaugummi.

Du bist süchtig nach Drogen oder Alkohol? Kenne ich. Du hast das Gefühl, die Welt hat dich abgeschrieben und niemand kümmert sich einen Dreck darum, ob du tot bist oder lebst? Auch diese Erfahrung habe ich gemacht. Was es auch ist, ob dich dein nicht exis-

Ich war ganz unten, am absoluten Nullpunkt des Lebens.

tentes Ego zum Außenseiter, zum Outlaw gemacht hat, ob dich die Dämonen deiner Vergangenheit, die kleinen und die großen Fehler, noch immer verfolgen, ob du depressiv bist, weil dich die Vergleiche mit den Schönen und Erfolgreichen so runterziehen, oder ob dich deine Angst vor dem Leben schon so weit getrieben hat, dass du Lust bekommst, im Auto auf der Landstraße bei hundertachtzig Sachen einfach das Lenkrad loszulassen. Auch das habe ich schon er- und überlebt. Ich weiß, wie beschissen es dir geht.

Kontrollverlust

Okay, packen wir das Unkraut bei seiner verdammten Wurzel. Du bist hier, weil du unzufrieden bist, richtig? Du bist psychisch zumindest mal angeschlagen, du fühlst dich abgehängt, ausgestoßen und vom Leben verarscht? Du bist traurig und wütend, enttäuscht, dass die Dinge nicht so laufen, wie sie sollten? Aber hast du dich schon mal gefragt, woher diese Gefühle eigentlich kommen, wodurch sie ausgelöst werden? Warum spürst du diese Traurigkeit, warum bist du deprimiert? Woher rührt diese Unzufriedenheit in deinem Leben? Des Rätsels Lösung lautet: Kontrollverlust.

Du hast die Kontrolle verloren. Du bist nicht mehr länger der Chef in deinem eigenen Unternehmen. Du hast das Steuer aus der Hand gegeben und darfst jetzt vom Beifahrersitz aus dabei zuschauen, wie dein führerloses Leben auf den Abgrund zurast. Du hast die Selbstbestimmung aufgegeben, du traust dir nicht mehr zu, die Verantwortung für dich und dein Handeln zu übernehmen. Irgendwas oder irgendwer hat dich so sehr im Griff, so unter Kontrolle, dass du wie ein alter dressierter Zirkusgaul durch die Manege hoppelst, ohne zu wissen, was du da eigentlich tust. Du wunderst dich, dass du unzufrieden bist? Dass alles den Bach runtergeht? Dass du dich allmählich selbst zugrunde richtest?

Egal, wie dein Leben bisher verlaufen ist, egal, welche perversen Spielchen das Schicksal mit dir treiben mag, wenn du dich selbst für die Opferrolle bewirbst, hast du ein Problem. Als Opfer bist du in deinem eigenen Film sehr schnell nur noch der Statist, der arme Teufel, der zwar mitspielt, an den sich nach dem Kinobesuch aber kein Schwein mehr erinnert. Lass den Unsinn, verdammt noch mal. Ja, das Leben ist hart und es ist auch nicht immer fair. Manchmal wirst du halt mit Füßen getreten, wenn du schon längst am Boden liegst. Mach dir augenblicklich klar: Wenn du kapitulierst, wenn du deine Selbstbestimmung aufgibst, dann hast du den eigentlichen Fight schon verloren, bevor er richtig begonnen hat.

Kontrollverlust bewirkt Unzufriedenheit durch Fremdbestimmung. Auch wenn dieser Satz jetzt ziemlich wissenschaftlich klingt, ist es im Grunde doch ganz simpel: Die Grundlage für ein glückliches Leben ist die Macht, dein Leben nach deinen eigenen Vorstellungen und Zielen selbst zu gestalten. Frei und unabhängig von äußeren Faktoren. Wenn du die Chance nicht wahrnimmst, deine eigene Biografie so zu schreiben, wie du es möchtest, wenn du dich weiter zur Marionette degradieren lässt und nur noch tust, was andere von dir verlangen oder erwarten, wird sich dein Junior gnadenlos bemerkbar machen. Früher oder später meldet er sich mit aller ihm zur Verfügung stehenden brachialen Kraft. Du wirst mit einem miesen Gefühl im Bauch aufwachen und, nachdem du den ganzen Tag nach der Pfeife der anderen getanzt hast, völlig verbraucht ins Bett zurücksinken. Du wirst nicht schlafen können, weil dich die immer gleichen Fragen beschäftigen: Was mache ich hier eigentlich? Soll das alles gewesen sein? Hat das Leben nicht mehr für mich zu bieten? Wer bin ich überhaupt? Was ist meine Bestimmung?

Viel zu oft nehmen wir das Gefühl der Unzufriedenheit einfach so hin. Wir reden uns ein, es sei normal, man kann nicht immer gut drauf und glücklich sein. Das stimmt ja auch. Es gibt Dinge, die außerhalb unserer Macht liegen, die wir nicht beeinflussen können. Ereignisse, die unser komplettes Lebenskonzept vom einen auf den andern Tag einfach über den Haufen werfen. Wenn eine geliebte Person plötzlich und völlig unerwartet stirbt, dann ist das ganz bestimmt nicht deine Schuld. Du kannst nichts dafür. Das Schicksal hat entschieden und dich nicht gefragt. Solche Ereignisse treffen uns hart und werfen selbst die Abgebrühtesten unter uns zumindest kurzzeitig aus der Bahn. Doch von denen, die sich wieder aufrappeln, kannst du etwas lernen. Die Kunst liegt darin, sich nicht im eigenen Unglück zu suhlen, sich nicht an dieses dumpfe Gefühl der Ohnmacht zu gewöhnen. Auch wenn du für verschiedene Ereignisse in deinem Leben keine Verantwortung trägst, so hast du dennoch die Verantwortung für deine persönlichen »Verarbeitungsstrategien«, dafür, wie du mit einem Rückschlag umzugehen pflegst. Entscheidest du dich für die Opferrolle und dafür, dich zum Fußabtreter des Schicksals zu stilisieren, dann wirst du nichts anderes sein als genau dieser Fußabtreter. Und genauso verhält es sich mit all den Dingen, all den Situationen und Ereignissen im Leben, die du selbst beeinflussen kannst. Deren Resultat hängt im Wesentlichen davon ab, wie du dich entscheidest und damit umgehst. Merke dir das!

Bewirbst du dich selbst um die Opferrolle, bist du nur noch Statist in deinem eigenen Film.

Warum erzähle ich dir das alles? Ganz einfach, ich will, dass du endlich begreifst, dass es zu beinahe hundert Prozent von dir selbst abhängt, ob du im Leben und mit deinem Leben glücklich bist oder nicht. Die innere Unzufriedenheit, die du momentan verspürst, kommt bestimmt nicht von ungefähr. Jeder ist seines eigenen Glückes Schmied. Klingt abgedroschen, entspricht jedoch der Wahrheit! Wäre ich dein Therapeut, würdest du dich in meiner Praxis auf die Couch legen und mir unter Tränen detailgenau erklären, wie scheiße dein Leben ist und was alles in deiner Kindheit schiefgelaufen ist. Dass dein Vater dich nie umarmt hat, deine Klassenkameraden dich zum Kiffen angestiftet haben und du in der Liebe von allen immer nur verarscht wurdest. Wäre ich tatsächlich dein Therapeut, würde ich dir ein Taschentuch reichen und gemeinsam mit dir über die böse, böse Scheißwelt da draußen mitjammern. Pech gehabt! Ich bin nicht dein Onkel Doc!

What the Fuck!?

Warum schiebst du die Schuld für dein Versagen auf andere? Warum gibst du deine Verantwortung für dein Leben an dein Umfeld ab? Ist tatsächlich nur dein Vater der Grund, warum es zwischen euch nie eine echte Umarmung gab? Haben dir deine Kumpels den Joint in den Mund gesteckt und dich zum Kiffen gezwungen? Und wieso lässt du es zu, dass man dich in einer Beziehung wie Dreck behandelt? Bist du dir selbst so wenig wert? Versuche zu verstehen: Dein Handeln, deine Art und Weise, wie du der Welt gegenübertrittst, bestimmt, wie selbstbestimmt und wie glücklich du das Leben bestreitest.

Unzufriedenheit entsteht, wie schon gesagt, durch Kontrollverlust. Dadurch, dass du nicht mehr frei entscheidest, sondern nur noch Befehle ausführst. Je länger du in dieser Position verharrst, desto mehr wirst du dich an deine Rolle gewöhnen. Junior wird nicht aufhören zu rebellieren und damit beginnen, richtig Terror zu machen! Du kannst tun, was du willst, du kannst die anderen zum Narren halten und vielleicht, wenn du es geschickt anstellst, sogar deinen eigenen Verstand. Doch dieses ungute Gefühl in deiner Magengegend wird bleiben. Es wird sich einnisten und mit der Zeit so stark werden, dass du es nicht länger unterdrücken oder ignorieren kannst.

Der naive Mensch hat verschiedene Strategien entwickelt, das Gefühl der inneren Unzufriedenheit zu betäuben, in andere Empfindungen umzuwandeln oder es durch andere Gefühle zu ersetzen. Wer die Opferrolle erst einmal verinnerlicht hat, wird sie nur widerwillig wieder hergeben. Deshalb ist vielen jedes Mittel recht, um in ihrer Opferrolle verharren zu können. Sie ertragen lieber all die unangenehmen Symptome, die der Verlust der Selbstbestimmung und Selbstverantwortung mit sich bringt, als etwas am eigentlichen Grund für ihr persönliches Unglück zu ändern. Möglicherweise sind sie einfach nur unwissend, zu schwach oder zu feige, dem Feind tief ins Auge zu blicken und ihn zu bekämpfen? Weglaufen kann jeder!

Sucht

Wir alle sind suchtgefährdet. Niemand von uns kann sicher sein, dass er oder sie sich nicht irgendwann, in irgendeiner Phase des Lebens, in Abhängigkeit von etwas begibt, was mittel- oder langfristig mehr schadet als nutzt. Damit meine ich nicht nur Alkohol oder andere Drogen. Aber vielleicht bist du einer von denen, die sich mit meiner Suchtkarriere identifizieren können, die wissen, wie es sich anfühlt, wenn das eigene Leben nur noch im Rauschzustand erträglich erscheint. Möglicherweise hast du all die Erfahrungen, die ich in diesem Buch mit meinen Lesern teile, selbst schon gemacht und weißt, wie es ist, physisch und psychisch am Abgrund zu stehen. Dann kennst du das Gefühl der ständigen Paranoia, kennst dich aus mit Filmrissen, Flashbacks und falschen Freunden, hast andere im Wahn enttäuscht und hast erlebt, wie schrecklich es ist, diesen Menschen nüchtern unter die Augen treten zu müssen.

Vielleicht hast du auch schon mal mit dem Gedanken gespielt, dich auf die Gleise zu legen, dir die Pulsadern aufzuschneiden oder das Hirn wegzublasen. Auch ich selbst hatte oft mit Selbstmordgedanken zu kämpfen.

Doch vielleicht ist es auch ganz anders. Vielleicht hast du noch nie Drogen genommen, noch nie geraucht und in deinem ganzen Leben noch keinen einzigen Schluck Alkohol getrunken. Wenn das so ist, dann möchte ich dir herzlich gratulieren. Ich kann von hier aus zwar nicht beurteilen, aus welcher Motivation heraus du den Weg der völligen Abstinenz gewählt hast, aber das schaffen auf jeden Fall nicht viele Menschen. Doch auch, wenn du dir für diese Leistung auf die Schulter klopfen darfst und sollst, möchte ich dir sagen: Bleib achtsam! Die Gefahr der Sucht ist nicht an irgendeine Substanz gebunden. Sucht ist nicht einfach das Resultat einer chemischen Formel, die gewissenlose Dealer mit Backpulver strecken und nachts auf der Straße an ihre Kundschaft verticken. Es begegnen uns viele andere, oft vermeintlich harmlos wirkende Formen von Abhängigkeit, wie zum Beispiel die Spiel-, Kauf-, Internet-, Arbeits-, Sex-, Ess- oder Brechsucht. Das Wort »Sucht« ist übrigens vom Wortstamm her mit »Siechtum« verwandt und bedeutet etwas Schwächliches und Erbärmliches! Die Sucht lauert überall, an jeder Ecke deines Lebens, und das Schlimmste ist: Jede Abhängigkeit bricht dir langfristig das Genick.

Die Sucht lauert überall, an jeder Ecke deines Lebens.

In richtig schlimmen Zeiten war ich dem Alkohol komplett ausgeliefert. Ich war fast immer besoffen (oder wenigstens ordentlich betankt), um mich mit den Widrigkeiten, mit denen das Leben mich täglich konfrontierte, nicht auseinandersetzen zu müssen. Ich wollte, ich konnte mit meiner damaligen Situation einfach nicht umgehen. Ich hatte das Gespür dafür verloren, was richtig und was falsch, was angemessen und was komplett übertrieben und abgedreht ist. Ich hatte meine eigenen Launen und Ängste nicht mehr im Griff, war völlig plan- und orientierungslos, unberechenbar. Aus heutiger Sicht betrachtet war ich eine tickende Zeitbombe. Instinktiv versuchte ich sämtliche Alarmsignale meines Körpers zu betäuben. Das Gefühl der Gleichgültigkeit, das mich überkam, wenn ich nur genug zugeballert war, war stärker als jede Angst. Das Karussell im Kopf verdrängte die unliebsamen Gedanken und Erinnerungen an sämtliche Probleme, denen ich mich nicht gewachsen fühlte. Ich war zwar betrunken und benebelt, aber wenigstens war ich einigermaßen locker drauf. Der Alkohol gab mir die innere Ruhe zurück, die ich brauchte, um nicht alles um mich herum kurz und klein zu schlagen oder den Menschen in meinem privaten Umfeld körperliche und mentale Schmerzen zuzufügen. Der Sprit hielt mich auf Betriebstemperatur und sorgte dafür, dass in meinem Oberstübchen die Sicherungen nicht durchbrannten.

Zumindest so lange, bis irgendwann die Grenze des Erträglichen erreicht war. Alkohol ist und bleibt ein Nervengift!

Dieses kranke Verhalten ist zwar typisch für eine Abhängigkeit von Rauschmitteln, lässt sich aber nicht allein darauf reduzieren. Auch andere schädliche Verdrängungsstrategien sind in schwierigen Lebenssituationen sehr oft das Mittel der Wahl. Du brauchst Beispiele? Da gibt es den Workaholic, der täglich Überstunden macht und lieber bis spät in die Nacht schuften geht, als mit seiner Frau die aktuelle Ehekrise zu diskutieren. Oder den ewigen Glücksritter, der zwar seine Arbeitsstelle verloren hat, sich am einarmigen Banditen aber die Chance auf den Jackpot bewahrt. Oder die einsame Dauerläuferin, die nach einer Krebsdiagnose buchstäblich vor ihren Ängsten und Sorgen davonrennt. Findest du dich in den erfundenen Beispielen wieder? Kennst du vielleicht eine dieser Personen aus deinem Umfeld? Du ahnst es vielleicht, diese Liste ließe sich beliebig lange fortführen.

Süchtig sind also nicht nur die kaputten Junkies, die dir mit zerrissenen Jeans und verklärtem Blick aus der Bahnhofstoilette entgegenstolpern. Sucht ist kein Problem der Schwachen und Verstoßenen. Es ist kein Privileg der Ehr- und Gesetzlosen, die für den nächsten Schuss einfach alles tun würden. Sucht lässt sich einem Menschen nicht zwangsläufig an der Nasenspitze ablesen. Sie hat kein klar erkennbares Label und ist auch nicht, wie viele denken, ein unbedingtes Zeichen von Charakterschwäche. Viele Menschen sind überzeugt, eine Sucht hätte bei ihnen keine Chance – doch in Wahrheit sind sie längst abhängig von irgendwas und merken es nicht einmal. Fakt ist, echte Sucht zerbröselt die härtesten und stärksten Charaktere! Auch finanzieller Erfolg, Popularität, Attraktivität und andere vermeintlich erstrebenswerte Ziele können dich nicht davor schützen, an deiner Abhängigkeit zugrunde zu gehen. Oder hast du noch nie etwas von Kurt Cobain, Heath Ledger oder Amy Winehouse gehört?

Der Beginn einer Sucht ist noch kein unwiderrufliches Todesurteil. Jeder, der sich selbst in die missliche Situation der Abhängigkeit gebracht hat (Mach an dieser Stelle nicht den Fehler, die

Schuld anderen zuzuschieben und dich hier als Opfer zu präsentieren!) hat die Chance, seine Sucht zu überwinden. Jeder kann die Dämonen im Kopf zur Strecke bringen und sich so die Unabhängigkeit der eigenen Psyche bewahren. Wichtig ist dabei nur, dass der Impuls zur Veränderung vom Süchtigen selbst ausgeht. Richtig gelesen! Du musst dich schon selbst aus der Scheiße ziehen! Hilf dir selbst und übernimm die Verantwortung für dein Leben.

Ich war hochgradig abhängig, habe in meiner Bude nur noch vor mich hin vegetiert und für den Rausch gelebt. Der Kioskbesitzer war mein einziger sozialer Kontakt. Ich war komplett am Ende, körperlich wie geistig. Ausgebrannt. Out of Order. Vielleicht erscheint dir deine momentane Situation ausweglos, vielleicht stehen deine Chancen auf Rehabilitation und ein Comeback ins Leben wirklich so schlecht, wie du es dir ausmalst. Doch darum geht es nicht. Es geht nicht darum, wie wahrscheinlich es ist, dass du deine Abhängigkeit besiegst. Es geht darum, dass du den Arsch hochkriegst und es konsequent angehst. Warte nicht auf Hilfe, die vielleicht nie kommen wird. Verschiebe den Kampf gegen die Sucht nicht auf eine unbestimmte Zukunft, in der du dich womöglich noch schwächer, noch mutloser fühlst als heute. Handle bloß nicht nach dem Motto: »Was du heute kannst besorgen, verschiebe lieber gleich auf morgen!« Werde jetzt aktiv! Jetzt! Jetzt in diesem Moment, da du diese Zeilen liest! Mach dir bewusst, wonach du süchtig bist, und kämpf mutig dagegen an. Es ist dein Leben.

Viele Menschen begehen den Fehler, sich in ihrem eigenen Unglück zu suhlen. Nur die wenigsten begreifen, dass in jedem Absturz am Ende fast immer auch eine Chance zur persönlichen Veränderung verborgen liegt. Der Mensch ist nun mal ein Gewohnheitstier. Nur allzu oft sind wir in unserem Denken so eingefahren, in unserer täglichen Routine so abgeklärt und automatisiert, dass unser Leben auch locker von einem dressierten Affen gemeistert werden könnte. Wir richten uns in unserer jeweiligen Situation, egal wie beschissen

> Warte nicht auf Hilfe, die vielleicht nie kommen wird.

diese auch aussehen mag, ein, machen es uns so bequem wie möglich und warten fröhlich buckelnd auf den Tag, an dem der liebe Herzschrittmacher endlich den Geist aufgibt.

Muss das so sein? Es gibt Pflanzen, die wachsen am besten auf frisch verbrannter Erde, wusstest du das? Vielleicht ist deine persönliche Lebenssituation gerade so richtig abgefuckt, vielleicht liegst du blutend am Boden und das Leben tritt dir mit Stahlkappen munter gegen die Rippen. Das fühlt sich verdammt mies an, ich weiß es, ich kenn mich damit aus. Ich weiß genau, wie die Scheiße schmeckt, die du gerade löffeln musst. Schließlich bin ich lange genug selbst darin herumgekrochen. Aber lass dir von mir eines gesagt sein: So aussichtslos deine Lage auch scheint, so krass die Prügel sind, die du gerade einstecken musst – wenn du es schaffst, deine selbstgeschaffene Hölle zu durchschreiten, hast du hinterher eine echte Möglichkeit, die Dinge zu deinem Vorteil zu verändern.

Du bekommst von mir die offizielle Erlaubnis, dich neu zu entdecken, deine Werte umzuformulieren und der Welt eine neue, in sämtlichen Bereichen optimierte Version deines Ichs zu präsentieren. Ich kann dir nicht erklären, warum es so ist, aber manchmal brauchen wir Menschen einfach den extremen Leidensdruck und das Gefühl, mit dem Rücken zur Wand zu stehen. Erst dann sehen wir ein, dass wir unser Verhalten ändern müssen, um endlich aktiv zu werden. Denk doch mal an Phönix, den mythischen Vogel, der erst verbrennen musste, bevor er aus seiner eigenen Asche wieder auferstehen konnte, stärker als je zuvor. Stell dir vor, du bist der Phönix und deine jetzige, verzweifelte und desolate Situation ist nur das Feuer, das dich am Ende härter macht als Stahl. Stell dir vor, was du alles verändern und verbessern kannst, in jedem Bereich deines Lebens, wenn du nur endlich antrittst. Du kannst nur gewinnen!

Ich bin seit vielen Jahren trocken und clean. Glaubst du, das hätte ich geschafft, wenn ich nicht all die krassen Suchterfahrungen gemacht hätte, die mich beinahe das Leben gekostet haben? Glaubst du, ich hätte auch so irgendwann den Arsch hochgekriegt und aus freien Stücken und ganz ohne Leidensdruck etwas an meinem destruktiven Lebensstil geändert? Im Kultfilm »Fight Club« wird dem anarchischen Anti-Helden Tyler Durden ein Satz in den Mund gelegt, den ich immer wieder gern zitiere: »Erst nachdem wir alles verloren haben, haben wir die Freiheit, alles zu tun.« Ich will, dass du dir dieses Zitat gut einprägst. Schreib dir den Satz gut hinter die Ohren, lass ihn dir auf die Stirn tätowieren, wenn es sein muss. Jedes große Unglück, jedes persönliche 9/11, das du erlebst, beinhaltet die einmalige Chance, etwas an deiner Einstellung zu ändern und endlich mit all den Gewohnheiten zu brechen, die du dir selbst angeeignet hast, die dir hier und heute das Leben schwer machen.

Suhlst du dich vielleicht gerne im Unglück – bist du süchtig nach Mitleid?

Du siehst, das Thema Sucht ist ziemlich komplex. Mein persönliches Beispiel ist das eines Mehrfachabhängigen, eines Polytoxikomanen. Mach dir bewusst, dass es nicht nur die bekannten Drogen sind, von denen du abhängig werden kannst. Oft flüchten sich Menschen in die Sucht, um ein anderes Problem in ihrem Leben zu verdrängen, um sich nicht damit auseinandersetzen zu müssen. Viele Süchte dienen auch dazu, einen Mangel auszugleichen. Fehlendes Selbstbewusstsein kann beispielsweise zu »Geltungs«-Sucht führen. Auch materielle Dinge und Luxus können süchtig machen, weil sie für kurze Zeit das Ego aufwerten. Aber es geht noch viel weiter: Hast du dich schon einmal gefragt, ob du vielleicht süchtig bist nach Mitleid? Suhlst du dich gerne in deinem Unglück und freust dich insgeheim über die Aufmerksamkeit, die andere Menschen dir schenken, wenn du nur laut genug jammerst und deine Situation beklagst?

Die Sucht hat viele unterschiedliche Gesichter, ist meistens nicht auf dem ersten Blick erkennbar oder wird von den Betroffenen geschickt kaschiert. Doch eines haben alle Abhängigkeiten gemeinsam: Sie schränken dich ein und nehmen dir deine Handlungsfreiheit. Ganz plötzlich, oft ohne es zu merken, bist du fremdgesteuert.

Gut versichert?

Am deutlichsten zeigt sich das bei der allgegenwärtigen Sucht nach Sicherheit. Es scheint, viele Menschen würden am liebsten ein Leben lang in Pampers herumlaufen oder auf Mamis Arm durchs Leben getragen werden. Doch weil das nicht geht, wird das Bedürfnis nach Kalkulierbarkeit und Schutz eben anderweitig befriedigt. Die Abhängigkeit von sozialer Absicherung, materiellen Gütern und einer blank polierten Familienfassade ist deshalb so gefährlich, weil sie gesellschaftlich vollständig akzeptiert wird.

Niemand findet etwas Negatives daran, wenn du dich für das Wohl deiner Familie opferst, dich selbst unterjochst und im Namen der guten Sache deine Selbstbestimmtheit aufgibst. Keiner wird mit dem Finger auf dich zeigen und lachen, weil du dich gut versicherst, beim Arzt regelmäßig einen Gesundheits-Check machen lässt oder beim Autofahren stets den Anschnallgurt anlegst. Sicherheit ist in unserer Gesellschafft ein hohes Gut, vielleicht sogar das höchste überhaupt. Ich möchte, dass du an dieser Stelle eines auf jeden Fall begreifst: Deine unstillbare Sucht nach Sicherheit im Leben ist krank, der zwanghafte Versuch, jedes mögliche Risiko unter Kontrolle zu haben, tötet den Abenteurer in dir, den Entdecker und den Survival-Künstler.

Unser Bedürfnis nach Absicherung, die Sehnsucht nach Kalkulierbarkeit und einer unerschütterlichen Routine, in der jeder Tag eine Kopie des vergangenen ist, ist bei vielen Menschen so groß, dass wir dafür jedes Opfer zu bringen bereit sind. Ein Leben wie auf Schienen erscheint uns erstrebenswert. Neidisch schauen wir auf andere Menschen, bei denen offenbar alles nach Plan verläuft, bei denen keine größeren Turbulenzen oder Probleme auszumachen sind. Wir klammern uns an materielle Dinge wie Häuser und Autos, die uns daran erinnern sollen, dass es uns finanziell gut geht. Bei der Arbeit geben wir jeden Tag unser Bestes, machen unbezahlte Überstunden, versuchen so, dem Chef zu imponieren und unsere Position im Betrieb zu festigen. Wir wollen sicher sein. Um jeden Preis!

Wir versichern uns gegen jede mögliche Gefahr, die unseren Wohlstand und die Familie bedrohen könnte. Wir tun alles dafür, uns selbst das wohlige Gefühl der Sicherheit zu vermitteln. Grund für diese Abhängigkeit ist meistens eine tiefsitzende Angst. Wenn wir ehrlich sind, haben wir ziemlich große Angst vor dem Leben da draußen. Wir haben Angst davor, auf uns allein gestellt zu sein und den Herausforderungen, die vor der Tür auf uns lauern, nicht gewachsen zu sein. Wir fürchten uns vor der totalen Handlungsfreiheit und bevorzugen daher das Leben in einem selbst geschaffenen Gefängnis aus Routine, Verpflichtungen und Erwartungen. Zu gerne lassen wir uns von anderen vorschreiben, wie wir zu funktionieren haben. Das schafft Orientierung. So leben wir fremdbestimmt, dafür aber in einem Gefühl vermeintlicher Sicherheit. Das soziale Korsett, in das wir uns gezwängt haben, gibt uns Halt. Solange wir nicht über die Stränge schlagen und weiter brav unsere Rolle spielen, kann uns nichts passieren, glauben wir. Aber natürlich ist das absoluter Quatsch.

Die ultimative Sicherheit im Leben kann es nicht geben. Sicherheit ist eine Illusion – genau deshalb wird die Sucht danach zur tückischen Falle. Egal, was du auch tust, niemals, wirklich niemals wirst du den Punkt erreichen, an dem du dich wirklich sicher fühlen kannst. Mach dir das klar. Jeden Moment kann die Bombe einschlagen, jederzeit kann etwas Unvorhergesehenes passieren, was deine kleine, mit Schaumstoff und Daunenfedern ausgekleidete Welt komplett aus den Angeln hebt. Das Leben ist ein einziges Abenteuer und voller Überraschungen.

Du wirst dich niemals wirklich sicher fühlen. Sicherheit ist eine Illusion.

Mach dich nicht selbst zum Gefangenen deiner Sucht nach Sicherheit, geh stattdessen lieber raus und riskier mal was. Werde dir der absoluten Einmaligkeit deines Lebens bewusst und stell dich den Herausforderungen, die auf dich warten. Probier dich aus, schleich dich aus deiner Komfortzone und mach deine ersten Erfahrungen jenseits des Alltags. Beweise dir selbst, dass du mutig sein kannst, dass du all die Sicherheit nicht brauchst. Erinnerst du dich an die Werbung mit der glücklichen »Rama-Familie« am hübsch gedeckten Frühstückstisch im frisch gemähten Garten des Eigenheims? Das Leben, wie es sein sollte? Erinnerst du dich an den Typen im Anzug, der bei der Arbeit seinem Vorgesetzten in den Arsch kriecht und nach Feierabend im Van nach Hause tuckert? Dort sitzt er im Kreise der Familie auf seiner Couch, sieht sich die Wiederholung vom letzten Tatort an, um dabei vom Bausparvertrag und der Riesterrente zu träumen ... Tust du das nicht? Wundert dich das?

Vollständige Sicherheit ist schlichtweg eine Utopie und die Abhängigkeit davon ebenso verhängnisvoll wie die von Heroin. Je mehr du nach Sicherheit jagst, je stärker du dich in deiner Festung einmauerst, desto ängstlicher wirst du dich fühlen. Plötzlich brauchst du immer mehr Sicherheit, noch mehr Versicherungen, noch mehr Routine. Jeder Furz bringt dich aus der Balance und sorgt für das ungute Gefühl, deine ganze verdammte Welt breche gerade zusammen. Ich sage dir, mach dich endlich frei von dieser ganzen Scheiße! Sag dich los von deiner Sucht nach einem ständigen Behütetsein, von deiner Abhängigkeit von einem Nest, in dem du hocken kannst. Kämpfe dagegen an, so wie andere gegen ihre Alkohol-, Medikamenten- oder Drogenabhängigkeit ankämpfen.

Fang an!

Übernimm die Kontrolle und die Verantwortung in deinem Leben (vielleicht zum ersten Mal)! Lass dir nicht länger die Sinne vernebeln. Es lohnt sich!

Meister der Lügen

Muss man sich in die Klauen des Teufels begeben, um sich sicher zu fühlen? Muss man, nur um seine niedersten Bedürfnisse zu befriedigen, lügen und betrügen? Muss man für Kohle und Macht wirklich über Leichen gehen, Gott und die Welt und auch sich selbst immer wieder bescheißen? Warum hört der gebeutelte Knecht des Lebens nicht damit auf? Ist er rückgratlos und schwach? Will er gedemütigt werden? Ist er wenig selbstbewusst? Hat er Angst davor, ins Leere zu fallen? Hat er nie gelernt, ehrlich mit sich selbst klarzukommen? Fühlt er sich vielleicht sogar pudelwohl? Vielleicht lässt ihn die Selbstlüge auch vergessen, wie es wirklich um ihn steht? Ist er etwa geblendet und verpeilt? Lebt er womöglich in einer Scheinwelt? Selbst wenn der Süchtige sagt, dass er jederzeit damit aufhören könne: Warum packt er es nicht? Er wird immer wieder rückfällig. Warum ist das so?

Der Süchtige redet sich seine Welt schön und glaubt selbst an das Lügenkonstrukt, das er sich über Jahre gegenüber der Außenwelt aufgebaut hat. Er hat sich weit von seinem eigentlichen Selbst entfernt und lebt seine selbst erschaffene Lebenslüge in Perfektion. Durch permanente Rechtfertigungen, Entschuldigungen und laufendes Schöngerede seiner Lebenswahrheit hat er sich zu seiner eigenen verklärten Kopfgeburt gemacht. Meist erst dann, wenn der Leidensdruck extrem groß und übermächtig wird, öffnet er die Augen. Erst wenn jemand für sich erkennt, dass er sich selbst durch seine Abhängigkeit in Grund und Boden geritten hat, fängt er an nachzudenken. Die Voraussetzung zur Veränderung ist daher ein ehrliches Anerkennen der Sucht, ein bedingungsloses Eingeständnis des Fehlverhaltens und eine konsequente, kompromisslose Bankrotterklärung der bisherigen Lebensgeschichte. Revolution!

Muss es immer so weit kommen, muss es erst wehtun, bevor der Mensch begreift? Wenn es bei dir auch schon kurz vor zwölf ist und

Wenn es bei dir auch schon kurz vor zwölf ist, zieh die Notbremse!

die Glocken bereits für dich läuten, dann zieh die Notbremse und schieb einen Entzug!

Du willst ein erfolgreicher Lebenschef werden? Dann ist dies ab heute deine persönliche Unternehmensphilosophie: »Erfolgreiche Menschen rechtfertigen und entschuldigen sich nicht!« Wer sich rechtfertigt, zeigt dadurch, dass er nicht bereit ist, die Verantwortung für sich selbst zu übernehmen. Wer sich ent-»schuld«-igt, will die Schuld von sich nehmen. Erfolgreiche Menschen wissen im Vorfeld, was sie tun! Und wenn etwas schiefläuft, dann stehen sie zu ihrem Fehlverhalten, bedingungslos! Vergangenes lässt sich nicht mehr verändern. Steh deine/n Mann/Frau, hier und jetzt! Blase Frischluft durch deine revolutionären Gehirnzellen!

Schuldig!

Wirf deine Abhängigkeiten und Schuldgefühle schnellstmöglich über Bord! Schuldgefühle hast du nur, wenn du über deine eigene Vergangenheit urteilst. Dich selbst für Vergangenes zu verurteilen, bringt dich keinen Schritt weiter, du kannst die Vergangenheit nicht mehr verändern! Du hast nie einen Fehler gemacht! Du hast gelernt! Wer hat das Recht, dich dafür zu verurteilen?

Steh zu dir!

Achte jeden Tag bewusst darauf, wofür du dich alles entschuldigst und rechtfertigst! Wer sich rechtfertigt, ist nicht bereit dazu, die volle Verantwortung für sich selbst und seine Taten zu übernehmen. Er wird es immer wieder tun! Schau dich in deinem Umfeld um. Du wirst mit den Ohren schlackern ... Wiederholungstäter, wohin du auch schaust! Hinterfrag dich selbst und erstell eine tägliche Liste deiner Rechtfertigungen! Mach dir einen Plan, welche Möglichkeiten du hast, um dich nicht ständig rechtfertigen zu müssen. Setz deinen Verstand ein und komm ohne Rechtfertigungen durch den Tag. Wie du das schaffen sollst?

Die Antwort ist ganz einfach: Übernimm die volle Verantwortung für das, was du sagst, tust oder nicht tust. Erfolgreiche Menschen rechtfertigen sich nicht, sie stehen dazu!

Der Richter bist du selbst

Eines der wichtigsten Instrumente des demokratischen Staatsapparates ist das Amt des Richters. Alle Menschen sind vor dem Gesetz gleich. Die klassische Darstellung im Strafprozess sieht so aus: Auf der rechten (richtigen) Seite sitzt der Staatsanwalt. Er wacht darüber, dass die Interessen des Staates berücksichtigt werden. Auf der anderen Seite sitzt der Angeklagte mit seinem Anwalt. In der Mitte sitzt – über den Parteien – der Richter. Er urteilt nur nach dem Gesetz und ist von niemandem abhängig.

Gesetze werden jedoch von Menschen gemacht. Niemand macht ein Gesetz gegen sich selbst. Wer also nicht reicher ist als die anderen, kommt rein theoretisch auch nicht auf den Gedanken zu sagen »Du sollst nicht stehlen!«, oder? Wenn ich es richtig analysiert habe, dann macht der Reiche erst durch seinen Besitz den Dieb, um dann ein Gesetz gegen Diebe zu erlassen. Erst wer die anderen einmal selbst »bestohlen« hat, hat Angst vor Diebstahl. Wer die Macht hat, Spielregeln aufzustellen, stellt diese logischerweise auf, um zu gewinnen, nicht um Verlust zu erfahren. In der Bibel habe ich einen wirklich coolen Spruch gelesen: »Richtet nicht, auf dass Ihr nicht gerichtet werdet!«

Wir sind als Menschen auch Teil der Natur. Die Natur kennt kein Gut oder Böse. Das jedenfalls ist seit jeher, seit etwa 3,8 Milliarden Jahren, so gewesen. Es gibt in der Natur nur das Gesetz des Stärkeren – »Friss oder stirb!«. Nur die Harten kommen in den Garten. Vor ca. 500 Jahren ist der sogenannte zivilisierte, moderne Mensch auf der Bildfläche erschienen und brachte durch sein massives Eingreifen in die Natur dieses natürliche Gleichgewicht mächtig ins Trudeln. Der Mensch stört durch die Domestizierung der Erde mächtig die Balance der Natur, das Yin und Yang. Die Natur urteilt nicht. Sie lässt die Sonne über uns allen scheinen, egal welches Verhalten wir an den Tag legen. Da erhält keiner »Dunkelhaft«, egal ob er Mörder, Millionär oder Was-weiß-ich-was ist. Die Erde wird sich diese natürliche Balance irgendwann zurückholen und sich gnadenlos beim Menschen revanchieren. Da kannst du dei nen Arsch drauf verwetten! »Geht mich doch nichts an, daran kann ich allein eh nichts ändern. Nach mir die Sintflut!«, so die Einstellung der meisten. Dass da draußen etwas mächtig schiefläuft, hat bis jetzt wohl noch niemand geschnallt? Wir wiegen uns in Sicherheit, gefährlicher Arroganz und Ignoranz! Dem hochzivilisierten »Homo Victimus«* geht es doch wunderbar. Es ist ihm scheißegal, was global abgeht. Also, warum sollte ich als Einzelner auch etwas verändern? Warum sollte ich beispielsweise auf mein argentinisches Rumpsteak verzichten, solange die Viecher nicht in meiner direkten Nachbarschaft furzen? Was geht mich der Raubbau an der

---

* Homo Victimus – lat: victima = Opfer.

Natur in China an, solange sie auch weiterhin Billigware für unsere Discounter produzieren?

Wenn wir ernsthaft daran interessiert wären, unsere Probleme und Konflikte zu lösen, dann müssten wir mit dem Verurteilen aufhören. Wenn wir weiterhin ernsthaft der Meinung sind, die Welt bestehe aus Gut und Böse, dann müssen wir auch dazu bereit sein, mit den entsprechenden Revolutionen zu leben. Tun wir das? Nein! Warum nicht? Sind wir etwa süchtig nach Ungleichgewicht, Chaos und Unordnung? Süchtig nach dem daraus resultierenden Stress und den Streitereien, der Lust am Vergleich mit den anderen? Würden wir uns in einer ausgewogenen Natur und einer heilen Welt vielleicht gar nicht erst wohlfühlen? Macht uns diese Vorstellung vielleicht sogar Angst?

Ich stelle fest: Solange wir am Verurteilen festhalten, wird es keine friedlichere Welt geben. Auf einen einzelnen Menschen, also auf dich übertragen, heißt das: Ein harmonischeres Leben wird es für dich nicht geben, solange du Menschen und auch dich selbst (vor-)verurteilst. Es führt kein Weg daran vorbei: Wenn du deine Probleme, welcher Art auch immer, wirklich lösen willst, dann hör auf, die Welt, deine Welt, in Gut und Böse zu unterteilen! Die Welt ist. Punkt! Sie ist weder gut noch schlecht. Sie ist! So einfach ist das und doch so schwer! Wenn du an der Unterteilung in Gut und Böse festhalten willst, dann darfst du dich auch konsequenter- und ehrlicherweise nicht über die Probleme in der Welt aufregen. Höchstens über dich selbst. Und genau dieses »Über-sich-selbst-aufregen« kannst du ändern: Fang bei dir selbst an!

Dazu hast nur du ganz allein die uneingeschränkte Macht! Geile Erkenntnis, oder? Durch die permanente Aufregung schadest du dir nur selbst. Durch die vermehrte Ausschüttung von Dopamin und Stresshormonen vergiftest du dich selbst. Mit diesen Überlegungen zum Einteilen und Verurteilen will ich dir klarmachen, wo die Trennlinie zwischen dem menschlichen Leid und dem Paradies

> Solange wir am Verurteilen festhalten, wird es keine friedlichere Welt geben.

verläuft, aus dem du dich täglich selbst herausschmeißt. Oder etwas alltagstauglicher: Solange du in Richtig und Falsch, Positiv und Negativ unterteilst, bewertest du. Bewertung ist eine gefährliche Anmaßung. Wer gibt dir das Recht dazu? Wenn du bewertest, musst du dich für deine Aussagen und Handlungen entweder rechtfertigen oder wirst ausgegrenzt. In Asien ist zum Beispiel das Schmatzen und Rülpsen während der Mahlzeiten ein Lob an die Küche. Bei uns wirst du dafür mit gerümpfter Nase und bösem Blick gemaßregelt. Das Urteilen ist das ewige menschliche Kernproblem, aus dem heraus weltweite Kriege entstehen. Die Daseinsberechtigung eines primitiven Hollywood-Schinkens!

Nach diesen Erkenntnissen kannst du jetzt mal deine Sparlampenbeleuchtung durch einen fetten 500-Watt-Scheinwerfer ersetzen.

Mach's Licht an!

Fang bei dir selber an, hör auf zu urteilen und schließ mit dir und deiner eigenen Vergangenheit Frieden. Bevor es zu spät ist. Der Richter bist du selbst!

Geh deinen eigenen Weg!

Hier zwei kurze Storys, die vielleicht zunächst etwas lustig klingen, aber zwischen den Zeilen durchaus von lebenswahnsinnigem Leichtsinn, purer Unvernunft und totalem Größenwahn zeugen. Ich könnte schon lange tot sein!

Im Sommer 1986 fuhr ich mit meinem Kumpel Micha, bis über die Ohren mit Dope versorgt, zum Open Air auf die Radrennbahn nach Singen. Meat Loaf, Joe Cocker und Roger Chapman sollten dort unter anderen auftreten. Auch ein damals noch rockiger Westernhagen stand auf der Bühne. »Sexy, ich würde alles für Dich tun.« – »With a little help from my friends!« Bereits vor Konzertbeginn wurden die ersten Musikliebhaber total zusammengesoffen von den Sanis abtransportiert. Zur Konzertausrüstung gehörten die obligatorischen mit Rotwein-Cola und Asbach gefüllten Wasserkanister mit Füllmengen von fünf bis 20 Litern! Immerhin wurde man damals von den Veranstaltern nicht so abgezockt wie heute. Es ging um Ohrenschmaus und gelebten Rock 'n' Roll in Reinkultur. Im Eingangsbereich verteilten Bhagwan- und Hare-Krishna-Jünger Reis; lecker, lecker – aber diese Freaks! Am nächsten Tag wachte ich gegen Mittag total zerrammelt auf meinem Sofa zu Hause auf. Es klingelte Sturm. Mein Nachbar forderte mich auf, mein quer geparktes Auto aus seinem Vorgarten zu fahren. Ich hatte keinen Plan mehr, wie ich die 40 Kilometer von Singen nach Hause gekommen war. Ich wusste noch, dass es anfing zu regnen und dass Meat Loaf beim Titel »Paradise by the dashboard light« fix und fertig am Beatmungsgerät hing. Ab dann habe ich einen totalen Filmriss. Irgendwie war ich nach Hause gefahren, aber Micha hatte ich vergessen! Nach einer Frühstückstüte und einem kräftigen Schluck aus der abgestandenen Zwei-Liter-Rotweinbombe, die wir Pennerglück nannten, zog es mich zurück zum Fest ... ∎

Wir machten einen Ausflug nach London. Am Stuttgarter Flughafen wartete alles auf mich. Ich hatte eingecheckt und mir im Duty-free-Shop noch eine Flasche Jacky gegönnt. Dann bin ich wohl beim Kacken auf'm Klo eingepennt. Aufmerksame Kameraden, die im Flieger bemerkten, dass ich nicht an Bord war, suchten und fanden mich aber doch noch rechtzeitig. Mit einem VW-Golf wurde ich zum Flieger gefahren. Die ganze Aktion kostete die Airline eine Stunde Verspätung. Am nächsten Morgen wachte ich total orientierungslos im Keller irgendeines Hotels in Soho / London auf. Ich hatte eine furztrockene Kehle, nichts zum Qualmen und keinen Plan. Mein Schädel hämmerte mächtig. Ich stolperte durch die Katakomben dieses Hotels, vorbei an Wäschebergen. Ich hatte mich wohl irgendwie verlaufen. Ich brauchte ganz dringend Frischluft und fand endlich an der Rezeption vorbei den Ausgang. Auf der Straße wäre ich fast in ein Auto reingerannt – Linksverkehr, davon hatte ich gehört. Ich musste wohl in England sein. Ohne weitere Hindernisse fand ich endlich einen Kiosk, kramte ein paar Pfund aus meiner Tasche und konnte mich mit Kippen versorgen. Als ich zurückstolperte, kam mir der erste Kollege entgegen. Der berichtete, dass der Flug meinetwegen ganz schön aufregend gewesen sei. Der Pilot und die Stewardessen waren wohl schwer beleidigt von meinem Auftritt. Egal, jetzt wollte ich London erleben: Carnaby Street, Piccadilly Circus, Pleite! Ich war rund um die Uhr so dermaßen prall, dass es selbst meinen Kollegen zu fett war. Zum guten Abschluss soff ich innerhalb von drei Tagen, über mich selbst und meine Sauferei frustriert, die halbe Hotelbar leer. Bezahlt wurde auf Pump mit Euroschecks. Auf dem Rückflug entschuldigte ich mich beim Flugpersonal, sie ignorierten mich und waren noch immer stinksauer. Dann soff ich Jacky und wachte erst im Auto vorm Ochsen Willi, einem Steakhouse am Stuttgarter Schlossplatz, wieder auf. Vom Flug selbst fehlte mir wieder einmal der komplette Film. Im Auto hatte ich noch etwas Dope geparkt. Ich rauchte eine und kehrte dann beim Ochsen Willi ein. Drin war ein Fest, endlich wieder deftiges, deutsches Essen. »Na, Biesinger, einen guten Flug gehabt – keine Verspätungen auf dem Rückflug?« Beim Antreten zum Dienstbeginn lachte die ganze

69

Mannschaft über meine Tour. Der Chef ermahnte mich, dass ich mich künftig zusammenreißen sollte. Sonst war wieder mal alles paletti ... wo kein Kläger, da kein Richter ... zunächst! ■

Mach dein Ding!

Heute kann ich dir nur raten, dich nicht durch Gewalt, Aggression und destruktives Handeln zu profilieren. Mach dir vorher klar, inwieweit du dich überhaupt, vor welchen Gruppen und Menschen, wichtigmachen musst, solltest oder kannst. Wem musst du es denn ein Leben lang recht machen? Mit wem musst du es denn ein Leben lang aushalten?

Wem gegenüber musst du Rechenschaft ablegen? Da kann es nur einen geben: *Dich!* Bewahre und erkämpf dir deine eigene Freiheit. Fang an, eigenständig zu denken. Folge einer positiven Absicht. Zieh dir die Mucke rein, die dir wirklich gefällt und auf die du Bock hast. Zieh dir die Klamotten an, die deine Persönlichkeit zum Ausdruck bringen. Klamotten, in denen du dich wohlfühlst. Hör auf damit, dir etwas von der Werbeindustrie vorgaukeln zu lassen und dem von den Meinungsmachern erzeugten künstlichen Mainstream zu folgen. Hör auf damit, dich an irgendwelchen schnelllebigen In- und Out-Listen zu orientieren! Hör auf damit, dich an schwachsinnigen, abgefuckten Trends, wie dem Einfärben deines Pudels, zu orientieren, nur um dann vor den anderen cool dazustehen, um aufzufallen, um deinem Selbstbewusstsein einen Kick zu verschaffen, geliebt und beliebt zu werden, um Identität zu erhalten.

Zugegeben, bin ich auch komplett bunt. Dies hat allerdings einen anderen Hintergrund. Zur damaligen Zeit, als ich mit dem Tätowieren begonnen habe, war es blanke Rebellion, Hass und Wut auf die Gesellschaft und mein Elternhaus, die mich trieben!* Fuck the Mainstream! Am Beispiel der Tattoos zeigt sich allerdings ausgezeichnet die gesellschaftliche Wirkung der Menschenmacher, Moralapostel und Gewinnmaximierer: Erst werden Arschgeweihe unüberlegt auf die Hüften genagelt, damit im Anschluss die Laserzentren ihre Umsätze erhöhen können, die Ärzte ausgelastet sind und selbst ein abgefuckter »Scratcher« durch sein unprofessionelles Herumgenagel ein steuerpflichtiges Einkommen generieren kann. Ein Hoch auf das Wirtschaftswachstum!

Was cool ist, bestimmst ganz allein du selbst! Oder glaubst du etwa, die Modezaren, Schönheitschirurgen und Trendsetter wissen wirklich, was gut für dich ist? Klar wissen die das: »Dein Haus, dein Auto, dein Boot.« Statussymbole und materieller Bullshit geben dir eine Identität. Das braucht's, um jemand zu sein. Das gibt Selbstbewusstsein – und Sicherheit! Wirklich, oder machst du dich damit nur selbst zur Geisel vom schnöden Mammon und lässt dich dadurch fernsteuern? Willst du wirklich deine dir von Natur aus gegebenen freien Entfaltungsmöglichkeiten aufgeben und dich als Fahne im Wind unter lautstarken und ignoranten Proleten, Geschäftemachern und Alltagshelden des Trash-TVs verlieren? Falls du es noch nicht geschnallt hast: Jenseits der faulen Trägheit der Masse erwarten dich großartige Möglichkeiten! Du allein hast die Macht, zu entscheiden, was dir guttut und was nicht.

Du musst damit beginnen, auf deine Intuition zu vertrauen. Achte auf deine Gefühle, nimm sie wahr, nimm wahr, was dir gut und was dir nicht guttut. Deine Gefühle sind der direkte Übersetzer deines mächtigen Unterbewusstseins. Fang an, zu hin-

Geben dir Status-symbole und materiel-ler Bullshit wirklich Identität?

---

* Dies ist keine Rechtfertigung. Dies ist eine Erklärung!

terfragen, und nimm nicht gleich alles an, was dir aufs Butterbrot geschmiert wird. Nur wer Fragen stellt, bekommt auch Antworten. Erinnerst du dich an die Sesamstraße? »Wer, wie was, wieso, weshalb warum, wer nicht fragt bleibt dumm!«

Energieräuber

Wir umgeben uns mit allerlei oberflächlichem Scheiß, gehen Bindungen zu Menschen, Dingen und Umständen ein, die uns mehr Energie und Freude kosten, als sie uns zurückgeben können. Wie sieht's bei dir aus? Was zieht dir Energie ab? Sind es zum Beispiel Mitgliedschaften in Vereinen, verschleppte Gesundheitsprobleme, fehlende Ruhe und Entspannung? Immer perfekt sein müssen? Angst vor Misserfolg? Vergleiche mit anderen, negative Gefühle, die deinem Gegenüber Macht geben? Oder sind es unnötige Kämpfe, Schuldgefühle, der Zwang, alles selbst machen zu müssen, nie freie Abende haben zu können? Sind es Luxus, Angeberei, Hass, Neid, Schulden, Süchte, Faulheit, Äußerlichkeiten und Status, volle Kleiderschränke, Garagen, Keller, Koffer, Adressbücher ...? Schreib deine eigene Liste und fang an, radikal auszumisten!

Dead or Alive?

Energieräuber sind mächtige Belastungen. Sie hindern dich daran, den Herausforderungen des Lebens flexibel und geschmeidig zu begegnen. Leben ist permanente Veränderung. Ob du willst oder nicht. Deine jetzigen Freunde zum Beispiel werden in zwanzig Jahren definitiv nicht mehr deine Freunde sein. Das Leben wird euch auseinandergetrieben haben. Sie bekommen Kinder, wechseln den Job, entwickeln sich weiter, ziehen fort, bekommen mehr Luft in ihre progressiven Gehirnzellen oder sie sterben. Leben ist ständige Entwicklung. Meistens wird dir das erst bewusst, wenn du älter wirst und die großen Reden, die der Häuptling von einst geschwungen hat, längst verklungen sind. »Mein Gott, wie bescheuert war ich damals?«, wirst du dann vielleicht denken. Cool – das ist Erkenntnis und Entwicklung. Einsicht ist der erste Schritt zur Besserung. Du hast etwas über dich selbst gelernt! Leider reift diese Erkenntnis oftmals erst dann, wenn es fast schon zu spät ist. Doch besser zu spät als nie. Natürlich gibt es auch viele mentale Bruchpiloten, die sich jeglicher schöpferischer Entwicklung verweigern und dem Stillstand ein Leben lang unterliegen. Stillstand ist Tod. Null Entwicklung. Die Erde dreht sich weiter, auch ohne dich!

Bescheiß dich doch!

Wie ehrlich bist du zu dir selbst? Willst du dein Leben weiter mit einer Lebenslüge und in Selbstbetrug verbringen? Ist das einfacher? Wie geht es dir dabei? Wie fühlt sich dieser Selbstbeschiss an? Welche Konsequenzen hat das für dein Selbstbewusstsein? Welche Folgen hat das für deinen Selbstwert? Zu wissen, dass der eigene Wert, den du dir gibst, nur ein Wunsch oder sogar erstunken und erlogen ist – macht dich das glücklich? Du hast die Wahl, dich für ein ehrliches Innenleben zu entscheiden, jederzeit!

Als Blindschleiche durchs Leben zu dümpeln bedeutet, über einen kleinen und äußerst begrenzten Horizont zu verfügen. Der ist schön überschaubar. Da kennst du dich bestens aus und weißt, wovon du redest. Alles, was anders ist als du selbst, wird, aus welchen Gründen auch immer, abgeurteilt, ist Dreck. Und Dreck gehört nicht in dieses Glanzbild deiner kleinen Welt. Manch einer gibt durch diese Einstellung ein echt bedauernswertes menschliches Beispiel ab. Eine kleine Funzel zu sein tut nicht weh, wenn man nicht weiß, dass man eine ist. Aber Fakt ist, dass die geistige Ausleuchtung dabei sehr gering ist.

Das Leben, die Welt ist so gigantisch und so reich an Geheimnissen, dass ein einzelnes menschliches Gehirn sie kaum erfassen kann. Daher musst du jetzt erst einmal deine geistige Plattform öffnen, damit du wachsen kannst. Du solltest zumindest die grundlegenden Zusammenhänge der Dinge erkennen. Auf ein paar dumme Sprüche, hirnlose Facebook-Posts, Ignoranz und wortgewaltige Hassausbrüche kannst du nicht stolz sein. Mach also die Luken auf und lass die Sonne in deine Gruft. Du musst wachsen und wirst Gefallen daran finden. Lass dich nicht blenden von scheinbar vorgefertigten Strukturen des Alltags. Diese sind nur ein Abbild der momentanen Situation, ein vergänglicher Moment im Außen.

Was stinkt dich an?

Kotz es einfach mal ungefiltert aus dir heraus, ohne viel zu überlegen! Ohne dich dabei selbst zu zensieren! Zehn Dinge, die dir nicht guttun, die dich immer wieder an dir selbst scheitern und verzweifeln lassen, sind locker machbar. Denk dabei nicht daran, ob du das darfst oder nicht! Mach's, schreib es auf, nur für dich ganz allein!

Die 13 Säulen des menschlichen Wahnsinns

Wo stehst du zurzeit? Bist du in Balance oder kurz vorm Durchdrehen?

Gib dir bei jeder Säule einen Wert zwischen 0 und 10 und markiere ihn in der Grafik auf der nächsten Seite. Die Zehn bedeutet gnadenlose Erfüllung, die Null heißt total daneben.

1. **Partnerschaft:** Hast du einen Menschen, der dich liebt, den du liebst, dem du vertraust und der dich unterstützt?
2. **Familie und Kinder:** Liebst du deine Familie, liebt sie dich, verbringst du genügend Zeit mit ihr und unterstützt sie dich?
3. **Persönliche Entwicklung:** Bist du jederzeit bereit, zu wachsen, zu lernen, dich weiterzuentwickeln? Kannst du Altes loslassen und Neues annehmen? Wirst du besser in Dingen, die dir wichtig sind?
4. **Beruf & Karriere:** Bist du im richtigen Beruf? Machst du jeden Tag das, was dich begeistert und dir Spaß macht? Machst du das, was deinem Talent entspricht? Bist du im richtigen Unternehmen, im richtigen Team, in der richtigen Branche?
5. **Gesundheit, Fitness, Ernährung:** Wie gesund und fit bist du? Wie gesund ist deine Ernährung? Bist du mit deinem Gewicht zufrieden? Bewegst du dich ausreichend?
6. **Sex:** Hast du ausreichenden, erfüllenden und regelmäßigen Sex? Hast du echte Freude und Lustgewinn dabei?
7. **Geld & Finanzen:** Machst du dir Geldsorgen? Verdienst du genug? Sparst du? Wie gut managst du deine Finanzen?
8. **Erholung & Regeneration:** Nimmst du dir Auszeiten? Kannst du mental abschalten? Hast du an den Wochenenden, am Feierabend und im Urlaub echte Erholungsphasen?
9. **Freizeit, Spiel, Spaß und Freude:** Tust du immer wieder bewusst Dinge, die dir Spaß machen und Freude bereiten? Lachst du oft? Verbringst du ausreichend Zeit mit Menschen, die dir wirklich wichtig sind?
10. **Wohnung & Zuhause:** Fühlst du dich in deiner Wohnung und in deinem Wohnumfeld wohl? Kannst du dort wirklich der sein, der du bist?
11. **Lebensqualität:** Bist du positiv eingestellt? Wie hilfreich ist deine Lebenseinstellung? Genießt du dein Leben und hast echte Lebensfreude?
12. **Beitrag leisten für andere:** Hilfst du anderen Menschen, die deine Unterstützung benötigen? Leistest du einen Beitrag zum Wohle anderer?
13. **Persönliche Werte ausleben:** Wie echt bist du? Tust du das, was deinem Leben Bedeutung, Sinn und Erfüllung gibt?

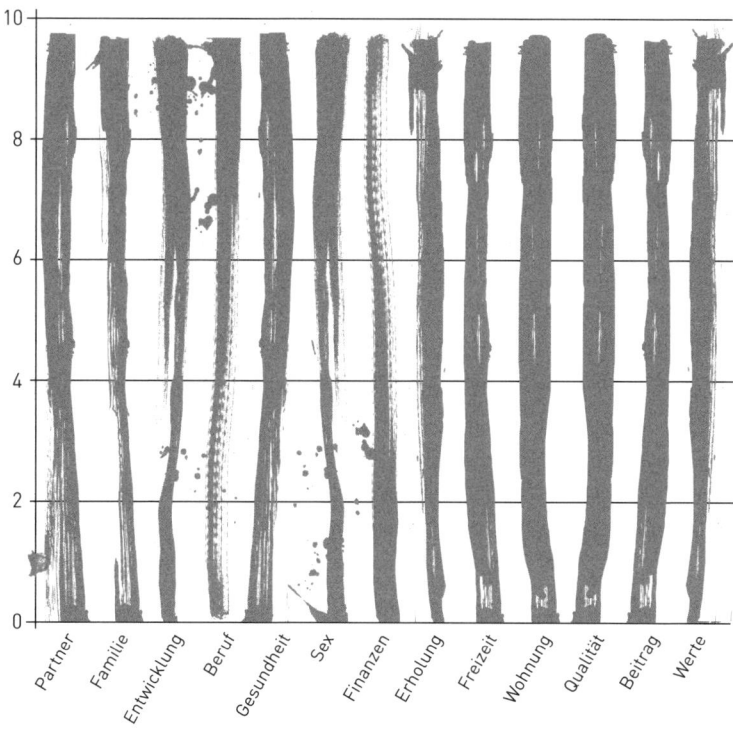

Rechne nun alle Werte der einzelnen Säulen zusammen und teile das Ergebnis durch 13. Du erhältst einen Durchschnittswert. Diesen trägst du auf allen Säulen ein und verbindest die Punkte mit einem Lineal. Mit einer anderen Farbe verbindest du nun die Punkte, die du dir selbst gegeben hast. Der berechnete Durchschnitt steht für ein Leben in Balance, das Gezackte ist deine momentane Lebenssituation. Ein Leben in vollkommener Balance – und das möglichst auf hohem Niveau – wird wohl immer eine Illusion bleiben. Wenn deine Linie völlig glatt verläuft, bist du wahrscheinlich tot oder dein Leben ist stinklangweilig. Dennoch kannst du dich an der Linie deiner Durchschnittswerte orientieren: Schlägt deine gezackte Linie bei einigen Säulen stark nach oben aus, solltest du in diesen Bereichen vielleicht vom Gas etwas runtergehen; bei den negativen Werten ist Feintuning oder vielleicht sogar krasse Veränderung angesagt. Schaffe einen Ausgleich und sorge dafür, dass du in Einklang kommst! Mach dir deine drei wichtigsten Baustellen bewusst. An ihnen gilt es zu arbeiten. Wenn du dir überall eine Zehn gibst, dann darfst du mir das Buch gerne zurückschicken und ich mache dich zu meinem ganz persönlichen Coach.

Mit den Worten Henry Millers

Das Problem mit der menschlichen Ehrlichkeit beschreibt Henry Miller gnadenlos in seinem Roman »Wendekreis des Krebses« (Original: »Tropic of Cancer«; 1934):

Wenn es einen Menschen gäbe, der wagte, alles zu sagen, was er von dieser Welt gedacht hat, bliebe ihm kein Quadratmeter mehr, um sich darauf zu behaupten. Wenn ein Mensch erscheint, stürzt sich die Welt auf ihn und bricht ihm das Rückgrat. Immer sind zu viele morsche Säulen stehen geblieben, zu viel verfaulte Menschheit, als dass ein Mensch aufblühen könnte. Der Überbau ist eine Lüge und das Fundament eine riesige zitternde Angst. Wenn in Abständen von Jahrhunderten ein Mensch mit einem verzweifelten, hungrigen Blick in den Augen auftritt, ein Mensch, der die ganze Welt umwälzen würde, um ein neues Geschlecht zu schaffen, wird die Liebe, die er in die Welt mitbringt, in Bitterkeit verwandelt und er wird zur Geisel. Wenn wir dann und wann auf Seiten stoßen, die explodieren, Seiten, die verwundern und schmerzen, die einem Seufzer, Tränen und Flüche abringen, dann sollt ihr wissen, dass sie von einem aufrechten Menschen stammen. Einem Menschen, dem keine andere Verteidigung übrig bleibt als seine Worte, und seine Worte sind immer stärker als das verlogene, erdrückende Gewicht der Welt. Stärker als all die Foltern und Räder, die die Feigen erfinden, um das Wunder der Persönlichkeit zu vernichten. Wenn je ein Mensch wagen würde, alles, was er auf dem Herzen hat, auszusprechen, sein wirkliches Erlebnis, alles, was wirklich seine Wahrheit ist, niederzuschreiben, dann, glaube ich, ginge die Welt in Trümmer, würde in Stücke zersprengt, und kein Gott, kein Zufall, kein Wille könnte je wieder die Stücke, die Atome, die unzerstörbaren Elemente zusammensetzen, aus denen die Welt bestand.

Fuck, da ist es wieder: unser menschliches Drama!

Wer hat schon den Mut und die Courage, diesem globalen Wahnsinn Paroli zu bieten? Hammerhart, oder?

Rendezvous mit Junior Gabriel

Stell dir folgende Fragen: Was soll auf deinem Grabstein stehen? Wer soll zu deiner Beerdigung kommen? Was soll die Nachwelt über dich erzählen? Welchen Sound soll die Friedhofskapelle trällern? Welche Blumen sollen dein Grab bedecken? Wer wird dich wohl vermissen? Wer wird sich in tiefer Trauer deinen Namen oder sogar dein Konterfei in die Haut stechen lassen? Wird dir vielleicht sogar jemand ein monumentales Denkmal setzen? Wie könnte es aussehen und wo soll es stehen? Was möchtest du der Welt hinterlassen?

Es kann nur einen geben!

Irgendwann bleibt nur einer übrig: Du! Nimm dein einzigartiges Leben selbst in die Hand und gestalte es nach deinen Wünschen und Vorstellungen! Du entscheidest! Niemand anderes wird dein Leben für dich leben! Niemand kann und wird dein Leben für dich ändern! Da kannst du verdammt lange warten! Du allein bist für dein Handeln und Nicht-Handeln verantwortlich! Wenn du etwas willst, dann musst du es dir erarbeiten! Mach es dem einzigen Menschen recht, der wirklich zählt – dir selbst! Mit wem musst du es ein Leben lang aushalten? Geht's dir gut, geht's auch deinem Umfeld gut! Du hast die Wahl!

Schreib deine eigene Grabrede!

Wer ist dein bester, einfühlsamster und nächster Vertrauter? Was sollte dieser über dich schreiben? Schreib deine eigene Grabrede aus der Sicht dieser Person. Die Grabrede dient dazu, den Hinterbliebenen deine Persönlichkeit und dein Leben noch einmal kurz ins Gedächtnis zu rufen. Sie sollte deine Lebensstationen aufgreifen. Sie soll daran erinnern, was du getan hast und auf welche Weise du unterwegs warst. Beruf, Hobbys, Aktivitäten, Glaubensgrundsätze, Überzeugungen, Träume und erreichte Ziele. Wie hast du das Leben anderer Menschen beeinflusst und bereichert? Stay cool und ruf dir dein Leben in Erinnerung. Versuch dann, diese Erinnerungen und die damit verbundenen Gefühle in Worte zu fassen. Lauf nicht davor weg! Mach es! Hier ein Beispiel zur Inspiration:

»Liebe Trauergemeinde!
Wir alle sind heute zusammengekommen, um von (dein Name) endgültig Abschied zu nehmen. Er / Sie ist vergangenen Mittwoch im Alter von (XX) Jahren verstorben. (Name) ist tot. Er / Sie lebt nicht mehr. Sein / Ihr Leben war bestimmt durch ... Aufgewachsen ist er / sie ... Hinterlassen wird er / sie ... Wir verdanken ihm / ihr ... Er / Sie war unser ... usw. ... Miss you!«

Master Exploder

Mal ehrlich, wie oft hast du schon abends im Bett gelegen, im Dunkeln an die Decke gestarrt und dir vorgenommen, ab morgen alles anders zu machen? Wie oft hast du dir schon gewünscht und vorgestellt, ein anderer Mensch zu sein? Die blöden Angewohnheiten und Ängste endlich aufzugeben? Offener, ehrgeiziger und optimistischer zu sein? Deinen Süchten, deiner eigenen Lethargie den Kampf anzusagen und wie Hannibal auf dem Rücken eines kraftstrotzenden Elefanten jedes Hindernis, das dir im Weg steht, einfach niederzutrampeln? Schon ziemlich oft? Und wie oft war spätestens mit dem Klingeln deines Weckers am Morgen alles beim Alten, die Motivation verflogen und der süße Drops deiner Allmachtsfantasien gelutscht?

Was du brauchst, um dein neu gestecktes Ziel am Ende auch zu erreichen, ist ein gesundes Ego, ein adäquates Selbstbild. Du musst dir darüber klar werden, wer du bist, wo deine Stärken liegen und was deine Schwächen sind. Du musst Vorstellungen und Werte formulieren und anfangen, konsequent danach zu leben. Nur so entwickelst du allmählich ein Selbstbewusstsein, das diesen Namen auch verdient. Nur so kannst du nach und nach ein neues Ich kreieren. Ein Ich, das den Herausforderungen des Lebens furchtlos entgegentritt, statt sich bei jeder Kleinigkeit in den Sand zu werfen und mit der weißen Fahne zu wedeln. Viel zu lange warst du dir selbst im Weg. Und wenn du jetzt mal ehrlich zu dir bist, wird dir das auch klar. Du hast deine Talente kleingeredet, dein Potenzial ignoriert, Chancen ungenutzt verstreichen lassen und dir damit selbst das Leben noch schwerer gemacht. Jetzt bist du endlich bereit, etwas zu verändern, und das ist gut so. Doch der Wandel, den wir anstreben, die Transformation vom Homo Victimus zum selbstbewussten Macher, der mit aufrechtem Gang und stolz geschwellter Heldenbrust seinen Alltag meistert und das Leben genießt, geschieht nicht von selbst und auch nicht von heute auf morgen. Dafür braucht es jede Menge Disziplin, einen eisenharten Willen, Belastbarkeit, Engagement und Stehvermögen. Du brauchst »Eier in der Hose«! Vor allem braucht es dafür Mut.

Entwickle ein Selbstbewusstsein, das diesen Namen auch verdient!

Benenne deine drei wichtigsten Baustellen!
Schreib drei Dinge auf, die du ab sofort verändern wirst. Orientier dich dabei am Erbrochenen vom letzten Sparring auf S. 74. Formulier die Ziele positiv! Also nicht nach dem Motto: »Ich möchte nicht noch fetter werden«, sondern im Sinne des SMART-Prinzips: Ziele sollten **s**pezifisch, **m**essbar, **a**ttraktiv, **r**ealistisch und auch **t**erminiert sein. Zum Beispiel: »Ich laufe jede Woche viermal für 30 Minuten, esse viel Obst und

Gemüse und habe mein Idealgewicht in einem Jahr erreicht.« Ziele liefern Maßstäbe zur Beurteilung deines Handelns und ermöglichen dir damit eine Kontrolle deiner Selbst-Wirksamkeit. Tu es! Notier die Dinge, die dich ankotzen und die du verändern willst!

Mut

Ohne Mut geht gar nichts, so viel sollte dir klar sein. Ohne Risiko-freude, ohne die Bereitschaft, auch mal ein Wagnis einzugehen, sich neue Ziele zu stecken und für deren Erreichung mal wirklich etwas aufs Spiel zu setzen, wäre die Menschheit bis heute noch kein Stück weitergekommen. Ohne Mut würden wir wohl immer noch in unseren Höhlen sitzen, nackt, weil wir zu feige sind, den Mammuts vor unserer Haustür das Fell über die Ohren zu ziehen. Zäh-neklappernd darauf wartend, dass unser Freund, der Säbelzahn-tiger, vorbeischaut, um der kompletten Sippschaft im Blutrausch die Nackenwirbel zu brechen. Ohne Mut hätte Columbus Amerika nie entdeckt (stell dir vor, eine Welt ohne Big Mac, Bowling und Britney Spears!). Es gäbe keine Fußabdrücke auf dem Mond und der Film »Schindlers Liste« stünde im Fantasy-Regal. Mut ist eine verdammt wichtige Charaktereigenschaft. Nur wer mutig ist, kann seine Ängste überwinden, Ziele und neue Perspektiven entwickeln und auf diese Weise am Ende über sich selbst hinauswachsen.

Um deinem Leben eine andere Richtung zu geben, dich selbst neu zu erfinden und dich aufzumachen in eine glückliche und er-füllte Zukunft, brauchst du den wahren Mut zur Veränderung. So viele Menschen sind unzufrieden, enttäuscht und depressiv, weil nichts in ihrem Leben läuft, wie es soll. Dennoch verharren die meisten in ihrer Passivität, nehmen hin, schlucken runter, stilisie-ren sich zum Opfer des Schicksals und sehen tatenlos zu, wie die Schlinge des Unglücks um ihren Hals ganz langsam immer enger wird. Diese armen Teufel wissen meistens ganz genau, was sie än-dern müssten, wo sich die Stellschrauben verstecken, an denen dringend mal gedreht werden sollte. Doch sie lassen es bewusst bleiben. Eine Partnerschaft, die den Beteiligten das Leben nur noch zur Hölle macht, oder auch der Job, der so ätzend ist, dass man sich vom Hausarzt wochenlang krankschreiben lässt. Es scheint, die meisten von uns haben das Sprichwort »Lieber ein Ende mit Schrecken als ein Schrecken ohne Ende« nie wirklich kapiert. Diese Menschen trauen sich nicht, die Kontrolle für ihr eigenes Leben zu übernehmen. Ihnen fehlt schlichtweg der Mut dazu. Lieber leiden sie und jammern. Das ist bequemer und aus dem Umfeld gibt es außerdem noch gratis Mitleid dazu.

Dein Leben, so wie es ist, macht dich müde und unglücklich? Sei mutig und aktiv, lass dir sprichwörtlich ein paar Eier wachsen. Steh endlich deinen Mann (oder deine Frau). Analysier deine aktuelle Situation, sag an, was dich stört, und nenn die Kinder beim Namen. Du hast einen Traum? Wenn du dich wirklich verändern, wenn du dein Leben endlich so richtig rocken willst (was dir verdammt nochmal zusteht), dann lass es die anderen wissen. Mach den Mund auf und konfrontiere dein Umfeld mit Klartext. Erzähl deinen Freunden davon, dass du in Zukunft häufiger ausgehen und neue Leute kennenlernen willst, sag deinem Partner, was dich an eurer Beziehung stört und dass du nicht länger dabei zuschauen wirst, wie ihr euch gegenseitig kaputt macht.

Egal, welchen Bereich deines Lebens du umkrempeln und welche Richtung du künftig einschlagen willst, alles beginnt damit, dass du dich traust. Du musst den Wunsch nach Veränderung verbalisieren. Mach dich aber darauf gefasst, dass die Menschen um dich herum auf unterschiedlichste Art und Weise auf dein Vorhaben reagieren werden. Erzähl ihnen dennoch, dass du dich komplett neu ausrichten, von nun an alles anders machen willst. Einige werden dich dabei unterstützen und dir Mut zusprechen, dir aktiv helfen. Sie wollen, dass du deine Ziele erreichst, und werden dir gerne ein Feedback zu deinen Fort- oder auch Rückschritten geben. Andere

Wenn du dein Leben endlich so richtig rocken willst, dann lass es andere wissen.

wiederum werden dich dafür hassen, dass du es wagst, das Bild, dass sie sich über die Jahre von dir gemacht haben (erfolglos, depressiv, süchtig, bemitleidenswert, schwach ...) auf einmal, mir nichts, dir nichts, zu revidieren. Sie werden sich weigern, dein neues Ich anzuerkennen. Sie werden alte Wunden aufreißen und durch gezielte Sticheleien versuchen, die gewohnten Verhaltensmuster zu reanimieren. Diese Menschen (man könnte sie auch falsche Freunde nennen) werden deine Pläne sabotieren und stets bemüht sein, dich kleinzuhalten. Sie wollen nicht, dass du dich veränderst, dass sich dein Leben zum Besseren wendet. Nur aus einem Grund: weil sie dann niemanden mehr haben, dem es noch schlechter geht als ihnen selbst.

Es klingt vielleicht abartig, aber viele Menschen orientieren sich bei der Auswahl ihrer sozialen Kontakte gezielt nach unten. Das heißt: Sie suchen sich bewusst Freunde, die im Job weniger verdienen, eine schlechtere Ausbildung haben oder äußerlich nicht gerade dem Schönheitsideal entsprechen. Denn in deren Gegenwart fühlen sie sich selbst besser. Frei nach dem Motto: »Mein Job kotzt mich zwar tierisch an und durch all die unbezahlten Überstunden stehe ich kurz vor dem Burn-out, aber wenigstens leite ich meine eigene Abteilung, im Gegensatz zu XY, diesem Loser.« Das private und berufliche Umfeld dieser Menschen besteht hauptsächlich aus vermeintlich unterlegenen Freunden, Bekannten und Kollegen. Denen gegenüber plustern sie ihr Ego auf. Sie prahlen mit Statussymbolen, glänzen mit ihrem Wissen oder spielen sich vor den anderen mit ihren Eroberungsgeschichten als Don Juan auf. Diese Menschen (du kennst bestimmt einige von ihnen) können es nicht leiden, wenn einer ihrer Lakaien aus der Reihe tanzt, sich unerlaubterweise von der Herde entfernt und sein eigenes Ding durchzieht oder gar plötzlich und unerwartet mit wehenden Fahnen auf der Überholspur an ihnen vorbeizieht. Daher sei vor den Reaktionen der anderen auf dein neues Ich gewarnt – du wirst auf heftige Gegenwehr stoßen.

Erfahre dich

Was ist sinnvoll daran, neue Erfahrungen zu machen? Was ist bedrohlich, was gefährlich und wie vermeidest du neue Erfahrungen? Wie vermeidest du sie gerade jetzt, beim Studieren dieses Buches? Schreib es auf!

Scheu dich nicht davor, neue Erfahrungen zu machen. Hier geht es einzig und allein um dich, um dein Seelenheil und darum, deine persönliche Zukunft besser zu gestalten. Besser als du dies in der Vergangenheit getan hast. Die anderen können, ja, sie müssen dir jetzt egal sein. Scheiß drauf, sei mutig und mach dir keine Gedanken darum, wie dein Umfeld reagieren wird, wenn du davon erzählst, dass du dich ändern möchtest. Sei mutig, geh hinaus an die Öffentlichkeit und oute dich. Sag deinen Freunden: »Den Menschen, den ihr kennengelernt habt, diesen ewig jammernden, selbstmitleidigen Feigling, der sich vor der Verantwortung für sein eigenes Leben stets gedrückt hat, gibt es nicht mehr – von nun an wird alles anders.« Was soll schon passieren? Wovor hast du Angst? Dass sich die anderen von dir abwenden, schreiend davonlaufen, weil sie mit so viel Mut und Willenskraft nicht umgehen können? Fuck! Die Leute, die dir ein besseres und glücklicheres Leben nicht gönnen, waren niemals deine echten Freunde (siehe oben). Auf die, die dich unterstützen, die sich für dich freuen und wollen, dass dein Vorhaben auch wirklich gelingt – auf die kommt es jetzt an.

Geduld ist auch eine Tugend!

Persönlichkeitsentwicklung ist ein langwieriger Prozess! Es gibt keinen Schalter, den du einfach mal so umlegen kannst! Es dauert eine Zeit, bis deinem Ego die Sonne aus dem Arsch scheint!

Ich will dir keine Angst machen! Ich will nur, dass du den Marsch, der vor dir liegt, nicht unterschätzt. Deshalb bin ich auch der Meinung, dass Mut die wohl wichtigste Eigenschaft ist, die du jetzt, zu Beginn deiner Entwicklung, benötigst. Sehr oft wirst du nicht wissen, wie du in einer bestimmten Situation handeln sollst. Du wirst dich Dinge fragen wie »Kann ich das?«, »Was passiert, wenn ...?«, »Was werden die anderen sagen/denken/machen?«. Du wirst Angst verspüren und innerlich gelähmt sein, nicht wissen, ob du den eingeschlagenen Weg auch weiterhin beschreiten sollst. In diesen Momenten brauchst du Mut. Nicht den Mut, der Menschen dazu treibt, auf dem Motorrad mit mehr als dreihundert Sachen über die Autobahn zu jagen oder sich in der staubigen Arena beim Stierkampf zu messen. Nein, ich meine den Mut, der dir dabei hilft, Erfahrungen zu machen, Entscheidungen zu treffen, selbstverantwortlich zu handeln und in Situationen, in denen du zweifelst, nicht gleich wieder einen Rückzieher zu machen.

Weglaufen kann jeder!

Mutig zu sein bedeutet nicht, angstfrei zu sein! Mut bedeutet, sich im vollen Bewusstsein seiner Ängste mit diesen auseinanderzusetzen. Mut bedeutet, dass du dich selbst mit deinen Ängsten konfrontierst. Mut ist die Bereitschaft, der grundlegenden Unsicherheit des Lebens entschlossen entgegenzutreten und sie zu ertragen! Ich fordere dich dazu auf, jeden Augenblick deines Lebens bewusst in all seiner Schönheit und Freude und mit all seinem Schrecken und Schmerz zu erfahren!

Du musst nicht unbedingt mit einem Fallschirm aus der Stratosphäre springen oder in den Alpen abseits der Pisten Kopf und Kragen riskieren, um mutig zu sein. Mut ist auch keine Eigenschaft, die du hast oder eben nicht hast. Mut lässt sich durch tägliches Training prima entwickeln, indem du dich selbst beobachtest, die eigenen Ängste definierst und dich ganz gezielt darauf einlässt. Mach dir klar, was dir alles entgeht, wenn du niemals mutig bist und dich stets durch deine Unsicherheit selbst blockierst.

Angst

Viele der Ängste, mit denen du beinahe täglich zu kämpfen hast, sind völlig unbegründet – um ehrlich zu sein, die meisten. Was soll denn passieren, wenn du am Freitagabend in deiner Lieblingsbar endlich die hübsche Brünette ansprichst, die du schon seit Wochen im Visier hast? Kann ein Sprung vom Dreimeterbrett im Schwimmbad wirklich tödlich sein? Glaubst du echt, die anderen Leute in der Disco haben nichts Besseres zu tun, als dich zu beobachten, deinen Tanzstil zu analysieren und dich dafür auszulachen? Okay, das waren jetzt vielleicht ein paar ziemlich banale Beispiele. Du hast völlig recht, wenn du der Meinung bist, dass es potenziell verhängnisvollere Lebenssituationen gibt als die oben genannten. Manche Befürchtungen haben durchaus ihre Berechtigung und es macht Sinn, dass du dir diese zumindest einmal vor Augen hältst, bevor du eine Entscheidung triffst.

Kann ein Sprung vom Dreimeterbrett im Schwimmbad wirklich tödlich sein?

Was passiert zum Beispiel, wenn du deinen Partner / deine Partnerin damit konfrontierst, dass du in eurer Beziehung unglücklich bist und das vielleicht schon seit Jahren? Wie sollst du deine Rechnungen bezahlen, wenn du nach deiner Kündigung keine neue Arbeitsstelle findest? Sollst du es wirklich wagen, deinen Chef mit dem Anspruch nach mehr Gehalt herauszufordern? Solche Fragen machen uns oft Angst, weil wir die Konsequenzen nicht richtig abschätzen können. Zu viele Variablen in der Gleichung überfordern unseren Intellekt. Wir fürchten uns davor, zu handeln und damit die Verantwortung zu übernehmen. Auch wenn es vielleicht ganz clever sein kann, nicht immer aus dem Bauch heraus und überstürzt zu entscheiden, ist das ewige Herausschieben einer Entscheidung (Stichwort Passivität), das Herumdrucksen und Wegducken bei schwierigen Problemen ganz bestimmt keine Lösung.

Geh nicht über Los!

Wer nicht den Mut hat, zu bestimmen, über den wird bestimmt. Wenn du Angst davor hast, in unangenehmen Situationen konsequent zu handeln, werden andere diesen Job für dich übernehmen. Und wenn du im ersten Teil dieses Buches nicht komplett gepennt hast, dann weißt du auch, was das bedeutet. Richtig: Kontrollverlust, Unzufriedenheit, Depression, Aus, Ende. Gehen Sie direkt ins Gefängnis, gehen Sie nicht über Los und ziehen Sie keine 4000 Euro ein. Willst du das?

Angst!
Wovor hast du Angst?
Was ist dein schlimmster Albtraum?
Schreib es auf!

Jeder Mensch empfindet Angst. Das Gefühl der Angst ist evolutionär bedingt und war in früheren Zeiten wichtig für unser Überleben. Ein Mensch, der keine Angst hat und beim Angriff einer wilden Bestie unbeeindruckt in der Nase bohrt, ist ein toter Mensch. Natürlich erfüllt das Gefühl der Angst heute noch immer denselben Zweck wie vor zehntausend Jahren. Doch in unserer modernen Zeit treibt die Entwicklung irrationaler Ängste mitunter doch recht seltsam anmutende Blüten. Wenn du bei Wikipedia nach einer Liste sämtlicher bekannter Phobien suchst, wirst du mächtig staunen. Da gibt es die Angst vor Mundgeruch, die Angst davor, ohne Mobilfunknetz zu sein, oder auch – mein persönlicher Favorit – die Angst vor der Zahl »Vier«. Ängste sind das größte Hindernis, das du bei der Entwicklung eines gesunden Selbstbewusstseins überwinden musst. Sie halten dich gefangen in der Komfortzone, blockieren notwendige Veränderungen, die dich im Leben weiterbringen würden, und sabotieren so deinen Alltag. Oft stellst du erst viel zu spät fest, dass das, was dir früher eine wahnsinnige Angst einzujagen vermochte, im Nachhinein betrachtet gar nicht der Rede wert war.

Trotzdem hast du dich verrückt gemacht, bestimmte Situationen bewusst gemieden und dir so den einen oder anderen Spaß im Leben selbst genommen. Nur, weil du dich nicht getraut hast, über deinen eigenen Schatten zu springen. Je länger ich selbst darüber nachdenke, desto mehr kotzt es mich an, dass wir uns so von unseren eigenen Instinkten manipulieren lassen. Angst ist ein Arschloch!

Angst ist ein Arschloch!

Das Schlimmste an deinen irrationalen Ängsten ist (dieser Part ist besonders wichtig, also aufgepasst!), dass es viel zu oft darum geht, was andere von dir denken; wie sie reagieren; wie sie dich und deine Handlung im Nachhinein bewerten, wenn du dich so oder so entschieden hast. Mal ehrlich: Ruf dir das Beispiel mit der Dame in deiner Lieblingsbar noch einmal in Erinnerung. Wovor hast du wirklich Angst? Was hindert dich ernsthaft daran, sie anzusprechen? Dass sie dich abblitzen lassen könnte? Dass du ihre Telefonnummer nicht bekommst und aus euch kein turtelndes Liebespaar wird? Junge, das wird auch dann nicht passieren, wenn du weiterhin so dümmlich am Etikett deiner Bierflasche popelst. Nein, darum geht es gar nicht. Es geht darum, dass du Angst hast, von ihrem Tisch wieder zurück zum Tresen zu wackeln, mit gesenktem Kopf, hinter dir das leise Gelächter ihrer Freundinnen und die Blicke der anderen Kerle, die dich bemitleiden und denken: »Zum Glück hab ich sie nicht angebaggert, das wäre ja mächtig in die Hose gegangen.« Es geht darum, was die anderen denken, wie sie über dich reden und dein Handeln bewerten. In diesem Fall habe ich wirklich nur einen Tipp für dich und ich serviere ihn dir freundlicherweise in *Großbuchstaben*: FUCK! Sich darüber Gedanken zu machen, was andere denken, ist einfach nur bescheuert und sinnlos. Scheiß drauf, tu's einfach, Mann! Quatsch die Lady an! Und wenn es nicht klappt? Dann hast du es wenigstens versucht. Trial and error. Keine Schande.

Gefangen im Tränenmeer der Depression

Stell dir vor, wie es sich anfühlt, wenn dich, trotz all deiner Bemühungen, dich deinen täglichen kleinen und großen Ängsten, Sorgen und Alltagsthemen erfolgreich zu stellen, ständig die Kraft verlässt. Wenn sich alles in dir wehrt, wenn du ausgelaugt, antriebslos und eingeschüchtert dahinvegetierst. Alles fällt dir schwer, zu allem musst du dich zwingen, Lebensfreude ist zum Fremdwort geworden. Wenn dein Selbstbewusstsein total im Keller ist, du trotz intensiven Wollens den Arsch nicht mehr hochbekommst, du die Welt nur noch als potenziell scheiße ansiehst und du auch wirklich überhaupt keinen Bock auf gar nichts mehr hast. Wenn du dir dein eigenes Handeln bzw. Nicht-Handeln rational selbst nicht mehr erklären kannst. Wenn alles als sinnlos erscheint, du dich hoffnungslos überfordert fühlst und am liebsten alles wegschmeißen würdest ...

Leidet jemand an Depressionen, ist dies für das direkte Umfeld ein mehr oder weniger offenes Geheimnis. Während Süchtige fast immer versuchen, ihre Probleme zu kaschieren und zu leugnen, ist das bei einer Depression kaum mehr möglich. Im Gegenteil, meist sendet der Betroffene unmissverständliche Signale aus. Er will in seiner Situation wahrgenommen werden. Die anderen sollen erkennen, wie schlecht es ihm geht. Nicht umsonst spricht man bei Selbstmordversuchen auch oft von einem »Hilfeschrei«, einem Ruf nach Aufmerksamkeit und Zuwendung. Eine Depression hat oft eine lähmende Wirkung. Am liebsten möchte man alle viere von sich strecken, die Jalousien runterlassen, das Licht ausknipsen und so lange im Bett liegen bleiben, bis sich das Problem ganz von allein in Luft aufgelöst hat. Kontrollverlust at its best, sozusagen.

Depression – das bedeutet: Kontrollverlust at its best.

Klar ist auch, dass wir nicht jeden Tag gleich gut drauf und blendend gelaunt unterwegs sein können. Mal scheint dir die Sonne aus dem Arsch, und manchmal ist die Welt auch in düsteren Nebel gehüllt. Sollten die grauen Zeiten der Dunkelheit aber überwiegen, ist es dringend an der Zeit, dich ernsthaft zu fragen, ob du dein negatives Stimmungsbild nicht mit einer Person deines Vertrauens beleuchten müsstest. Die Depression ist eine anerkannte und sehr ernst zu nehmende Krankheit, und sollte unbedingt mit einem fähigen Arzt deines Vertrauens besprochen werden.

Als ich mein Leben langsam in den Griff bekam, aus der Psychiatrie entlassen wurde und in meiner Heimatstadt wieder bei Null anfangen sollte, verpasste mir die Realität erst einmal eine schallende Ohrfeige. Ich hatte nichts mehr. Ich hatte keinen Job, kein Geld, dafür einen gigantischen Schuldenberg abzutragen, mein Führerschein war weg. Meine alten Freunde wollten nichts mehr von mir wissen, und das Gefühl, dass ich meine Familie bitter enttäuscht hatte, nagte an meinem Selbstbewusstsein, bis davon bald nichts mehr übrig war. Jeden Tag durchlitt ich Trockenräusche, meine Alkoholsucht war noch lange nicht besiegt. Das merkte ich schnell. An jeder Ecke, an jedem Kiosk lauerte der verdammte Rückfall. Fuck. In dieser Zeit fühlte ich mich komplett überfordert. Ich wollte mich ja ändern. Ich wollte ja von vorne anfangen, ein besserer Mensch werden, clean, verantwortungsbewusst und selbstbestimmt. Doch warum machte es das Leben mir nur so schwer?

94

Warum gab mir niemand eine zweite Chance? Hatte ich es vielleicht doch schon längst bei allen vergeigt? Vor allem der letzte Gedanke trieb mich bald in eine schwere Depression. Komplett isoliert von der Außenwelt hauste ich in einem kleinen Apartment, das mir meine Mutter besorgt hatte. Ich kämpfte gegen Junior. Nur langsam konnte ich mich dazu motivieren, den Widrigkeiten des Lebens entgegenzutreten, mich den Herausforderungen zu stellen und für meine persönliche Freiheit zu kämpfen. Das dauerte insgesamt 3 Jahre lang. ■

Herr der Schwabbelmasse

Das Hirn

Neulich im Netz entdeckt: die Klassenarbeit einer Viertklässlerin, die als Endnote eine satte 5 erhielt. Von mir gibt's eine fette 1 Plus. Leider ist die Autorin unbekannt!

»Mit dem Gehirn denkt man, dass man denkt. Außerdem wird es für die Kopfschmerzen gebraucht. Es sitzt im Kopf direkt hinter der Nase. Wenn man nießen muss, tropft es. Das Gehirn ist ein sehr empfindliches Organ. Die meisten Leute benutzen es deshalb nur selten.«

Stell dir dich selbst doch einfach mal als Computer vor, als einen leistungsfähigen Rechner, der tagtäglich benutzt und beansprucht und mit der Verarbeitung unzähliger Informationen belastet wird. Du selbst als intelligente Maschine. In deinem Kern schlummert der wohl krasseste Prozessor, den sich die Technik-Freaks nur vorstellen können – dein Gehirn. Die graue Schwabbelmasse in deinem Kopf ist so rechenstark, dass wir Menschen heute in den Weltraum fliegen, Atome spalten und Krebskrankheiten heilen können. Mit der krassen Brainpower, die in dir steckt, steht dir die Tür in eine glorreiche Zukunft weit offen. Vorausgesetzt, du setzt sie auch richtig ein. Doch genau hier liegt anscheinend das Problem. Du bist dir deiner eigenen Leistungsfähigkeit, deines Potenzials gar nicht bewusst. Sonst hättest du dieses Buch wahrscheinlich nie zur Hand genommen. Irgendwas oder, genau genommen, irgendwer hindert dich daran, die Ressourcen deines Verstandes so zu nutzen, dass du am Ende eines jeden Tages glücklich und zufrieden in dein Bettchen fällst, durch und durch beseelt von der unglaublichen Schönheit des Lebens.

Dein Gehirn ist der krasseste Prozessor, den sich die Technikfreaks nur vorstellen können.

Ich weiß nicht, wie alt du bist, aber gehen wir für das folgende Gedankenspiel einfach mal davon aus, dass du nicht mehr zu den Windelträgern der Gesellschaft gehörst. Hast du schon einmal auf einem alten Computer gearbeitet und dich gefragt, warum es immer häufiger zu Abstürzen des Betriebssystems kommt? Warum Programme ständig hängen bleiben und du in der Zeit, die der PC zum Hochfahren benötigt, locker mal eben in den Supermarkt fahren könntest, um deinen Großeinkauf zu erledigen? Das Problem ist nicht der Prozessor, der ist genauso leistungsstark wie am ersten Tag. Das Problem ist der ganze Müll, die ganze digitale Scheiße, die sich über die Jahre auf deiner Festplatte angesammelt hat. Wir reden hier von abartigen Datenmengen, unzählige Dokumente, Zip-Files, Exe-Dateien, Videos, MP3s und PowerPoint-Präsentationen, die kein Schwein mehr braucht. Versteckte Ordner, die du zu löschen vergessen hast, Games, die du vielleicht nur zwei- oder dreimal angespielt hast, die aber trotzdem massig Speicherplatz belegen. Jeder auch nur erdenkliche Quatsch tummelt sich auf deinem System, beansprucht Rechenkapazität und bringt deinen Computer früher oder später an seine Leistungsgrenzen. Von den ganzen Trojanern und Viren, die du dir auf Pornoseiten oder beim Öffnen von Spam-Mails eingefangen hast, fange ich hier am besten gar nicht erst an.

Du denkst jetzt wahrscheinlich, ich bin verrückt geworden. Oder hast du vielleicht doch das falsche Buch aus dem Regal gegriffen und hältst statt meines Ratgebers jetzt »Computertechnik für Dummies« in der Hand? Beide Annahmen sind falsch, zumindest letztere – verrückt sind wir doch alle ein bisschen! Die ganze Nummer ist, wie gesagt, nur ein Gedankenspiel. Du selbst bist also dieser Computer, dieser PC, Mac, was auch immer. Dein Gehirn ist der verbaute High-End-Prozessor, die Steuerungseinheit, die dafür sorgt, dass du atmen, laufen, lachen, sprechen, ficken, furzen und – das ist zumindest meine Hoffnung – auch klar denken kannst. Die erwähnte Festplatte ist eine Metapher für all die Erfahrungen, die du im Laufe deines Lebens gesammelt hast und die du auch weiterhin sammeln wirst. Vom Moment deiner Geburt, seit dir der Arzt das erste Mal heftig auf den Hintern geklatscht hat, hast du dich, durch die Summe all deiner Erfahrungen, zu genau dem Individuum entwickelt, das gerade diese Worte liest. Du bist das Ergebnis eines nie endenden Lernprozesses. Jedes Buch, das du liest, jedes Gespräch, das du führst, und jeder noch so simple Handgriff, den du dir aneignest, wird in deinem Gehirn abgelegt, verarbeitet und gespeichert. Auch wenn du dich aktiv vielleicht gar nicht daran erinnern kannst.

Du hast die Macht!

Du bist der uneingeschränkte Herr und Meister deiner Schwabbelmasse! Über sie hast du die absolute Macht und für sie trägst du auch die volle Verantwortung! Nur du entscheidest darüber, was du in dein Gehirn reinlässt, ablehnst und auch rausschmeißt.

Seit deiner Geburt ist deine ehemals unbeschriebene Festplatte aus verschiedensten Gründen und ungefragt mit irgendwelchen sozialen, familiären und wirtschaftlichen Programmen beschrieben worden. Du musstest erwachsen werden, um so zu funktionieren, wie andere es gerne hätten. Das nennt man Erziehung. Du wurdest konditioniert. Diese Konditionierung hat dein natürliches Potenzial, deine Möglichkeiten, Talente und Neigungen, deine natürlichen Ressourcen durch gesellschaftlich vorgegebene Bedingungen eingeschränkt. Irgendetwas Eigenes bleibt leider immer auf der Strecke, wenn es um Angleichung an andere geht. Das ist ja auch wichtig, um wie schon zu Urzeiten beispielsweise gemeinsam ein Mammut erledigen zu können, und überhaupt fürs soziale Miteinander. Trotz Angleichung, Übertragung, Imitation usw. wäre es ein Fehlschluss, davon auszugehen, dass diese neu installierten Programme für alle gelten. Das zu glauben ist sehr gefährlich! Durch Vergleiche mit anderen fängst du automatisch und unbewusst an, zu urteilen und zu werten. Du teilst die Welt ein, unterteilst und verurteilst. Gut oder böse, richtig oder falsch usw. Erinnere dich, was ich dazu bereits geschrieben habe!

Finde die Wahrheit!

Es kann sich bei *der* Wahrheit immer nur um deine eigene, subjektiv wahrgenommene und mit deinen eigenen Erfahrungen aus der Vergangenheit verknüpfte Wahrheit handeln. Jeder Mensch verknüpft seine eigenen Wahrheiten zu seiner eigenen Sicht der Dinge, zu seiner eigenen Weltanschauung und auch Geschichte. Solange du eigenständig denkst, kann es keine allgemeingültige Wahrheit geben. Fang an, auf deine Gedanken zu achten. Sie erschaffen Wirklichkeiten – deine Wirklichkeiten! Niemand außer dir selbst hat dich jemals aus dem Paradies vertrieben. Das Paradies ist da, nur einen einzigen Gedanken von dir entfernt. Es wartet auf dich!

Unser Gehirn erachtet alles, was wir mit unseren Sinnen erleben (und was wir denken), als »wahr« und verknüpft es mit unseren vergangenen Erfahrungen und Programmen. Wie sind deine Wahrheiten entstanden? Hinterfrage dich selbst. Was hast du von wem, in welchen Situationen, zu welcher Zeit usw. gelernt? Hier ein paar Auszüge darüber wie meine eigene Festplatte einst beschrieben wurde:

Eine Woche lang ging ich nicht zur Schule. Meine Mutter deckte mich, damit mein Vater es nicht mitbekam. Das konnte sie gut, und auch in den folgenden Jahren nutzte ich das sehr oft für mich aus. Mit meinem Vater redete ich zunächst außer »Tag« und »Tschüs« kein Wort. Er hatte mir schon sehr früh zu verstehen gegeben, dass ich mich in seinem Haus an seine Regeln zu halten hatte und mit 18 rausfliegen würde. Seit Beginn meiner Pubertät, als ich etwa zwölf Jahre alt war, verspürte ich den unbeschreiblichen und unbändigen Drang, auszubrechen. Ich war total unglücklich, wollte raus aus diesem Elternhaus, egal wohin, auf die Straße oder ins Heim.

Mit 13 begann ich, Zeitungen auszutragen, und hatte monatlich zwischen 150 und 200 D-Mark in der Tasche, viel Kohle für einen in meinem Alter. Das Gymnasium begann mich damals anzuöden. In Latein bekam ich eine satte 6, der erste Schritt abwärts zu meiner negativen Schulkarriere, die auf der Hauptschule endete. In der Schule war ich total frustriert von dem ganzen pädagogischen Konditionierungsgehabe. Ich wollte einfach nur frei sein. Meine Mutter versuchte stets, die Wogen zu glätten, die bei meinem Vater hochschlugen. Für mich war der Zug aber abgefahren. Ich wollte nur raus, Hauptschule fertigmachen, Lehre machen und Geld verdienen, damit ich endlich ausziehen konnte.

An der nötigen Intelligenz hat es übrigens nie gemangelt. Trotz Milliarden weggesoffener, vom Koksen, Kiffen und vom Pillenschlucken weggesprengter Nervenzellen, die in meinem gelebten Wahnsinn auf der Strecke geblieben sind. Nach wie vor fehlt mir die komplette Erinnerung an meine Kindheit bis zur 8. Klasse. Das war ein Teil des Preises, den ich zahlen musste. Die Zeit ist einfach weg, meinem Bewusstsein nicht zugänglich, von meiner Festplatte gelöscht. Ich komme bis heute, auch mit großer Mühe, nicht ran. Ich habe es für mich akzeptieren gelernt und aufgehört, darüber nachzudenken. Was ich aus dieser Zeit weiß, basiert auf den Erzählungen meiner Eltern, Verwandten und Bekannten. Vielleicht kann ich irgendwann bis zu dieser Epoche meines Daseins vordringen, vielleicht will ich das aber heute auch gar nicht mehr. Wer weiß, wofür es gut ist.

Auf der Hauptschule ging es nicht so gesittet zu wie auf dem Gymnasium. Dort lernte ich zum ersten Mal richtige Chaoten kennen. Schlägereien und Diebstähle waren an der Tagesordnung. Und Komasaufen war übrigens damals schon total modern. Ich machte weitere Hasch-Erfahrungen und gab Vollgas, nicht nur mit frisierten Mopeds. Schnell fühlte ich mich unter den neuen Kollegen richtig wohl. Genauso musste doch das wahre Leben sein. Regelmäßig verkehrte ich damals schon in der abgefucktesten, progressivsten Rockerkneipe im ganzen Landkreis, dem »Le Clochard« (der Penner!). Es war die Zeit von Christiane F's »Wir Kinder vom Bahnhof Zoo«. Man kannte mich inzwischen in der Tuttlinger Szene. Und ich wusste, wo man sich trifft, auch schon morgens um neun, wenn die Schule nervte: zum Beispiel zum Frühschoppen im Tuttlinger Karstadt. Meine Kumpels dort waren im Schnitt mindestens fünf Jahre älter als ich, meist irgendwie krankgeschrieben oder arbeitslos und gingen nach dem feuchten Frühstück bei Karstadt weiter ins Freibad oder an den Bodensee, zum Italiener, zum Zocken, Billardspielen oder Flippern. Bis das »Clochard« aufmachte, wo man den Rest des Tages verbringen konnte. Dieser Ort zog mich magisch an. Hier war ständig Party, es wurde gesoffen, geschlafen, geprügelt. Es gab kein Gesetz, bis auf eins: »Wenn's kläppert, dann draußen.« Hier lief ständig Mucke von AC/DC bis ZZ Top, über The Exploited bis Led Zeppelin, Südstaaten-Hard- und Punkrock, aber auch der alte Udo Lindenberg. Schwarzlicht und rockig gleißende Spots in Lila, Rot, Grün und Blau ersetzten stets das Tageslicht.

Rocker gingen ein und aus. Die damals noch gesellschaftlich verpönten Tattoos auf ihren Körpern, auf Händen, Hals und Armen begeisterten mich auf Anhieb mächtig. *Tief in meinem Herzen manifestierte sich der Drang, mir die Bilder, die meine Seele sah, für immer in die Haut zu stechen. Das erste Tattoo habe ich mir selbst mit drei zusammengebundenen Nähnadeln mit 13 in den linken Unterarm gestochen. Es sollte ein Blitz werden, sah aber aus wie eine SS-Rune. Ich träumte weiter von einem Adler, einem tapferen Wikinger oder von einem Totenschädel. Das versprach große Freiheit. Mit 14 fuhr ich nach Ulm und lies mir einen Adler tätowieren. Als ich 16 war, hatte ich auf meinen Oberarmen keinen Platz mehr. Meiner Mutter blutete das Herz: »Wie kann man seinen Körper nur so verschandeln?« – Ich fand's geil!*

Der dicke Kneipier vom »Clochard« war für mich damals eine imposante Persönlichkeit. Er trug genauso einen Vollbart wie Billy Gibbons und Dusty Hill von ZZ Top. Er fuhr den heißesten Ofen der Stadt: eine Kawasaki Z 1300. Er konnte ausdrucksstark labern und wunderbar Storys erzählen, von Bruderschaften und Heldenpossen zum Beispiel, die in meinem jungen, naiven Hirn mächtig Eindruck hinterließen. In meiner damaligen Welt gab es nur zwei Möglichkeiten: Entweder war man ein cooler Rocker, wie meine Kollegen und ich. Oder man war ein zu nichts taugender, alternativer, minimakrobiotischer Körnerfresser wie die Alternativen aus der Nachbarkneipe, dem »Valentin«. Ich kannte zwar keinen von diesen kiffenden, LSD fressenden und nach Patschuli stinkenden Jutevögeln mit Sandaletten wirklich, aber irgendwie waren sie mir verhasst und gehörten zu meinem Feindbild. Schon mit 14 war ich, nicht nur körperlich, ein voll ausgereifter Anarcho. An Zigaretten, Tabak und Bier fehlte es mir nie. Der Jugendschutz hatte an diesem Thema damals genauso wenig Interesse wie heute. Wenn einer will, egal wie jung, kann ihn niemand halten. Und auch an Thai-Sticks, goldgestempeltem Acapulco Shit und rotem Marok mangelte es nie, irgendjemand hatte immer was zum Kiffen im Sack.

Wenn es um Billard, Kicker, Schlägereien und Zocken um Kohle ging, machte ich schnell große Fortschritte. Auch die linken Touren übten eine Faszination auf mich aus. Ich interessierte mich brennend für die Anatomie des Menschen, vor allem, wenn es darum ging, jemandem ordentlich wehzutun. Was passierte zum Beispiel, wenn man jemandem mit den flachen Händen gleichzeitig auf die Ohren haut? Wie wirkt sich ein ge-

zielter Schlag auf den Solarplexus aus? Was tut richtig weh? Wie lange wehrt sich jemand, wenn man ihm mit dem Finger das Auge eindrückt? Asche auf mein Haupt! Moral war mir egal, es ging einzig und allein ums Überleben in dieser Welt und um Anerkennung durch meine meist älteren Kumpels.

Auch auf anderen Gebieten war ich schnell Experte. Mit knapp 14 schleppte mich eine 18-jährige Braut im Suff ins Bett – mein erster Sex! Natürlich erfuhr am nächsten Tag jeder von mir, wie stolz ich war. Ich war der Held vom Erdbeerfeld und wurde gefeiert. Der Alten war das allerdings total peinlich. Sie schmetterte mir eine. Reflexartig feuerte ich zurück. Irgendwie hatte mich das Ganze dennoch, zumindest unbewusst, ganz schön mitgenommen. Ich hatte von den Weibern erst mal die Schnauze voll.

Gemäß den Songs von Jupp Zeltinger ernannte ich mich selbst zum Assi mit Niveau – und las Lyrik auf dem Klo. Dazu gehörten vorzugsweise Knast- und Rockerbücher, wie »Der Pirat. Die Drogenkarriere des Jan C.« von Stefan Aust und alles, was mir von Charles Bukowski (»Nachtschicht und versoffene Tage«, »Fuck Machine« ...) in die Finger kam.

Echt prägend war aber auch »Der Minus-Mann« von Heinz Sobota. Auf der Rückseite des Covers stand: »Wenn einer nicht den Mut hat, seine Mutter zu ficken, sollte er wenigstens seinen Vater erschlagen!« Es war einfach nur cool – aus der damaligen Sichtweise –, da ich keine echten Vorbilder hatte, suchte ich mir halt welche. Ich habe es nicht anders gekannt – so musste es wohl laufen da draußen. Und Sobota schlug sich ja auch prächtig, der war mein Held – zu dieser Zeit. Der Minus-Mann ist nicht für zartbesaitete Menschen geeignet, da vermutlich tatsächlich verübte Verbrechen aus Sicht des Täters beschrieben werden, die einem Schauer über den Rücken jagen. Wer aber aufpasst und zwischen den Zeilen liest, wird erkennen, dass es um weit mehr geht als um die bloße Aneinanderreihung grausamer Verbrechen. Teilweise muss man das Buch aus der Hand legen, weil es unmöglich ist, diese Zeilen zu verkraften, ohne mal Luft zu holen. In dem Buch erzählt ein Mann sein Leben, das er fast ausschließlich in Gefängnissen und auf der Flucht vor der Polizei verbrachte. Er war ein Zuhälter, Totschläger, aber auch ein Mensch, der sehr verletzlich war. Trotz des grandiosen Erfolges des Buches ist Heinz Sobota auch im realen Leben wieder gescheitert. Aber dieses Werk wird mal sein Nachlass sein. Als Warnung und als Biografie aus den tiefsten Abgründen einer menschlichen Seele. Atemberaubend und doch schockierend zugleich. Es ist ein Buch über Gewalt und gegen Gewalt. Es ist ein wichtiges Zeugnis von der Nachtseite unserer Gesellschaft, das unsere Kenntnis bestürzend erweitert. Als Pubertierender habe ich das allerdings nicht begriffen. So stellte ich mir das wahre Leben vor, total normal. Ich möchte die Taten des Autors nicht beschönigen. Hier wird von einer Welt berichtet, die die meisten von uns zum Glück nicht kennen, und vor der sich viele fürchten. Sie ist simpel, derb, unschön, obszön und aggressiv.

Ich habe diese Welt stückweise selbst schon als Jugendlicher erlebt. In den Kneipen saß ich mit Zuhältern am Tisch, die Frauen auf die heiße Herdplatte setzten, sie mal kurz vor aller Augen mit dem Schädel auf den Billardtisch klopften und sie dann anschließend wieder mit gebrochener Nase zum Anschaffen schickten. Ich verkehrte mit massiv durchgeknallten und unberechenbaren Ex-Fremdenlegionären, Showcatchern, Dollarfälschern, Schlägern, Dealern, Heroinabhängigen – die waren alle in unserer beschaulichen Arbeiterstadt vertreten. Es war alles wie im Film. Und ich mittendrin. Mitten im Schoß des Hasses, in einem Rudel voller Alphatiere. Mich zogen diese Menschen magisch an.

Richtige Freunde waren in meiner Szene aber ganz selten. Vertraut habe ich meistens nur Andi, meinem Bruder. Auch er war oft mächtig übel unterwegs. In der Hauptschule war ich bei Anwesenheit einfach nur gnadenlos unterfordert gewesen. Ich machte den Abschluss lässig mit links. Die erste Hürde auf meinem Lebensweg war überwunden, Schools out forever! Jetzt stand mir die Welt offen. Ich machte erst mal zwei Wochen lang Party und erlebte den ersten Dauerfilmriss mit totalem Kontrollverlust. Meine Eltern waren zu diesem Zeitpunkt ohne den geringsten Einfluss auf mich. Ich war außer Rand und Band ... ■

Wie lautet deine eigene Geschichte? Kannst du dir jetzt ungefähr vorstellen, wie viele unbrauchbare oder gar schädliche Dateien auf deiner eigenen Festplatte gespeichert sind? Hast du eine Ahnung davon, welche Unmengen an seelischem Ballast du mit dir rumträgst? Zweifel und Ängste, Hass, Trauer, Schicksalsschläge, die du nie richtig verarbeitet hast? Falsche Glaubenssätze, irrgeleitete Wertesysteme, unrealistische Erwartungen an dich selbst und dein Leben, Enttäuschungen jeder Art. Dein Gehirn ist übervoll mit Informationen, die dich in keiner Weise voranbringen. Informationen, die dein Betriebssystem negativ beeinflussen, es störanfällig und träge machen. Es wird höchste Zeit für die Defragmentierung deiner Festplatte. Ich will dir begreiflich machen, dass es echt Sinn macht, die ganze negative Scheiße hinter dir zu lassen und wenn nötig noch mal ganz von vorne zu beginnen, dich neu zu formatieren.

So wild und ungezügelt ich auch war, ich erahnte nach dem Hauptschulabschluss immerhin, wie wichtig eine Ausbildung für mich sein würde. An der praktischen Umsetzung scheiterte ich allerdings und brach zwei Lehren ab. Die erste als Elektroinstallateur, die zweite als Schallplattenverkäufer. Andere Sachen waren mir dann doch wieder wichtiger. Ich lebte als junger Rebell, Punker und Rocker, nur für mich selbst und mein Sein. Ohne Rücksicht auf Verluste. Mein Motor war das Herumtreiben und das Abhängen in den Kneipen, die Rocker-Kumpels, das Anderssein. Nicht ganz so unschuldig wie das Kinder-Idol Pippi Langstrumpf machte ich mir meine Welt, wie sie mir gefiel. Anders als Pippi stand ich aber selten auf der guten Seite. Ich kannte weder Anstand noch Moral. Zwischendurch arbeitete ich schwarz bei Abbruchfirmen und beim Gleisbau, um einfach an Kohle ranzukommen. Neben der Schufterei hatte ich aber immer meinen vermeintlichen Spaß. So fuhren wir beispielsweise total vollgedröhnt durch die Nächte und schossen mit einer Steinschleuder voller Vollmetallmurmeln aus dem fahrenden Auto die Scheiben von Kaufhäusern ein. Meine Jugend war geprägt von Hausdurchsuchungen der Polizei nach Drogen und Waffen. Im Kreiskrankenhaus war ich Stammgast an der Spülmaschine (richterlich verordnete Arbeitsstunden). Ich habe immer für meine Schandtaten

bezahlt, aber wirklich interessiert hatte es mich zum damaligen Zeitpunkt nie. Nein, es waren eher Trophäen, mit denen man protzen konnte. Auch mal die eine oder andere Nacht in der Ausnüchterungszelle im Polizeirevier verbracht zu haben, gehörte zum guten Ton, wie für andere der Kirchgang an Weihnachten. Heute mache ich drei Kreuze, dass ich nie richtig eingelocht wurde und mir mein weiteres Leben damals nicht total versaut habe.

Nach meinem Ausbruch aus dem Elternhaus mit 17 hatte ich selten eine feste Bleibe. Ich wohnte abwechselnd über den Kneipen, in denen ich ein und ausging, oder bei Kumpels. Inzwischen war ich jüngstes Vollmitglied bei den örtlichen Rockern geworden. Voll Karacho, jedes Wochenende irgendwelche Rockertreffen in Süddeutschland, Schlägereien und Straßenkampf, Zuballern bis zum Abwinken, Partys in Klubhäusern, Weiber, Männerfreundschaft. Seit dem Ende meiner Zeit auf dem Gymnasium gab es wohl kaum einen Tag, den ich irgendwie nüchtern verbracht habe. Meine praktische Führerscheinprüfung legte ich nach einer durchzechten Nacht, in der ich noch mehrere fette Tüten geraucht hatte, erfolgreich ab. Als erstes Auto schaffte ich mir gleich mal einen BMW 525 Alpina an. Mich interessierte damals gar nichts. Mir konnte keiner was, ich fühlte mich »untouchable«, die Welt gehörte mir. Ich war im Größenwahn auf der Überholspur des Lebens unterwegs. Zeitweise arbeitete ich als Promoter für Buchklubs. Offiziell 100 Stunden im Monat verbrachte ich vor diesen Läden, verteilte Gratislose, mal als Weihnachtsmann, mal als mittelalterlicher Barde verkleidet. Es war ein cooler Job. Von den acht geplanten war ich meistens nicht mehr als drei Stunden mit dieser Arbeit beschäftigt. Den Rest des Tages verbrachte ich mit den angestellten Mädels beim Kaffeetrinken und Turteln. Während vieler Nächte lernte ich dabei die edelsten Absteigen Baden-Württembergs kennen. Das war einfach ne geile Zeit. Ich hatte genügend Freizeit und Kohle, war mit befreundeten Rockerklubs unterwegs, konnte tun und lassen, was ich wollte.

Zwischendurch hatte ich aber durchaus auch Jobs, in denen ich so richtig malochen musste, zum Beispiel bei einem Knochenjob in der Gießerei in Immendingen. Meine Aufgabe war, den Anguss mit einem Jupp wegzuklopfen. Das heißt, ich habe den ganzen Tag im Akkord mit einem 5-Kilo-Hammer auf frisch gegossene, heiße Stahlgussteile eingedroschen. Später *verdingte ich mich als Lkw-Fahrer. Ich hatte keinerlei Skrupel, besoffen den LKW zu fahren. Die Bierdose zwischen den Beinen im Führerhaus gehörte damals dazu. Ich war schon gut trainiert. Auf dem Weg von Tuttlingen bis zu Märklin nach Göppingen habe ich in drei Stunden locker ein Sixpack geschafft. Zurück das Gleiche. In meiner Welt war das total normal, ich kannte es gar nicht anders. Es war damals auch recht einfach, einen Job zu finden. Wer keine großen Ansprüche hatte, fand damals immer was zum Buckeln. Aufgrund der Wirtschaftslage konnte man damals noch zu Recht sagen: Wer keinen Job findet, ist stinkfaul und hat überhaupt keinen Bock!*

Bei einer Massenschlägerei auf einer Rockerparty lernte ich Alfred kennen, der später beim Bund mein direkter Vorgesetzter und Freund werden sollte. Er war ein Typ wie ein Bär, halb Marokkaner, halb Deutscher, im Äußeren eine total imposante Erscheinung, nicht unbedingt der Schwiegermuttertraum. Bei einem nächtlichen Überfall durch einen verfeindeten Rockerklub wurde er – gefangen in seinem Schlafsack – heftig von Baseball-Schlägen erwischt. Er sah Blut, schnappte die Bank einer Festzeltgarnitur und zog wahllos durch. Er war in einer Lage, in der jeder andere wohl liegen geblieben wäre, und ich erlebte bei ihm zum ersten Mal, wie ein Mensch in Wahn geraten kann. Er drehte vollkommen durch, ungebändigte Kräfte, geballter Hass. Anschließend sah sein Gesicht so demoliert aus, dass er sich ein halbes Jahr in die Gesichtschirugie begeben musste.

Wir schlugen mit unseren Baseball-Schlägern und chemischen Keulen auf alles und jeden ein. Die flüchtenden Angreifer verfolgten wir selbst bis über die Autobahn und versuchten sie bei 160 km/h von der Straße zu rammen. Ich sah die Todesangst der Verfolgten in deren Augen! Es war wie im Krieg. Zuletzt musste ein auf der Flucht stehen gelassener 635er BMW der Gegner dran glauben. Wir haben die Kiste komplett verschrottet und plattgemacht. Am Ende steckte ein Brecheisen im Motorblock, und wirklich gar nichts an diesem Auto war mehr ganz. Totalschaden. Irgendwann, Stunden später, kamen dann auch die Freunde und Helfer vorbei. Im Nachhinein wurden Ermittlungsverfahren wegen Landfriedensbruch und schwerer Körperverletzung eingeleitet. Ja, das war meine Welt. Im Nachhinein betrachtet war ich damals einfach nur

dumm und unwissend. Ich habe ganz unten, ohne Plan und Konzept, total
chaotisch angefangen ...

... und, glaube mir, das hat Spuren und Narben interlassen ...! ■

Nach diesen Einblicken in meine persönliche Biografie hast du den Menschen hinter diesem Buch besser kennengelernt. Ich hoffe stark, dass du mich, Rainer Biesinger, beim Lesen als Gesprächspartner auf Augenhöhe wahrgenommen hast. Vielleicht habe ich dir sogar stellenweise ein schlechtes Gewissen gemacht und dich mit meinen Provokationen angestachelt? Ganz sicher sogar? Das war gewollt! Ich will an deinem Ego kratzen, dir die Pistole auf die Brust setzen. Spätestens jetzt sollte in deinem Inneren der unbändige Drang aufgekeimt sein, die Dinge, die dich stören, zum Positiven zu verändern.

Mach dein Hirn platt!

Ausmisten ist angesagt! Schmeiß den ganzen Müll raus, der nicht mehr gebraucht wird. Mach dir klar, was dich zu dem Menschen gemacht hat, der dich im Spiegel anschaut. Dein Ziel muss es sein, die Kontrolle über dein Denken und Handeln zurückzuerlangen. Setz dich selbst hinters Steuer, anstatt dir von anderen vorschreiben zu lassen, wohin die Reise geht. »Pedal to the Metal«, mit Vollgas in ein besseres Leben.

Dein Lebenslauf!

Schreib deine Geschichte auf. Was waren deine Träume, Ängste, Wünsche, Erlebnisse (auch beschämende), Hoffnungen, deine sexuellen Wunschvorstellungen, Partnerschaftswünsche, deine Lieben und Vorlieben? Wer waren deine Freunde und Feinde, welche Probleme und Stärken hattest du, was sind deine verborgenen Gedanken, wann bist du misstrauisch, wann zuversichtlich? Was waren deine frühesten Kindheitserinnerungen? Wie war und ist dein Verhältnis zu Eltern, Verwandten, Freunden, Bekannten? Halte auch die Gedanken fest, die sonst echt niemanden etwas angehen. Nimm keine Rücksicht darauf, was andere darüber sagen würden! Du schreibst das Ding nur für dich ganz allein! Die Wahrheit wird dir guttun, auch wenn sie vielleicht schmerzt.

Schulen

In der Schule werden Menschen gemacht, die Weichen für unseren Nachwuchs werden dort gestellt. Dort züchten wir heutzutage eine Generation von Fachidioten heran, die gnadenlos in die Lernbulimie getrieben wird. Wissen in den Schädel pressen – bei der Klausur auskotzen – neues Wissen reinpressen ... Der Druck auf unsere Kids ist immens! Viele knallen bereits sehr früh durch und sind schon als junge Erwachsene fix und fertig. Der Leistungsdruck ist hammerhart! Wir berauben sie dabei systematisch ihrer Kindheit. Schon im Kindergarten wird erwartet, dass die Kleinsten bereits zwei Sprachen sprechen und das große Einmaleins rückwärts aufsagen. Das ist krank! Wir züchten lebensunfähige Marionetten! Ohne Bezug zur eigenen Wahrnehmung. Ohne Bezug zu ihrer wahren Natur. Wir berauben sie der Möglichkeit, die wahren Wurzeln ihres kindlichen, naiven und unbefangenen Seins spielerisch zu erkunden, Erfahrungen zu machen und auch zu leben. Knallharte Programmierung!

In unseren antiquierten Lehranstalten gibt es offensichtlich riesengroße Defizite im »Lebensunterricht«. Das ist Fakt! Warum überhaupt gibt es heutzutage Berufsgruppen wie die meine? Kann es wirklich sein, dass man jungen Erwachsenen »soziale Kompetenzen«, Kommunikation, Konfliktfähigkeit, Kooperation, Koordination, Rücksichtnahme, Empathie, allgemeine Umgangsformen usw. erst noch beibringen muss? Klar ist das so! Wie soll denn ein zum Fachidioten gezüchteter junger Mensch die existenziellen Grundbausteine des Lebens erlernen, wenn er diese in seinem aufgezwungenen Lernwahn nie selbst erfährt? Wenn der Mensch dann mit 35 Jahren auf dem Höhepunkt seiner Karriere angekommen ist, schaut er sich im Spiegel tief in die Augen und fragt panisch: »Wer bin ich eigentlich? Wer bin ich ohne diese ganzen Gesichtswindeln?« Die Gesichtswindeln des Aufsichtsrates, des Vorstandsvorsitzenden, des innerlich zerrütteten Familienvaters, des vom Bluthochdruck und Koks zerfressenen menschlichen Wracks, des im Sadomaso-Studio stets gerne gesehenen Stammgastes? Dann sind das Geschrei, die Verzweiflung und die Hilflosigkeit meist riesengroß! Vor lauter Funktionieren hat der Mensch es nie gelernt, sich selbst, seine eigenen inneren Interessen wahrzunehmen, seinen eigenen Junior kennenzulernen. Aber sein Junior existiert. Angestachelt durch das Gefühl der mangelnden Aufmerksamkeit und Vernachlässigung der eigenen Persönlichkeit beginnt Junior damit, richtig Terror zu machen! Spürst du ihn?

Ethik gibt es, wenn überhaupt, nur als Nebenfach und gilt als langweilig und unwichtig. Für den Zugang zum Studium sind nur die Hauptfächer entscheidend. Sozialkunde streift ethische Fragen nur geringfügig. Auch die Kirchen haben es mit ihrer Arroganz und mit ihrer altbackenen und traditionsbehafteten Weltferne weitgehend verkackt. Nichts gegen die Religionen an sich, da kannst du echt etwas über das Leben lernen. Allerdings ist selbstgefälliger Dogmatismus das Allerletzte!

Der zum Fachidioten gezüchtete Mensch hat niemals die existenziellen Grundbausteine des Lebens gelernt.

Information ist alles

Zum Erschaffen von Gegenständen verwendet man Werkzeuge. Zum Erschaffen von Menschen verwendet man Informationen. Soweit die Menschen nicht ihren animalischen und tierischen Instinkten, der Gewohnheit oder der Gewalt folgen, hängt ihr Handeln von ihrem Wissen, also von den ihnen zur Verfügung stehenden Informationen ab. Die Informationen, die der Mensch bekommt, die ihm zur Verfügung stehen, bestimmen seine Handlungen und steuern somit den Ablauf seines Lebens.

Wissen ist Macht!
Woher bekommst du deine Informationen?
Was lernst du? Wem glaubst du was? Wie zuverlässig sind deine Informationsquellen? Hinterfragst du, was man dir zum Fraß vorwirft? Woher hast du deine Bauernweisheiten? Sind diese noch aktuell? Wie neugierig und interessiert bist du? Ist dir vielleicht sogar alles scheißegal, was um dich herum so abgeht? Mach dir echt mal bewusst, wer da alles in deiner Festplatte herumfuhrwerkt, und schreib es auf!

Ein Werkzeug, das keinen Zweck erfüllt, gibt es nicht – das würde keiner benutzen! Daher musst du wissen, wozu ein Werkzeug gut ist. Mit der Säge wird Holz gesägt, mit dem Hammer werden Nägel eingeschlagen, mit der Sense der Rasen gemäht, mit dem Vibrator auch Cocktails verrührt usw. Es gibt folglich auch keine Informationen, die keinem Zweck dienen. Information ist die Grundlage deines Wissens. Informationen sind Werkzeuge. Wer weiß, wie diese Informationen eingesetzt werden, der hat die Macht. Wissen ist Macht. Die Informationen, die man bei der Aufzucht der Menschen einsetzt, richten sich danach, welche Art von Menschen man züchten will. Die Informationen, denen du ausgesetzt wirst, fügen sich in deinem Kopf zu Urteilen und Überzeugungen zusammen. Diese sind Teile der Maschinerie, die deine Lebensinhalte steuern. Eines der wichtigsten Getriebe in diesem Steuermechanismus ist die »Über«-zeugung, dass du selbst der Herr deiner Handlungen bist. Dein Einverständnis mit deinen Handlungen kann größer oder kleiner sein. Je mehr du davon überzeugt bist, dass dein eigener Wille der Grund deiner Handlungen ist, umso größer ist dein Einverständnis. Je mehr du davon überzeugt bist, dass dein Handeln durch einen fremden Willen in Gang gesetzt wird – wenn du also das Gefühl hast, verarscht und manipuliert zu werden –, desto kleiner ist dein Einverständnis. Du wehrst dich dagegen.

Je öfter du handelst, ohne die Hintergründe deiner Handlungen zu kennen, umso öfter wirst du als Werkzeug von anderen missbraucht! Je mehr du daran glaubst, dass andere dich als Werkzeug benutzen, umso mehr werden die anderen deine Diktatoren und Sklaventreiber sein! Wie viel du über die Bedingungen weißt, unter denen du handelst, hängt von den dir zur Verfügung stehenden Informationen ab. Dein Einfluss auf diese Informationen ist begrenzt. Oft ist es schwierig zu durchschauen, ob sie dir auch guttun. Diejenigen, von denen du nicht weißt, dass es sie gibt, die dir unterschlagen oder vor dir geheim gehalten werden, kannst du nicht finden. Bestimmte Informationen sind Besitz und Eigentum derjenigen im Hintergrund, welche die Fäden ziehen.

Unverständlichkeit ist wohl die abgefuckteste Art der Lüge. Wer zum Lügen zu feige ist, der drückt sich einfach unklar aus. Viele Menschen empfinden das Nachfragen als Verletzung einer Anstandsregel. Der Lügner kommt mit seiner Zockerei durch. Die Scheu, Fragen zu stellen, ist das Ergebnis von Dressur. Nicht nur Politiker drücken

Glaubst du daran, dass andere dich als Werkzeug benutzen, werden sie deine Sklaventreiber sein.

sich unklar aus, um uns Wahrheiten zu verbergen. Auch Institutionen, Menschen- und Meinungsmacher tun dies manchmal jahrzehntelang. Wird die Lüge nur oft genug ausgesprochen, gewöhnen sich die meisten im Laufe der Zeit so stark daran, als wäre es ihre eigene Wahrheit. Je unklarer einer schreibt oder spricht, umso länger bleibt das Falsche verborgen, welches in seiner Aussage steckt. Das heißt: Ob eine Behauptung richtig oder falsch ist, ist offenbar zweitrangig. Vielmehr scheint es entscheidend, ob sie in unserem Interesse ist. Hammerhart, oder? Allein die Verarsche mit all den »Light«-Produkten, Diätpillen, -tropfen und -wundermittelchen, die es auf dem Markt zu kaufen gibt, reicht schon als Beispiel. Denn das enthaltene Nierenpulver Saccharin und die ganzen Süßstoffe regen erst recht zu weiteren Fressattacken an!

Zugriff!

Du hattest bis jetzt keinen guten Zugang zu Informationen, und deinen Vorbildern ist es genauso oder ähnlich ergangen? Ja, wir sitzen alle im selben Boot. Hier und jetzt hast du die Möglichkeit, damit zu beginnen, zu lernen, dich zu entwickeln, dich zu verändern! Jetzt!

Wirklich klar in der Rübe ist nur jemand, der weiß, was er tut. Dieser jemand versteht die Gründe seiner Handlungen und sieht deren Auswirkungen voraus. Fang also schnellstmöglich damit an, zu hinterfragen, und nimm nicht alles ungefiltert hin, was man dir vorsetzt!

Fakten, Fakten, Fakten

Die Massenmedien wie das Fernsehen, die Zeitungen und die Magazine sind von Menschen gemacht. Sie gaukeln uns mit ihren auf Hochglanz polierten Informationen ein erstrebenswertes Lebensgefühl vor. Durch Worte, Bilder, Sound und Emotionen bieten sie uns Ideen einer Wirklichkeit an. In ihren O-Tönen und Kommentaren geben sie überzeugend vor, eine Ahnung zu haben von dem, was sie uns berichten, zu wissen, wie der Hase läuft. Sie haben das Recht für sich gepachtet. Sie malen und inszenieren dazu Hintergründe. Sie stellen das dar, was der Redakteur als Hintergrund vermutet. Je mehr Niveau das Medium verspricht, desto hintergründiger kommentiert es. Hintergründig bedeutet: »hinter den Gründen«. Die jeweiligen Kommentare, die Selbstoffenbarungen, deuten auf die Motive hin, die sich hinter den Handlungen der verantwortlichen Statisten verstecken. Die Informationen werden so vorsichtig angelegt, dass kein wirklich Mächtiger dieses Medium beim Wort nehmen könnte, um es zu verklagen. Der User, der dieses Informationsmedium konsumiert und abonniert, wird angefixt. Er wird zum Fan, zum Unterstützer des Mediums. Er wird zum Sprachrohr, zum Multiplikator dieser Wahrheit. Er zieht die vom Journalisten gewünschten und unausweichlichen Schlüsse, zu denen ihn der Leitartikel anstiftet. Der User wird durch scheinbare Tatsachen überzeugt. Die Meinung der anderen wird zu seiner eigenen Wahrheit. Je mehr Menschen diese Wahrheit für sich erkennen, desto richtiger wird sie.

Unbemerkt wird die Meinung anderer mehr und mehr zur eigenen Wahrheit.

Das Trash-TV, die Boulevardzeitung und das Käseblatt aus der Provinz behelfen sich mit Wertungen. Es ist verdammt einfach, einen Terroranschlag »zu verurteilen«, einen Friedensschluss als »eine erfreuliche Tatsache« zu feiern oder eine Abnahme der Arbeitslosenzahlen »zu begrüßen«. Klingt schlüssig, oder?

Bei scheinbar anspruchsvolleren Medien steckt hinter dem Terrorakt eine klar zu erläuternde Taktik oder eine den Weltfrieden in seinen Grundfesten erschütternde Machenschaft. Dort wird der Arbeitsmarkt gesamtwirtschaftlich analysiert. Selbst ein erfreulicher Friedensschluss zweier Länder muss als Dolchstoß gegen dritte Länder interpretiert und ausgelegt werden.

»What the fuck!« Wo kämen wir denn hin, wenn wir die Fakten an sich nicht einfach als das nähmen, was sie sind? Es ist so, wie es ist! Punkt!

Quoten für Idioten und Scheiße für die Massen!

Nichts, was von wem auch immer irgendwann gesagt wird, bedeutet einfach nur den unmittelbaren Sinn der Worte, die wiedergegeben werden. Nichts was passiert, entspricht einfach nur der Wahrheit. Hinter allem, was Prominente, Politiker, Wissenschaftler, Künstler, Schreiberlinge oder Wirtschaftsbosse sagen oder verlautbaren lassen, wird eine hintergründige Absicht vermutet und interpretiert. Alles, was geschieht, muss also zwangsläufig einen tieferen Sinn haben. Wer kauft und konsumiert schon gerne langweilige und stinknormale Berichte? Kein Schwein? Das Medium wäre ruckzuck bankrott!

Die Redakteure versorgen dich mit investigativ recherchiertem Wissen. Das findest du gut. Du glaubst ihnen ihre Wahrheiten. Dieser exklusive tiefere Einblick wird zu deiner eigenen Wahrheit. Muss ja stimmen, was der sagt, oder? Du bist von diesen Medien angefixt und willst nicht darauf verzichten. Voller Sensationslust und in aller Bequemlichkeit willst du mitreden können. Du willst einen Blick hinter die Kulissen des Weltgeschehens werfen. Dennoch ist Misstrauen angesagt, wo die Möglichkeiten der Manipulation nahezu unbegrenzt sind.

Nimm in deiner Glotze einfach einmal bewusst wahr, wie oft und schnell selbst bei der »puren Wahrheit« die Kameraeinstellung die Perspektiven wechselt! Wie oft die Inszenierung mit Sound und Geräuschen unterlegt ist. Damit werden Emotionen in dir hervorgerufen, Sachlichkeit wird so nicht vermittelt. Gefühle sind immer stärker als der Verstand! Das ist Entertainment und Unterhaltung – keine neutrale Berichterstattung. Sicherlich gibt es auch wirklich gut recherchierte, wertneutrale Berichterstattungen. Aber: Solange du nicht damit beginnst, alles zu hinterfragen, was dir von den Massenmedien vorgegaukelt wird, werden deine Gedanken eine Gefahr für dich sein. Gedanken erschaffen Wirklichkeiten!

Gedanken erschaffen Wirklichkeiten!

Vertrau mir!

Es gibt keinen Winkel in unserem Land, in dem du nicht vom Fernsehen, Internet, Radio oder von der Presse erreicht wirst. In jeder Sekunde wirst du unterschwellig, von Flensburg bis nach Oberammergau, mit Bundestagsdebatten, Wirtschaftskrisen, Katastrophenmeldungen und Werbung berieselt. Mit dieser allgegenwärtigen Informationsmaschinerie und dem Einfluss dieser Medien auf unser Gehirn kann man innerhalb kürzester Zeit auch intelligente Menschen so bearbeiten, dass sie ihr eigenes Todesurteil bejubeln. Damit meine ich nicht nur die Kinderhirne! Mach dir klar, dass fast alle Übermittlungssysteme entweder von der Wirtschaft oder / und von den Vertretern des Staates kontrolliert werden, denen wir sehr oft blind vertrauen. Es gab in der Vergangenheit keine bekannte menschliche Gesellschaft, in der der Staat nicht eine Apparatur zur Unterdrückung der Mehrheit durch eine Minderheit gewesen wäre. Das war so in der Sklavenhaltergesellschaft in Athen und Rom, das war so in allen Feudalherrschaften. Die »frommen«

Fürsten regierten mithilfe von Gesetz und Ordnung, Richtern, Polizisten und Soldaten. Die Kirchen sagen noch heute, alle Obrigkeit komme von Gott. Wäre es nicht korrekter zu sagen, aller Gott komme von Obrigkeit? Im Religionsunterricht wird uns schon sehr früh eingebläut, dass Vertrauen und Glauben die höchsten Tugenden darstellen. Warum überhaupt sollen wir anderen vertrauen? Muss ich nicht erst einmal damit beginnen, an mich selbst zu glauben und mir selbst zu vertrauen, bevor ich mich abhängig mache vom Vertrauen anderer?

Warum eigentlich sollten wir anderen vertrauen? Müssen wir nicht erst uns selbst vertrauen?

Wo von Vertrauen und Glauben die Rede ist, müssen doch einige da sein, die sich von dem Vertrauen einen persönlichen Vorteil erhoffen, oder? Das sind bei den Kindern die Eltern, bei den Schülern die Lehrer, bei den Mitarbeitern die Unternehmer, bei den Wählern die Politiker. Auch wenn sie uns kein Vertrauen schenken, so sind sie doch darauf angewiesen, dass wir ihnen Vertrauen entgegenbringen. Vertrauen und Glauben sind wesentliche Voraussetzungen für das Funktionieren eines Systems der Bereicherung. Ein Mensch, der vertraut, ist leichter zu bescheißen als ein Mensch, der rechnet und eigenständig mitdenkt. Wer nicht die Absicht hat, dich zu bescheißen, braucht dein Vertrauen nicht. Manche sagen auch, wenn die Menschen kein Vertrauen zueinander haben, wird ihr Zusammenleben verpestet. Stimmt, aber die Personen, die das meiste Vertrauen von dir verlangen, leben am wenigsten oder gar nicht mit dir zusammen. Je mehr Vertrauen eingefordert wird, umso größer wird die Zahl der Betrüger. Umso größer wird der Wunsch des Menschen, sich führen zu lassen.

Obwohl die Regierenden sich lieber auf Gewalt und Unwissenheit verlassen als auf Vertrauen, halten sie kaum eine Ansprache, in der sie nicht dein Vertrauen fordern. Vertrauen ist billiger als Gewalt. Zur Ausübung von Gewalt braucht man Menschen, die darauf vertrauen, dass ihre Gewaltanwendung eine gute Tat ist. Ohne solche treuen Gefolgsleute würden sich Gewehre und Panzer sehr schnell in Schrott verwandeln. – Denk nach!

Der naive Mensch flüchtet sich sehr gerne in blindes Vertrauen. »Mir bleibt ja nichts anderes übrig!« Wenn du mal wieder vor Junior und deiner Machtlosigkeit kapitulierst, ist das Vertrauen immer ein guter Rückzugsort: »Es wird schon alles gut gehen ...« Weil du dich nicht wehren kannst, nicht wehren willst, vertraust du darauf, dass der Gegner nicht bis zum Äußersten geht. Damit gibst du in blindem Vertrauen die Verantwortung für dein Leben an andere ab!

Holzauge, sei wachsam!

Du kannst niemals davon ausgehen, dass du von anderen nicht beschissen wirst. Welchen Grund könnte es geben, dass man gerade bei dir eine Ausnahme macht? Fang an, eigenständig zu denken, und stelle Fragen an das Leben! Bleib achtsam und nimm nicht gleich alles ungefiltert hin! Lass dich nicht berieseln.

Wenn du verstehst, dass du bei vielem im Dunkeln irrst, hast du einen wichtigen Schritt getan, das Licht zu finden. Dabei brauchst du nicht paranoid werden! Mach die Augen auf im Dschungelverkehr. Analysier die Informationen, die andere dir ungefragt vor den Latz knallen! Isst du etwa einen faulen Apfel? Eher nicht. Täglich werden dir von den Meinungsmachern viele faule Informationen, die aufgehübscht sind wie Schneewittchens hochglanzpolierter Apfel, zum Fraß vorgeworfen. Vertrauen schützt vorm Scheintod nicht! Nur du ganz allein entscheidest, welchen Input du dir einbaust und welchen nicht! Deine »Geistesnahrung« erhältst du durch deine Außenwelt. Dein Gehirn unterscheidet nicht, ob der Input real erlebt ober gefaked ist. Dein Gehirn nimmt im ersten Schritt einfach nur auf. Das Prüfen und Zuordnen, das laufende Controlling, das Schaffen deiner eigenen Wirklichkeit ist somit ganz allein deine Aufgabe und Verantwortung! Genau deshalb bin ich nur verantwortlich dafür, was ich sage, und nicht dafür, was du in deiner eigenen Welt verstehst. By the Way: Der Mensch im Allgemeinen versteht leider auch immer nur das, was er verstehen will.

Ständige Selbstkontrolle, erhöhte Achtsamkeit und Wachsamkeit sind angesagt, damit dein Synapsengefilde nicht wirklich bald glaubt, in einer Matrix aufzuwachen. Mitdenken und Handeln ist angesagt. Die Zeit ist reif! Du musst damit beginnen, deinen eigenen Lebensacker zu bearbeiten. Auf deiner Expedition zu deinem inneren Tempel muss jetzt erst mal der mit Unkraut, Parasiten und einer hochgradig verseuchten Flora befallene Dschungel mit Napalm gerodet werden. Ganz abgesehen von der Domestizierung der monströs mutierten, menschenfressenden Fauna. Deine Geistesnahrung muss durch Filter gejagt und im Klärbecken deines wachen Verstandes gereinigt werden.

Entflamme dein »Fire of Change«!

Die Ausrede, du wurdest so gemacht, wie du bist, ist ab sofort inakzeptabel. Fackel ihn ab, den wilden Dschungel, und bearbeite deinen Acker. Setz eine neue Saat an und bewahre Geduld! Pfleg deinen Acker! Vertrau in dich selbst und deine Natur! Durch die aufmerksame Beobachtung deines natürlichen Wachstums lernst du dich selbst kennen und wirst dir deines Wachstumsprozesses bewusst – du wirst *selbstbewusst*! Ich verspreche dir: »Du wirst ernten, was du säst.« Letztlich geht es auch um die Frage deines Karmas am Ende des Dramas.

Dummheit

Ich bin hier, lebe und denke nach. Mein Gehirn arbeitet auf Hochtouren, mein Kopf rennt gegen Betonmauern (vor allem gegen meine eigenen). Wenn alles so läuft, wie ich es mir wünsche, gelingt es mir wenigstens ansatzweise, der Dummheit vor den Karren zu pissen.

Wenn ich im Laufe meines Lebens eines gelernt habe, dann ist das die Tatsache, dass die Haupttodesursachen auf unserem Planeten Dummheit und Ignoranz sind. Albert Einstein äußerte sinngemäß einst, dass das Universum in seiner unendlichen Weite zwar unvorstellbar groß, das Ausmaß der Dummheit der Menschheit aber nicht zu toppen sei. Durch Dummheit und der sich daraus ergebenden Intoleranz sind mehr Menschen gestorben als durch Krankheiten, Unfälle und Kriege zusammen. Die Dummheit regiert unser Leben. Je länger die Welt sich dreht, desto dümmer werden wir. Warum ist das so? Dummheit entsteht meist dann, wenn die Kommunikation scheitert. Wenn wir aufhören, miteinander zu reden. Geh mal davon aus, dass sich jeder Mensch in einem mehr oder weniger verpennten Dämmerzustand befindet. Das muss wohl so sein. Sonst würde es um unsere Erde ja nicht so übel bestellt sein, oder? Geh weiterhin davon aus, dass die ganze gequirlte Scheiße, die da draußen geschieht, schöngeredet wird. Deshalb fordere ich jetzt zumindest dich heraus, aus deinem dumpfen Dahinvegetieren zu erwachen. Kämpfe gegen dieses Trantüten-Dasein an! Mit »kämpfen« meine ich keinen körperlichen Kampf. Nicht jeder gegen jeden, nicht alle gegen alle! Ich meine keinen Kampf auf einer Ebene, bei der sich Arm gegen Arm, Reich gegen Reich, Grün gegen Blau auf die Glocke hauen. Nicht untereinander oder gegeneinander soll gekämpft werden, sondern du kämpfst gegen dich selbst. Ich meine den Kampf gegen deine eigene Dummheit! Gegen deine Intoleranz und deine Ängste. Einen Kampf in deinem eigenen Schädel. Denn dort und nirgendwo anders liegt das Problem.

Nein!

Ich will keine Gewalt sehen, sondern ein lautes und in alle Richtungen schallendes NEIN zu deinem eigenen Stillstand hören! Ein unmissverständliches NEIN zu falschen Freunden und vorgegaukelter Idylle! Ein klares NEIN zum Medienterror! Ich wünsche mir gepflegte Unstimmigkeit – der Fernseher fliegt raus, die Zeitung wird boykottiert! Dein Recht auf Bildung bestimmst du ab heute selbst!

Täglich wirst du mit rotzfrechen Unwahrheiten manipuliert und mächtig in die Ecke gedrängt. Damit wird versucht, dich zu einer ängstlichen Marionette zu deformieren. Die Lügen sind inzwischen so groß und unverfroren geworden, dass du dich diesem Terror nur noch durch totale Verweigerung entziehen könntest. Nimm wahr, dass du verarscht wirst, aber verzweifle nicht daran! Verzweifle nicht an Dingen, die du nicht verändern kannst. Entdecke lieber, was für dich wichtig ist, und flüchte aus dem Land des Bekannten. Du hast mit deinem Verstand und deinem Herz wirklich einzigartige und wirksame Werkzeuge an Bord! Dein Verstand sagt dir, was falsch und was richtig ist, und dein Herz, oder nenne es dein Bauchgefühl, sagt dir, wenn etwas modrig ist und stinkt. Wenn ich zum Beispiel eine verbale Scheiße höre wie diese: »Sie müssen da antizyklisch denken, der Minister hat nachdrücklich auf das Nonaffektationsprinzip der Steuer hingewiesen und eine Akkumulation für skalisch subsumierte Abgaben annonciert, die von der Steuer katapultiv adäquiert werden müssen ...« Wie bitte? Hier stinkt doch was, oder?

Hinhören, nicht zuhören!

Konzentriere dich jeden Tag, so oft es geht, ganz gezielt auf den Inhalt einer Aussage deines Gegenübers! Verstehst du jedes Wort, das er benutzt? Was genau will er dir mit seiner Message sagen? Warum erzählt dir dein Gegenüber das überhaupt? Was steckt dahinter – was will dein Gesprächspartner damit bei dir bewirken? Was sagt die Aussage über deine Gegenseite selbst aus? Was ist ihm wichtig? Wie tickt er? Wie denkt er? Wie selbstbewusst ist er? Usw. Was sagt die Art und Weise der Unterhaltung über eure Beziehung zueinander aus? Um was geht es in eurem Gespräch wirklich? Achte gezielt auf die Aussagen des anderen und prüfe sehr genau. Halte dich dabei bewusst komplett zurück. Dadurch lernst du deinen potenziellen oder imaginären Feind kennen. Kommunikation ist Krieg und erfordert Planung, Strategie und Taktik. Die Waffe ist das Wort. Achte auf deine Worte – nimm bewusst wahr!

Erstell eine persönliche Bestandsaufnahme deiner Dummheit und fang an, nach der Wahrheit zu suchen! Such dir deine Informationen selbst. Vorwiegend sind sie dort, wo du sie nicht vermutest, versteckt zwischen Lügen und Desinformation. Leise und kaum hörbar. Sie sind da, die wirklich wichtigen Dinge. Wenn du sie einmal gefunden hast, segelt es sich leichter. Trau deinen Augen, hör genau hin und benutz deine Stimme. Du brauchst nichts anderes dazu als deine klare Birne. »Eine einzige intelligente Bemerkung zur richtigen Zeit kann die gesamte Karriere eines Mannes zerstören«, warnt Ezra Pound. Kommunikation ist ein hartes Stück Brot, an dem du lange zu knabbern hast, aber es ist auch die Nahrung für den ganzen Weg.

Neid

Neid, auch Missgunst genannt, ist ein hochexplosives emotionales Gemisch aus Wut, Angst, Verlangen und Traurigkeit. Neid ist eine Reaktion auf einen Vergleich mit einem anderen Menschen, der zu deinen Ungunsten ausgefallen ist. Der andere hat vielleicht ein schnelleres Auto, ein volleres Konto, einen flacheren Bauch, ein leichteres Schicksal oder eine schärfere Braut/einen geileren Typen. Vielleicht kann, hat oder darf der andere auch mehr? Oder ist er gesünder, klüger, schöner als du? Vielleicht hat er aber auch gesündere, klügere, schönere Kinder? Und weil du dir einbildest, dass der andere durch diese Privilegien eine Befriedigung erhält, die du selbst nicht haben kannst, empfindest du Neid. Doch Neid ist eine der Todsünden. Er ist ein hinterhältiger Terrorist, der nicht zuletzt durch Moral, Gesetze und Religionen in den Untergrund verbannt worden ist. Von dort aus handelt, sabotiert, verleumdet, rebelliert und denunziert er weiter. Er wird gnadenlos unterschätzt. Neid verwandelt Nachbarländer in Feindgebiete, Gehirnprothesen in Revolutionen, Anteilnahme in Schadenfreude. Aber auch Baracken in Schlösser, Türme in Wolkenkratzer und Arbeitsscheu in Strebsamkeit und Schaffensdrang. Neid meuchelte römische Kaiser, lenkte Pflastersteine in jüdische Schaufenster und macht pflichtbewusste Kollegen zu Opfern des Mobbing. Durch Neid werden Industriellenkinder zu Opfern von Kidnappern und Designerklamotten wechseln an Schulhöfen vor gezückten Messern die Besitzer.

»Sei besser als andere!«, »Mach Karriere!«, »Lass dich nicht übertrumpfen!« – das ist ein super Rezept gegen den Virus Unzufriedenheit. Deine innere Stimme sagt nicht einfach: »Streng dich an, so gut du kannst, und überlasse alles weitere dem Wettbewerb.« Nein, sie weckt in dir den Ehrgeiz, gegen die anderen anzustinken. Der Überlebenstrieb wird aktiv, Junior macht Rabatz!

> Neid ist ein hinterhältiger Terrorist, der sabotiert, verleumdet, rebelliert und denunziert.

Aus heutiger Sicht betrachtet war auch bei mir der Neid ein nicht unwesentlicher Auslöser meiner Sucht- und Gewaltkarriere. Die Aggressionen, welche ich gegen mich selbst und die Gesellschaft hegte, waren massiv durch den Neid beeinflusst. Durch Neid auf diejenigen, die ein tolles Elternhaus, coole Lehrer, ausreichend Geld, eine funktionierende Familie, Freunde und einen guten Job hatten oder Karriere machten und so weiter. Meist schimpfte ich diese Menschen »rückgratlose Penner« und »Spießerschweine«. Heute weiß ich, dass diese Aussagen in Wirklichkeit aus Neid heraus entstanden sind. Ich beneidete all das, was ich nicht hatte, schoss mich lieber ab und profilierte mich durch destruktives Handeln, anstatt mir die eine oder andere Eigenschaft dieser Menschen zum Vorbild zu nehmen und meinen Arsch zu bewegen. Das zu hinterfragen und dabei auch festzustellen, dass diese von mir beneideten Menschen zum Teil echt was geleistet hatten, cleverer und geduldiger an den Alltag herangegangen sind als ich, andere Werte verfolgten, zentrierter im Leben standen, der Kommunikation mächtig waren, Strategie im Leben besaßen, klare Lebensziele definiert hatten, disziplinierter waren usw., kam mir nicht in den Sinn. Zunehmend wird der Neid für mich heute zu einem Fremdwort. Ich bin der festen Überzeugung, dass jeder, der wirklich will, mit eisenhartem Willen alles erreichen kann, was er sich in seinen kühnsten Träumen vorstellt! Mitleid gibt's umsonst, Neid musst du dir verdienen! ■

Ohne den Vergleich mit anderen hättest du keinen Maßstab für deine eigene Fortentwicklung. In Krisenzeiten genügt es zum Überleben oft nicht, sich »nur« angestrengt zu haben. Nein, du musst vielmehr zu den Ranghöchsten einer Gruppe gehören, die das bisschen Wasser, die spärliche Nahrung für sich verteidigen können. Es liegt in der Natur des Menschen, immer besser sein zu wollen als die anderen. Wenn nicht, fühlst du dich schwach, minderwertig und krank. Deine notorische Schwierigkeit, Vorteile bei anderen Menschen neidlos hinzunehmen, wird möglicherweise von einer Millionen Jahre alten Sucht gespeist: von dem Verlangen nach dem guten Gefühl, selbst ganz oben auf der Leiter zu stehen. Oder mindestens genau so weit oben wie derjenige, der bis jetzt noch über dir steht. Beim Neid handelt es sich um ein elementares Denkmuster in deinem Kopf, wie es dir bereits vom Urteilen her bekannt ist. Du kannst es dir nicht so einfach aberziehen. Dein Gehirn arbeitet mit Vergleichen, zwischen warm und kalt, hell und dunkel, gut und schlecht – und immer wieder zwischen dir und anderen Menschen. Aus diesen sozialen Vergleichen ziehst du Informationen für dein Selbstbild, lernst deine Stärken und Schwächen kennen. Wenn du dabei schlecht abschneidest, dann kann das automatisch eine emotionale Reaktion auslösen, ein Alarmsignal. Dein Selbstbild, dein Ego ist in Gefahr.

Wenn dein Selbstbild gefährdet ist, kommt es darauf an, ob du – als der Unterlegene – glaubst, deinen Nachteil aus eigener Kraft noch wettmachen zu können. Doch auch wenn du den Vorteil eines anderen als uneinholbar einschätzt, musst du noch längst nicht automatisch Neid entwickeln. Wenn deine Betrachtung als Unterlegener auf deiner eigenen Minderwertigkeit liegt, kannst du dich angesichts des schmählichen Vergleichs auch depressiv oder gebrandmarkt fühlen. Schaffst du es jedoch, dich selbst nicht minderwertig zu fühlen, kann eine gute Leistung des anderen auch Bewunderung auslösen. Solange kein Konkurrenzverhältnis besteht, kannst du dich sogar mit seinen Erfolgen identifizieren.

Neid sucks!

Ob und wie du in einer konkreten Situation Neid entwickelst, hängt mit deinem Selbstbewusstsein zusammen. Als Neider bist du immer im Unrecht – immer! Du hast keinen moralischen Anspruch auf das Geld, das Ansehen oder das Glück, das du deinem Gegenüber missgönnst.

Es ist die pure Existenz des Überlegenen, die den Neider in eine schlechtere Position zwingt. Das »Bessersein« des anderen ist die Ursache für das »Wenigersein« des Neiders, dessen Nachteil ja erst im Vergleich erkennbar geworden ist. Dem Beneideten auch noch eine böswillige Absicht zu unterstellen, ist dann nur noch ein kleiner Schritt! Am besten gedeiht die Missgunst dort, wo sie am wenigsten zu suchen hat. Im engsten Freundeskreis oder innerhalb der Familie. Schleichend werden sehr oft, etwa bei Erbauseinandersetzungen, selbst die dicksten Familienbande vergiftet! Menschen werden vor allem dann neidisch, wenn sie ihre eigenen Stärken und Schwächen falsch einschätzen, wenn sie über wenig oder kein Selbstbewusstsein verfügen. Zwanghafter Neid macht krank. Der neidische Mensch entwickelt einen Tunnelblick. Er sieht nur noch die Vorteile des anderen und ignoriert völlig, dass diese oft durch Entbehrungen und Leistungen erworben worden sind, die er selbst nicht zu erbringen bereit ist. Unterdrückte Wut und notorische Unzufriedenheit werden zu lebensbestimmenden Emotionen und verdecken die Sicht auf die eigenen Chancen. Zu erkennen sind die Neider bestens an der für sie typischen verbitterten, unzufriedenen und frustrierten Kackfressenvisage! Alles kann geneidet werden: Geld, Statussymbole, Schönheit, sogar eine rein zufällige glückliche Fügung.

Diese Neidgegenstände sind aber nur die Spitze des Eisberges. Ein neidischer Mensch missgönnt dem anderen immer die vermeintliche Befriedigung, die jener aus seinem Besitz ziehen könnte. Wenn sich beispielsweise zwei Frauen mit dem gleichen Designerkleid bei einer Abendgesellschaft treffen, beneiden sie einander! Die eine stellt unter Umständen fest, dass die andere in ihrem Kleid besser aussieht, ihre Hüften darin schlanker und die Brüste praller wirken. Deshalb zieht die vermeintliche Nebenbuhlerin auch mehr Blicke auf sich und aus ihrer Garderobe einen größeren Mehrwert als sie selbst – so die Annahme der neidischen Dame. Aber auch die beiden Wirtschaftsmagnaten, die mit ihren Schwanzver-

> **Zwanghafter Neid verursacht einen Tunnelblick – und macht krank!**

längerungen namens Auto wie die Gestörten mit 350 Sachen über den Highway brettern oder beim Flanieren ihre am Handgelenk mit schwarzgefärbten Brillanten besetzten Rolexbrecher zur Schau stellen, sind von Neid getrieben. In dieser Kategorie der Gesellschaft ist der Wettbewerb oftmals zwingend erforderlich. Erfolg wird durch Statussymbole markiert, an »Mut« (Leichtsinn) gekoppelt und am Neid der anderen gemessen. Der entstehende Neid bei einer Niederlage oder im Vergleich mit anderen wird oft mit einer mächtigen Dosis von »Was-auch-immer« weggeballert.

Der Neid bezieht sich in Wirklichkeit immer auf psychische und innere Zustände, die man dem anderen zuschreibt. Selbst wenn wir wie Dagobert Duck alle im Geldspeicher schwimmen und wie bei Bussi-Bär im Schlaraffenland die Lollis von den Bäumen pflücken könnten, wäre der Neid nicht aus der Welt.

Neidische Menschen erzählen oft Storys, aus denen hervorgeht, dass sie ihre Träume nicht verwirklicht haben. Häufig haben sie ihren gewünschten Beruf nicht wählen können und müssen sich nun dort krampfhaft behaupten, wo sie ihre wahren Stärken und Talente nicht ausleben können. Auch die Erziehung spielt dabei, zumindest teilweise, eine Rolle, wenn beispielsweise elterliche Liebe an bestimmte Leistungsanforderungen geknüpft ist oder ein Kind womöglich in einen vorgefertigten Lebensentwurf gedrängt wird. Es muss dann sein Selbstbild aus Vergleichen mit anderen zusammenbasteln, in denen es nur schlechter abschneiden kann, weil es immer einen besseren gibt. Es lebt sozusagen mit einem »falschen Selbst« und erlebt selten ein Gefühl der Zufriedenheit. Damit ist die Basis für starke Neidgefühle gelegt, die stetig neu genährt werden. Für Neider ist entscheidend, dass man Neid nicht verleugnet. Als Neider muss du deinen Neid als ein Signal begreifen und deine persönlichen Ziele und Ideale besser auf deine Möglichkeiten abstimmen. Gelingt das, lässt sich feindseliger und schädigender Neid in realistischen Ehrgeiz und echte Strebsamkeit verwandeln.

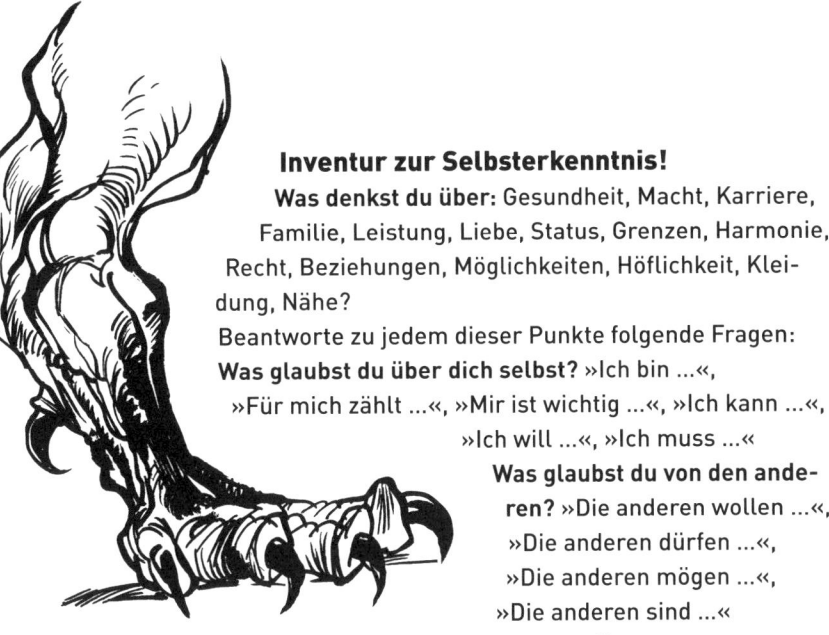

Inventur zur Selbsterkenntnis!
Was denkst du über: Gesundheit, Macht, Karriere, Familie, Leistung, Liebe, Status, Grenzen, Harmonie, Recht, Beziehungen, Möglichkeiten, Höflichkeit, Kleidung, Nähe?
Beantworte zu jedem dieser Punkte folgende Fragen:
Was glaubst du über dich selbst? »Ich bin ...«,
»Für mich zählt ...«, »Mir ist wichtig ...«, »Ich kann ...«,
»Ich will ...«, »Ich muss ...«
Was glaubst du von den anderen? »Die anderen wollen ...«,
»Die anderen dürfen ...«,
»Die anderen mögen ...«,
»Die anderen sind ...«
Schreib es auf!

Hass

Die Definition von »Hass« im Duden: »intensives Gefühl der Abneigung und Feindseligkeit gegen Einzelpersonen oder soziale Gruppen (Völker, Minderheiten u. ä.), oft als Gegensatz zur Liebe verstanden. Hass kann sich bis zum Vernichtungswillen (tödlicher Hass) steigern, wobei Motive und Eigenheiten des Gehassten, beziehungsweise der gehassten Gruppe, nicht mehr wahrgenommen werden (blinder Hass).«

Hass verbreitet sich virusartig! Kaum einer gesteht ihn sich ein und analysiert ernsthaft, wie oder wo er sich gerade mit ihm infiziert hat. Sobald unser Organismus schwächelt, wenn es uns physisch/psychisch schlecht geht, bricht der Hass aus. Das erinnert mich ein wenig an Herpes. Die Symptome sind ähnlich vielfältig. Der Hass ist jedoch schlimmer als eine ungeliebte Schleimhaut-Erkrankung.

Wo der Hass eigentlich herkommt, weiß in den meisten Fällen

nicht einmal derjenige, auf den er sich richtet. Der Hass hat definitiv zwei Seiten. Derjenige, der Hass empfindet und schürt, hasst in der Regel auch sich selbst. Je brutaler man hasst, desto größer ist die Abneigung gegen die eigene Person. Da draußen laufen Millionen von uns herum, die einfach nicht schnallen, dass ihr eigentliches Problem als Ursache des Hassempfindens nicht ihr Gegenüber oder irgendein soziales Unrecht ist, sondern die eigene Prägung und ihr verkümmertes Selbstwertgefühl. Das ist hart und eine wichtige Erkenntnis.

Wer andere hasst, hasst in der Regel auch sich selbst.

Manche von uns glauben, dass ihre Chance auf ein erfülltes Leben einzig und allein durch die externen Faktoren eingeschränkt ist. Sie machen ihren Arbeitgeber, die Politik, das hohe Verkehrsaufkommen vor ihrer Hütte, die Punks, die Gewerkschaften, die Glaubensrichtungen oder den Bäcker ums Eck zum Buhmann. Die Liste könnte ich noch beliebig verlängern. Homo Victimus! Opferkind! Eigentlich sind alle anderen schuld, nur nicht die eigene Willensschwäche und Unfähigkeit. Grundsätzlich klagen wir erst einmal andere an, anstatt die Ursache in unserer eigenen Bitterkeit und Wut zu suchen. Nicht zu unterschätzen ist die »Ware« Hass! »Hate sells«, Hass, genauso wie der Neid und die Angst, verkaufen sich als Produkt bestens.

Direkt vor deiner Nase lässt sich gutes Geld mit dem Hass verdienen. Die Industrie und ihre angeschlossenen Medienorgane sind so perfekt darin, dir das zu liefern, was du willst. Wir mutieren zu hirnlosen Zombies. Du zappst durch deine 200 Fernsehsender, surfst im Internet, blätterst in Magazinen, immer auf der Suche nach dem nächsten gestellten »Paparazzi-Foto«, nach »In-und-Out-Listen«, den neuesten Trends, nach denen, die du liebst, und denen, die Einzug in deine Hasslisten erhalten. Wir alle unterliegen den zuckersüßen Versuchungen der Unterhaltungsindustrie und der Presse. Wir übernehmen deren Meinung und plappern ihre – als Information getarnte Propaganda – nach. Und wir brauchen Feindbilder. Sonst würden wir uns ja nicht wohlfühlen, oder?

Viele Subkulturen definieren sich stark über ihre Feindbilder und Vorurteile. Egal in welcher Szene, es herrschen gemeinsame, negative Vorstellungen über andere Personen, soziale Gruppen, Weltanschauungen, Religionen, Völker und Nationen, die nicht mit den Anschauungen der jeweiligen Szene übereinstimmen. Ihre angeschlossenen Organe transportieren dann oft genau diese Botschaften und legen damit ihre Feuer. Es gab zwar schon immer gegenkulturelle Revolutionen, die nicht vom Hass getrieben waren, aber die Industrie hat es immer wieder verstanden, diese zu vereinnahmen, zu kommerzialisieren und auszubeuten (Tattoo, Punk ...). Jede Revolution, jedes Aufbegehren machte sich irgendwann still und leise davon. Die Träume, dem Massenmarkt zu entfliehen, sind fast ausgeträumt. (Aber nur fast – ein kleiner Heavy Metal Coach leistet erbittert Widerstand!). Das Big Business hat wieder einmal gewonnen. Wir werden faul und passiv und verlieren unseren Urtrieb, nach etwas zu suchen, das wirklich wichtig ist. Wir werden geistlose, denkfaule, konsumierende Affen, die schon jetzt das Kommerz-Klistier bis zum Anschlag im Arsch stecken haben. Die andauernde Manipulation und unermüdliche multimediale Hirnwäsche treibt wiederum unermüdlich die Wurzeln des Hasses hervor. Dieser Hass kann tödlich sein!

Versuche es statt mit Hass doch lieber mal mit Vergebung! Oder schenke den Unwissenden dein Mitleid. Das gibt's umsonst, wie du inzwischen weißt. Vielleicht hat es auch der Gehasste selbst in seinem Leben nie anders gelernt? Mein einstiger Hass auf Therapeuten trieb mich zu Höchstleistungen an!

Zunächst ließ ich mir den Schriftzug »FREI« knallrot in meinen linken Innenarm stechen. Das musste jetzt einfach sein. Die ganze Streiterei und Ignoranz der Therapeuten hatte mich durchaus aus der Reserve gelockt und damit meine Lebensgeister erst recht zu neuem Leben erweckt. Diese hohlen Provokationen drängten mich so stark mit dem Rücken an die Wand, dass mir

gar nichts anderes übrig blieb, als eine Offensive zu starten: Angriff als die beste Verteidigungsstrategie in der Schlacht um mein Leben. Ich hasste die Therapeuten und sie hassten mich.

Aus heutiger Sicht kann ich, zugegebenermaßen, nur sagen: Die Jungs und Mädels hatten es damals nicht leicht mit mir und meinem Wesen. Auch nicht damit, mich zu verstehen, geschweige denn mich irgendwie zu therapieren. Sicherlich war ich auch nicht unbedingt der Lieblingspatient des klassisch ambitionierten Psychonauten. Ich selbst wäre, bei meiner heutigen Erfahrung und meinem aktuellem Wissensstand als Persönlichkeitstrainer und Mensch, bei einem Patienten wie mir ebenfalls an meine eigenen Grenzen gelangt.

Nichtsdestotrotz: Statt den Rückzug in die Defensive anzutreten, den Weg des geringsten Widerstandes zu gehen und mir den Stempel »nicht therapierbar« – unbegründet! – aufzudrücken, hätte ich mir zum damaligen Zeitpunkt glaubwürdige, klare Ansagen und Arschtritte von mutigen und starken Menschen gewünscht!

Wir haben es mit einmaligen Lebewesen zu tun! Gerade in der Arbeit mit Menschen dieses sensiblen Klientels muss sich jeder Einzelne über seine immense Verantwortung zu 100 Prozent im Klaren sein. Ansonsten empfehle ich dringend, den Job konsequenterweise an den Nagel zu hängen und für drei Jahre lang Estrich zu schaufeln. Das schafft Klarheit in der Birne!

Wieder einmal in meinem Leben wurde mir klar, dass ich mir in allerletzter Instanz nur selbst helfen kann. Das Einnehmen der Opferrolle und das Hassen bringen mich nicht wirklich weiter. Auch nicht, die Schuld für das eigene Versagen den anderen zuzuschreiben.

Meine Erkenntnis, dass wir nur für uns selbst und unsere Taten verantwortlich sind, bestätigte sich ein weiteres Mal. Ich musste neue Wege aus dieser Misere finden. Wege, die mich aus der Depression endgültig herauskatapultieren sollten. Weiter lernen – Planung und Strategie. Jetzt wurde es Zeit, Nägel mit Köpfen zu machen und die Verantwortung für mein Leben selbst zu übernehmen. Schluss mit lustig!

Herauskatapultieren war das Schlagwort. Aus dem starren Blick nach vorne auf die unüberwindliche Sackgasse wurde jetzt der Blick nach oben. Zurück war ausgeschlossen. Ich benötigte also ein Katapult, ein Trampolin oder zumindest eine Leiter oder Flügel. Mit diesen neuen Überzeugungen nahm ich meine alte Tätigkeit als Mechaniker wieder auf und ging arbeiten. Noch immer war Kurzarbeit angesagt, was ich aber zu diesem Zeitpunkt als recht angenehm empfand. Ich versuchte, mich selbst weniger unter Druck zu setzen, und ging wieder aktiv auf meine Mitmenschen zu. Irgendwann begriff ich, dass ich die Welt nicht retten konnte. Das schaffte niemand. Ich musste mich selbst retten, sonst sperrten die mich weg. Ich würde vollends kaputtgehen, überschnappen, innerlich verbrennen, resignieren oder verrecken. Das käme Feigheit vor dem Feinde gleich! Diese Blöße wollte ich mir vor den Ärzten, meinen Angehörigen und vor allem mir selbst gegenüber nicht mehr länger geben müssen. Es reichte definitiv!

Mit dem Entschluss, aktiv zu werden, ließ auch allmählich meine Depression nach und ich fühlte mich zusehends besser. Ich begann, meine Energien positiv und konstruktiv, nicht selbstzerstörerisch und destruktiv einzusetzen. Ich fühlte mich wie ein Phönix, der aus der Asche neu geboren wurde. Ich stand zu mir und meiner Einzigartigkeit und begann diese zu leben. Ich baute Filter, damit nicht die ganze Scheiße der Welt gnadenlos zu mir durchdringen konnte. Ich entschied ja auch selbst, welche Nahrung ich zu mir nahm und als Energielieferant in meinen Körper hineinlassen wollte. So handhabe ich es auch mit meinen Gedanken. Ich fragte mich: Geht mich das was an? Will ich mich damit jetzt beschäftigen? Ich begriff, dass ich derjenige war, der darüber entschied, was ich in mein Hirn rein ließ und was nicht. Ich wollte dennoch nichts verdrängen und auch nicht vor unangenehmen Themen weglaufen. Das entsprach nicht meinem inneren Wesen, dem aufrichtigen, rebellischen Krieger. Auseinandersetzung, Konfrontation und aktives Tun und Wirken waren angesagt. Ich war aus der Ohnmacht erwacht, trat mir in den Arsch und legte los! ■

Kill your Idols!

In den letzten Kapiteln haben wir festgestellt, wie stark du von deiner Außenwelt beeinflusst wirst. Meist argumentieren Personen und Institutionen mit dem Vorwand, für dich zu sorgen, damit dir nichts Schlimmes geschieht. Damit du dich sicher fühlst. Oder auch damit, dass es deinen Kindern mal besser gehen soll als dir selbst. Aber was soll dir denn passieren, wenn du auf dich selbst und dein Seelenheil acht gibst? Was soll dir denn passieren, wenn du mit dir selbst im Reinen bist? Was ist das Schlimmste, das passieren kann, wenn du die Leasingraten für dein Auto nicht mehr bezahlen kannst, wenn dein Chef dir kündigt? Du wirst dennoch weiterleben. So einfach ist das mit dem Sterben nicht, glaub mir!

Welche Eigenschaften haben die Vorbilder, an denen du dein Leben und Handeln ausrichtest? Wer sind deine Idole? Wen betest du an? Was sind das für Typen, welche Show ziehen sie ab? Sind es die Reichen und Mächtigen, deren materieller Wohlstand, deren Villen, deren Juwelen usw.? Deren Luxus, welcher meist durch die Ausbeutung, Missionierung und Zerstörung ganzer Kulturen, durch Unterdrückung in einer Welt der Bereicherung und Kriege zustande kam? Kurz und knapp: Dreck schwimmt immer oben und an jeder weißen Weste klebt auch ein wenig Blut! Vor wem hast du Respekt? Vor deinem Chef, der Politik, deinem Mann, deiner Frau, dem Papst, Al Bundy, Barack Obama, Homer Simpson oder Uli Hoeneß? Vor welchen Mächtigen? Womöglich betest du deine Unterdrücker noch an? Sind das vielleicht sogar solche Typen, die dich lächelnd anlügen, bescheißen, manipulieren, blenden? Die Kirche mit ihrem Dogma? Die Politiker, deren Versprechungen nur bis zur nächsten Wahlperiode reichen?

Betest du womöglich deine Unterdrücker an?

Respekt, mein lieber Herr Gesangverein! Schutzgelderpressung, Korruption, Kreuzzüge, öffentliche Besäufnisse und knüppeldicke Drogeneskapaden, Gewalt und Lügen. So etwas darf dein Idol?

135

Sieht so aus, oder? Dich stecken sie bei derartigen Vergehen ein Leben lang ins Loch. Selbst wenn du den Knast gesund überleben solltest, wirst du resozialisiert nach Haftentlassung höchstwahrscheinlich deines Lebens nicht mehr froh. »Wer einmal aus dem Blechnapf frisst«, sagt man.

Wer sind deine Vorbilder?

Denk mal scharf nach und schreib die Eigenschaften auf, die dir bei anderen Menschen positiv auffallen. Eigenschaften von Menschen, die dir imponieren. Eigenschaften, die nachahmenswert sind. Zum Beispiel die Selbstlosigkeit von Mutter Teresa, die Gewitztheit deines Vaters, der Intellekt deiner Tante, das Aussehen von Action-Arni usw. ... Mach's!

Es gibt keine Autorität, der ich allein wegen ihrer gesellschaftlichen Position Respekt entgegenbringen würde. Denn diese Form von Respekt hat immer auch damit zu tun, deinem Gegenüber Ehrerweisungen entgegenzubringen und einen Bückling zu machen. Lieber stehend sterben als kniend leben! Anstelle des Wortes »Respekt« benutze ich vorzugsweise lieber den Begriff Wertschätzung, um eine Form des Respekts zu bezeichnen, bei der wir uns stattdessen auf gleicher Augenhöhe begegnen. Nicht von oben nach unten. Die Wertschätzung für das Leben fängt meiner Ansicht nach schon bei der geringsten Kreatur an. Menschen, die du aus dem Herzen heraus wertschätzt, haben meist ganz besondere Eigenschaften, die es nachzuahmen gilt, Eigenschaften, die dir Orientierung geben.

Sie haben echten Vorbildcharakter. Solche Menschen sind Leitbilder! Eines meiner Leitbilder heißt: Jesus*!

Warum Jesus so cool für mich ist, das sag ich dir jetzt:

★ Jesus hatte keine Angst.
★ Jesus betrachtete sich nicht als Sünder oder als Loser.
★ Jesus hat bis zum Ende bedingungslos Verantwortung für sich selbst übernommen.
★ Jesus hat sich nicht in die Angelegenheiten anderer eingemischt.
★ Jesus hat sein Heil nicht in der Außenwelt, sondern im Inneren gesucht.
★ Jesus hat das Leben radikal einfach dargestellt.
★ Jesus hat sich nicht nur auf die Ratio, Analyse und Erklärbarkeit verlassen.
★ Jesus hat absolut eigenständig und logisch gedacht.
★ Jesus hat in Zusammenhängen gedacht.
★ Der Typ war einfach nur verdammt geradeheraus und mutig!

Seine Message der bedingungslosen Liebe machte vielen Menschen Angst. Jesus galt als gefährlich, volksverhetzend und aufrührerisch. Die Reichen und Mächtigen mit ihrem erstunkenen und erlogenen Führungsanspruch fühlten sich angepisst und ertappt. Jesus ist mutig und ohne mit der Wimper zu zucken den echten Heldentod gestorben. Sein Leben, das war weiß Gott erfüllt bis zur Oberkante der Unterlippe und darüber hinaus. Er hat so manchem unwissenden Drecksack den Spiegel vorgehalten. Deswegen haben sie ihn zum Schweigen gebracht und gekillt. Er hat ihnen dennoch vergeben. Er brachte die Gnade! Und den Trost! Das Beispiel Jesus zeigt uns auch heute noch, 2000 Jahre später, wie schwer Veränderung im Denken und Handeln wirklich ist. By the way: Sagt dir in Bezug auf Irrtum, Ignoranz, Intoleranz, Neid, Hass und

---

* Ich vertrete hier keine Ideologie und keinen kirchlichen Dogmatismus. Ich bin kein abgefuckter »Sekten-Heini«! Ich bin ein Mensch, der über seine subjektive Wahrheit schreibt.

Dummheit der Spruch »Gnade vor Recht ergehen lassen« vielleicht irgendwas?

Armer Sünder

Wenn wir schon bei Kirche, Papst, Jesus und Bibel angekommen sind, dann lass uns auch über die Sünde reden. Die Sünde entsteht zunächst wieder aus dem Einteilen in Gut und Böse und dem Fällen entsprechender Urteile. Genauso wie die Angst macht sie dich machtlos. Man erklärt dir, du seist ein Sünder, und schon hast du ein schlechtes Gewissen. Menschen mit schlechtem Gewissen sind manipulierbar und kontrollierbar! Der Trick dabei ist, dass man dich mit deinem schlechten Gewissen nicht allein lässt! Man ist ja kein Schwein. Ganz uneigennützig und edelmütig führt man den armen Sünder heraus aus dem schlechten Gefühl zu seiner Erlösung und seinem Seelenheil. Schau mal in der Geschichte der Kirche nach! Ora et labora! Bete und arbeite! Du brauchst nur dies oder jenes zu tun und Ablass zu bezahlen, und siehe da, ein Wunder: Deine Sünden werden dir vergeben. Du bezahlst für ein »Amen«! Fear sells! Das Thema mit dem Glaubenszwang war schon immer ein Fass ohne Boden.

Die Sünde ist eine Erfindung der Menschen!

Die Sünde dient dem Zweck, die Mitmenschen zu beherrschen. Lass dir von niemanden einreden, dass du ein Sünder bist. Frag dich lieber, welche Beweggründe es geben könnte, aus dir einen unfreien und führbaren Menschen zu machen.

Frag dich weiter ernsthaft, wie die Sünde in eine Weltanschauung der christlichen Liebe hineinpasst? Das tut sie nämlich nicht! Bedingungslose Liebe und Sünde (Richten, Urteilen) schließen sich bereits vom Grundsatz her gegenseitig aus! Hier treffen die Bibelsprüche »Liebe deinen Nächsten wie dich selbst!« und »Richtet nicht, auf dass ihr nicht gerichtet werdet!« knallhart zu!

Galaktischer Revoluzzer

Bereits im Prolog musste ich dich in Bezug auf deine Frage nach dem Patentrezept für erfolgreiche Lebensbewältigung enttäuschen. Wenn wir jetzt auch noch ein wenig über den Tellerrand deines Bewusstseins hinausblicken, wirst du mich noch besser verstehen.

Mach dir bewusst, dass sich in den unendlichen Weiten des Universums eines unter unzählbaren Milliarden von Staubkrümeln herumtreibt, dessen Bewohner ihm den Namen Erde gegeben haben. In diesem zunächst chaotisch erscheinenden, aber absolut vollkommen funktionierenden und harmonisch angelegten Kosmos entsteht, in einer mit Aminosäuren gefüllter Dreckslache und etwas elektrischer Energie, rein zufällig Leben. Hammer, oder? Hierbei wurde Materie durch elektrische Energie zum Leben erweckt. Frankenstein lässt grüßen!

Energie ist der Antrieb von allem! Ich nenne diese Energie im weiteren Text jetzt mal Geist. Mit unserem beschränkten Gehirn können wir das »Große Ganze« begrifflich sowieso nicht wirklich fassen. Auch nicht nach diesem Leseereignis! Die Frage nach dem Geist, Mysterium, Spirit oder vielleicht sogar nach Gott, wie auch immer du ihn nennen magst, ist und bleibt ein bisher ungeklärtes Rätsel. Viele Menschen verleugnen diesen Geist, weil sie ihn wissenschaftlich nicht zu hundert Prozent erklären und greifen können. Der Mensch, der sich selbst gerne als Krönung der Schöpfung bezeichnet, meint jedoch spätestens seit 300 Jahren, dass absolut alles erklärbar und somit auch vorhersehbar und berechenbar sein müsse! Der Naturwissenschaftler und Physiker Isaac Newton zum Beispiel berechnete damals, ganz einfach gesagt, die Materie. Unter einem Apfelbaum sitzend wunderte er sich über die Fallgeschwindigkeit, Fallrichtung usw. der Äpfel. Er begann damit, eigenständig zu hinterfragen. Er forschte – er erkannte! Ihm folgten viele weitere, die auch Wege fanden, die Erkenntnisse der Wissenschaft praktisch nutzbar zu machen. Eine Revolution entstand! Die industrielle Revolution! Die industrielle Revolution veränderte unser Weltbild gnadenlos. Die Zusammenhänge der Welt wurden erklärbar, vorhersehbar und berechenbar. Unter anderem wurde auch der Blitzableiter erfunden. Energie (Geist) wird dadurch beherrscht. Die Menschen brauchen seither keine Angst mehr vor bösen Göttern (Zeus, Donar u. a.) zu haben. Blitze sind jetzt ja erklärbar. Wir fühlen uns sicher.

Der Mensch verleugnet alles, was er nicht wissenschaftlich erklären kann.

Unvorstellbar!

Ist dir klar, dass es da draußen im Universum mehr Sterne und Planeten gibt als Sandkörner an allen Stränden dieser Erde zusammen? Allein in unserer Galaxie, Milchstraße genannt, sind dies etwa 2 000 000 000 solcher Brocken (2 Milliarden)! Neben unserer Milchstraße existieren noch mehrere Milliarden solcher Galaxien! Jede dieser Galaxien ist wie unsere »milky way« mit Milliarden Planeten bestückt. Unvorstellbar – aber mach dir das klar!

Damit nicht genug! Die Erde existiert seit annähernd 3,7 Milliarden Jahren! Komplexes Leben gibt es seit ungefähr 600 Millionen

Jahren auf diesem Planeten. Wenn wir diesen Zeitraum mit einer Strecke von 600 Metern Länge (1,5 Runden im Stadion) grafisch darstellen, dann entspricht ein Meter (Schreibtischbreite) einer Million Jahren. Seit drei Metern gibt es den Menschen. Vor zwei Millimetern wurde Jesus geboren. Auf dieser Strecke ist dein ganzes Leben etwa 0,08 Millimeter lang! Das heißt, dass dein Leben auf dieser Zeitlinie nicht einmal einer Haaresbreite, von 0,1 mm, entspricht! Unvorstellbar! Grandios! Was denken wir eigentlich, wer wir sind?

By the way: Ich bin echt gespannt, wie lange wir noch mit diesem Geist versorgt werden, d. h. wie lange es noch dauern wird, bis man uns den Stecker zieht. Uns die Energie abschaltet und den Hahn abdreht. Kein Geist – keine Energie – kein Leben! Sehr vage, ich weiß, aber lass uns diesen Gedanken ruhig mal weiterspinnen. Wir sollten anfangen, auf die eigenen Stromquellen zurückzugreifen, und Licht machen! Damit meine ich, nicht nur zu nehmen (verbrauchen), sondern auch (gute!) Energien zu senden (generieren).

Sicher?

Kann es sein, dass wir uns einbilden, das ultimative Recht auf Sicherheit exklusiv für uns gepachtet zu haben? Sind wir, angefixt durch die scheinbare Erklärbarkeit der Welt, süchtig nach Sicherheit geworden? Klar! In diesen drei Haaresbreiten der Geschichte haben wir das Vertrauen und den Glauben in den natürlichen Geist verloren! Voller Hochmut bilden wir uns ein, die Herren und Lenker der seit Urzeiten bestehenden Schöpfung zu sein. Diese himmelschreiende Arroganz und den völligen Verlust der Hochachtung gegenüber der Natur, auch Demut genannt, gab es nie zuvor in der Geschichte unseres Planeten.

Wir sind nicht die Krone der Schöpfung. Nein, wir sind ein stinkendes, vor sich dahinvegetierendes Geschwür am Arsch der Schöpfung, das sich explosionsartig ausbreitet und mit aller Gewalt überleben will. Koste es, was es wolle! Lies dir zur Verdeutlichung gerne nochmal das Thema Sucht im ersten Kapitel oder im »Cool down« im hinteren Abschnitt dieses Buches durch! Wir hängen so stark an unserem erbärmlichen Leben, dass wir als menschliche Suchtbolzen zu ausnahmslos *allem* bereit sind! »Junior at his best!« Diese in uns allen steckende Todesangst versuchen wir durch das äußerst fragile Gefühl der Sicherheit auszuhebeln. Aber: Durch die Erkenntnisse der modernen Chaosforschung und durch die Beobachtung der vielschichtigen Zusammenhänge des Lebens nahm man uns diese Sicherheit wieder! Nichts ist vorhersehbar, wir leben auf eigene Gefahr. Volles Risiko. No risk – no fun! Seit der Chaostheorie hat der Mensch erst recht ein Gefühl der Angst entwickelt. Sie ist da, die Angst. Verlustangst, Existenzangst, Zukunftsangst usw. Wir sind verängstigte, maßlos verunsicherte kleine Kinder, die sich in Wirklichkeit allein schon durch das Aussprechen des Wortes »unerklärbar« aus Angst in die Hosen scheißen! Ohne die Droge Sicherheit sind wir zu allem bereit! Schau in die Geschichte!

Wie sicher fühlst du dich?

Was wäre wenn: Du krank wirst? Dir die Kohle ausgeht? Dich deine Frau / dein Mann verlässt? Eine Naturkatastrophe ausbricht? Du nichts zum Essen hast? Du verfolgt wirst? Die Wirtschaft mal wieder zusammenbricht? Ein Krieg entsteht? Du weißt, dass du in einem Monat »den Löffel abgeben« musst? ... Unrealistische Fantastereien? Denk mal scharf darüber nach und schreib auf, was dir echte Sicherheit verschafft? Wo und bei wem du diese Sicherheit, die du dir nicht kaufen kannst, findest!

Obwohl wir Menschen meinen, dass alles vorhersehbar und berechenbar sein müsse, widerspricht dies der unermesslichen Komplexität der Ursache-Wirkung-Beziehungen, der Aktionen und Reaktionen! Selbst wenn wir uns bei voller Überzeugung einbilden, auf alles und jedes einen direkten Einfluss zu haben, wird es immer wieder Faktoren geben, die unseren eingebildeten und ach so intelligenten komplexen Denkstrukturen entgegenstehen. Denk an den Abschnitt zum Thema Kontrollverlust im ersten Kapitel dieses Buches!

Sokrates hat auf seiner Suche nach Erklärbarkeit der Welt einst behauptet:»Ich weiß, dass ich nichts weiß.« Innere Demut und tiefe Ehrfurcht vor dem Wunder der Schöpfung können nicht schaden!

Blankgezogen!

Nimm zur Unterstützung und weiterer Bewusstwerdung nochmal das Special »Die 13 Säulen des Wahnsinns« zur Hand. In den verschiedenen Lebensbereichen verhalten wir uns anders, als wenn wir ganz alleine sind. Im sozialen Miteinander haben wir für alles und jeden unsere Masken parat, setzen verschiedene Hüte auf, spielen wir unsere Rollen. In der Kneipe mit deinen Kumpels bist du meist ein anderer Kerl als im Umgang mit deinen Kindern oder als in der Rolle des Chefs in deinem Unternehmen.

Schreib dir auf leeren Blättern / Karten jeweils eine Rolle, eine Tätigkeit oder auch eine Gesichtswindel auf, die dich ausmacht. Diese Rollen, die du in deinem Spiel des Lebens einnimmst, sind zum Beispiel die des Vaters / der Mutter, des Vereinsvorsitzenden, Liebhabers, Angestellten, Freundes, Kirchgängers, Besserwissers, Lebenskünstlers, Partners, Freundes, Kindes, Chefs, Wirtschaftsmagnaten, Lehrers, Helfers, Schülers, der Sportskanone, des Charmeurs, des Headbangers usw.

Lege nun diese Blätter / Karten vor dir aus und bring sie in eine Reihenfolge. Oben liegt nun die wichtigste und unten die am wenigsten wichtige Rolle.

Löse dich nun von der letzten, unteren Karte. Schmeiß sie auf den Müll!

Was wird sich ohne diese Rolle in deinem Leben verändern? Was sind die Konsequenzen daraus, wenn diese Rolle wegfällt? Welche Gedanken, Emotionen kommen in dir auf? Welche Möglichkeiten, Preise und Gewinne ergeben sich daraus? Wie verändern sich die anderen Rollen dadurch? Wer bist du ohne diese Rolle?

Das machst du so lange, bis nur noch drei Karten übrig sind!

Jetzt kommt der Part für die Eisenharten: Wenn du dann noch Bock darauf hast, machst du weiter, bis keine Karte mehr übrig ist. Wer bist du dann? Was macht deine Identität jetzt noch aus? Wer bist du jenseits deiner Rollen? Was ist der tragende Kern deines Selbst? Was erfüllt dich dann zutiefst mit Sinn und Leben?

Viele Menschen fallen nach dem Verlust einer Rolle (Ruhestand, Scheidung, Todesfall, Kündigung), wenn also eine tragende Säule in ihrem Selbst- und Lebenskonzept wegfällt, in ein tiefes Loch. Viele verkraften den Verlust nicht, legen sich um oder sprengen sich gnadenlos weg. Entweder sie waren abhängig von dieser Rolle, sind zunächst handlungsunfähig, haben es nie anders gelernt, oder sie sind stets vor der Realität der Vergänglichkeit und des stetigen Wandels davongelaufen. Nichts ist für immer da! Ich rate dir dringend, mach diese Übung!

Alles eins

Im Kosmos herrscht keine Trennung, sondern Einheit! Eins ergibt das andere. Ursache – Wirkung; Aktion – Reaktion. Das ist keine Spielerei der Physiker, das ist für jeden Menschen tägliche Wahrheit. Stell dir vor, dass alles, was du tust, sich auf die ganze Welt auswirkt. Auf den ganzen Kosmos. Wirf mal einen Stein in einen Teich. Das ist die Ursache, die Aktion. Stell dir nun die »Re«-Aktion, die Auswirkungen an der Wasseroberfläche bildlich vor – wir lassen jetzt mal das verursachte Beben, das unterhalb der Wasseroberfläche Mikrouniversen zerstört, im Denken weg. Auf dem Wasser entstehen, durch deinen Steinwurf verursacht, sich nach außen bewegende, gleichförmige, kreisrunde Schwingungen, Wellen genannt. Die Wellen brechen sich irgendwo am Rand des Teiches wieder. Selbst wenn du die Bewegung des Wassers mit deinen Augen schon gar nicht mehr wahrnimmst. Und: Es fällt auch alles in irgendeiner Form wieder auf dich zurück! Nämlich dann, wenn dich die am Ufer aus dem Mittagsschlaf gerissene Stechmücke in deinen, mit zu viel Bratwurst und Weizenbier gefüllten und sonnenverbrannten, rot leuchtenden Kessel sticht. Selbst der Schwefelgehalt von deinem Angstfurz geht in die Atmosphäre – und fällt in Form von saurem Regen auf dich nieder.

Uns allen fehlt der nötige Durchblick. Wir sehen nur die Dinge, die wir sehen wollen, und lassen viele Faktoren außer Acht. Die Dinge an sich sind zwar vielleicht wirklich das, was sie sind, oder so, wie wir sie beschreiben, aber deren Wirkungsfeld ist oft viel größer, als wir es mit unseren begrenzten Sinnen erahnen können. Wir sehen nur Bruchstücke des großen Ganzen. Jeder Schritt, jeder Husten, jedes Lachen hinterlässt irgendwo unvorhersehbare und unberechenbare Auswirkungen. Unser Einblick in die Wahrheit ist so stark beschränkt, dass wir uns leicht völlig falsche Vorstellungen von der Welt und uns selbst machen. Du brauchst Beispiele? Magnetfelder, Bakterien, molekulare Ereignisse ... Solche versteckten Prozesse gehören auch zum universellen Ganzen. Es gibt zudem noch mächtig viele unentdeckte Phänomene, Rätsel und Zusammenhänge. Es bleibt spannend.

Die moderne Wissenschaft hat entdeckt, dass alles, was wir Menschen mit unseren popeligen fünf Sinnen als feste Materie wahrnehmen, in Wirklichkeit weitgehend aus leerem Raum besteht. Nichts ist, allem äußeren Anschein nach, wirklich fest. Jedes Atom, dessen Elektronen mit einem Affenzahn um den Atomkern wirbeln, gleicht einem unendlich winzigen Sonnensystem, das, wie auch das Universum im Ganzen, hauptsächlich aus leerem Raum besteht. Wie im Kleinen, so im Großen. Die »Leere« des Raumes innerhalb eines Atoms ist so unermesslich, dass wir den Atomkern mit einer Glasmurmel inmitten eines Sportstadions vergleichen können. Wobei die Elektronen, die noch kleiner sind als die Murmel, auf einer Umlaufbahn außerhalb der Tribünen kreisen. Und der Kern selbst stellt wiederum einen weiteren eigenen Kosmos aus Strings und Quarks dar! Wenn wir nur die Atom*kerne* eines Ozeandampfers als Masse zusammennehmen, entspricht deren Größe einer stumpfen Bleistiftspitze! Vieles können wir nur mit Apparaten und Messgeräten nachweisen. Vieles haben wir ent-

Alles, was du tust, kann sich auf die ganze Welt auswirken.

deckt. Vieles aber auch noch nicht. Vieles werden wir niemals entdecken.

Würden all die Informationen in Form von Sinneseindrücken ungefiltert auf uns einwirken, dann wäre »Burn-out« wohl das höchste Glück auf Erden. Glaube nicht, dass wir evolutionär schon so weit sind, dies alles zu verkraften. Wir sind ein Glied in einer Kette und nicht Master of the Universe. Wir sind in den gleichen Prozess verstrickt wie alles andere auch. Wir sind ein Bindeglied zwischen Tier und höherem Geist. Wir sollten deshalb für uns in Anspruch nehmen, unseren eigenen Geist zu kultivieren und zu verfeinern. Es gibt keine wirkliche Trennung zwischen Menschen und keine zwischen Mensch, Natur und Ereignissen, egal, wie groß die räumlichen und zeitlichen Entfernungen sein mögen.

Raum und Zeit sind im Kosmos relative Konstanten. Das wussten schon die alten Mystiker und heute auch die Physiker. Das Symbol für Einheit ist im Zen-Buddhismus wie auch bei vielen Naturvölkern der Kreis. Der Kreis schließt die Gegensätze mit ein. Dies bedeutet nicht »entweder-oder«, sondern »sowohl-als-auch«. Das heute verbreitete Denken könnte dagegen eher mit einer trennenden Linie, am besten noch mit zwei Spitzen an den Enden, symbolisch dargestellt werden. Eine Linie, die mit der Brutalität einer Autobahn den Einklang der Dinge zerstört. Diese Art der Trennung, nicht der Einheit, führt unweigerlich zum Kampf!

Wenn du jetzt einwenden willst, dass du ja kein Teebeutel schwingender Freak in exotischen Klamotten bist, der darauf wartet, dass ihn ein Ufo abholt, und auch mit fernöstlichem Denken nichts am Hut hast, dann lass dir zumindest gesagt sein, dass auch Jesus vor 2000 Jahren schon wusste, dass alles miteinander in Einklang ist. Das war zu einer Zeit, als die physikalischen Errungenschaften des einundzwanzigsten Jahrhunderts noch nicht zur Debatte standen. Die Formulierungen waren folgende: »Was ihr einem der Geringsten angetan habt, das habt ihr mir angetan« und »Ich und der Vater sind eins!«. Es ist also ein absoluter Blödsinn, zu glauben, dass die Idee der universellen Einheit allein im asiatischen Raum entstand. Sie steht auch am Anfang des Christentums.

Erklärbären

Von René Descartes stammt der Spruch: »Ich denke, also bin ich!«
Wir Neuzeitmenschen sind zu rationalen und berechnenden Erklärbären geworden, die gegenüber der Natur als Besserwisser
auftreten. Damit stellen wir uns brachial dem natürlichen Lauf
der Dinge in den Weg. Wir meinen, Einfluss auf alles und jeden
nehmen zu können, selbst auf Leben und Tod. Dabei übergehen
wir unser Innerstes, unser Unterbewusstsein. Wir suchen die Antworten nur noch im Außen! Wir zensieren unseren inneren Tempel und lassen ihn verrotten. In unserem Wahn vergessen wir, dass
dieser innere Tempel existiert. Ganz tief in uns drin. Wir entfernen
uns durch unsere Kopflastigkeit immer mehr von unserem eigenen
Selbst. Damit setzen wir uns schlichtweg über unsere eigene
Natur und, durch unser Denken und Handeln, über den
Geist des Universums hinweg. Ist das nicht traurig?

Du kannst so richtig scheiße drauf sein, dich
tierisch hängen lassen, übelsten Mist bauen und
dein Leben jahrelang dumpf, ziel- und planlos
vor dich hindümpeln. Auch kannst du mit dem
Vorschlaghammer losziehen, die miesesten Mas-
saker begehen und weltweite Kriege anzetteln.
Dein menschliches Denken und Handeln umfasst
jedoch ein weit größeres Spektrum an Möglichkeiten
als bloß den Versuch, dir die Welt untertan zu machen.
Falls du es noch nicht wusstest: Du hast jederzeit die freie
Wahl, dich höheren Regionen deines Bewusstseins zuzuwenden
und dich einer wirklich positiven Lebensaufgabe zu widmen. Du
hast die Möglichkeit, einigermaßen integriert zu leben und dich
mit einer zufriedenen Gelassenheit durch dein »Da«-sein zu schie-
ben. Du kannst dich auch dem »wahren Leben« zuwenden und
einen positiven Beitrag für dich und andere leisten. Du hast sogar
die Möglichkeit, dein Leben einfach so hinzunehmen, wie es nun
mal ist!

Wir sind zu rationalen und berechnenden Erklärbären geworden.

Alles Geist!

Ich bin davon überzeugt, dass alles »nur« Geist ist. In verschiedenen Aggregatzuständen. Mal fester, mal weniger und mal gar nicht fest. Wenn du dir das bewusst machst, gehst du achtsamer mit deinem Umfeld um. Denn das heißt, dass alles auf irgendeine Art mit allem in Verbindung steht. Das steht nicht im Widerspruch mit der Welt, wie du sie kennst – im Gegenteil, das macht »bewusst«. Denk mal drüber nach!

Du kannst selbst darüber bestimmen, mit welchem Ruhm du dich bekleckern und wie du dein Lebenskonzept, deine Mixtur, deine Zusammenstellung, dein Backrezept aus verschiedenen Werten verändern oder würzen willst. Du siehst also auch hier, dass dir niemand von außen ein Patentrezept für erfolgreiche Lebensbewältigung geben kann. Die Suche kann nur in deinem Inneren beginnen.

Tu, was du willst ...

Dieser Spruch hier ist eine meiner Lebensmaximen: *»Tu, was du willst, aber schade dadurch keinem anderen.«* Das finde ich klasse! Dir selbst solltest du natürlich auch nicht schaden!

Kernsanierung

Einstmals, in der Vergangenheit der Menschheit, haben wir unserem Unterbewusstsein noch vertraut. Wir konnten die Emotionen und Weisheiten in uns noch wahrnehmen und deuten. Diese unbeschreiblichen Wahrheiten nannten wir Götter. Heute haben wir keine Götter mehr, denen wir wirklich vertrauen. Wir haben verlernt, auf unseren eigenen Gott, unser Innerstes, unseren Geist zu hören. Wir kennen ihn nicht. Es ist höchste Zeit, dass du wieder damit beginnst, einen Zugang zu deiner eigenen Natur zu erhalten. Besinne dich auf deine Wurzeln und finde den Einklang mit der Natur. Einklang ist ein unabdingbares Naturgesetz. Mit oder ohne Mensch, die Natur wird überleben. Die Natur sorgt allein für sich. Uns schmeißt sie irgendwann hochkantig raus!

In unserer kranken Gesellschaft wird Tempelpflege und Seelenhygiene, also innere Gesundheit, trotz äußerer Sanierungsmaßnahmen so vernachlässigt, als ginge es um eine baufällige, unbewohnte, abgewrackte Ruine. Echte Kernsanierung kann nur von innen kommen. Unsere Gesellschaft hat sich in eine Sackgasse von Verschuldung (Schuld) und Krankheit, von Depression und Angst verrannt. Sie erwartet Problemlösung und Hilfe nur von außen. Sie kennt den Weg zum eigenen Tempel nicht mehr. Die äußeren Faktoren, vor allem die, welche den seelisch-geistigen Bereich beeinflussen, tragen zur Entstehung von Krankheiten bei. In den Zeiten deiner Neuorientierung und Veränderung können die inneren Mächte deines Unterbewusstseins wesentlich zur Überwindung von Krankheit bzw. zu bleibender Gesundheit beitragen. Umdenken ist angesagt!

Die Natur sorgt allein für sich – uns schmeisst sie irgendwann hochkantig raus!

Wenn du denkst, du denkst ...

»Wenn du so denkst, wie du immer gedacht hast, wirst du so handeln, wie du immer gehandelt hast. Wenn du so handelst, wie du immer gehandelt hast, wirst du das bewirken, was du immer bewirkt hast.« Dein Kopf sagt »Das kann ich sowieso nicht!«, »Was soll ich schon ändern?«, »Eigentlich geht's mir doch gut!«, oder »Was geht das eigentlich mich an?«. Was sagt dir jedoch dein Herz, dein Gefühl, dein Körper?

Ein Beispiel für Körperwahrnehmung: Wenn sich aufgrund eines inneren erregenden Bildes bei dir im Schritt etwas verändert – ist das dann eingebildet oder s(t)imuliert? Dein Körper reagiert auf deine Gedanken und weist dich auch auf alles hin, was nicht stimmig ist. Gefühlsblindheit macht krank. Wenn es dich dann umhaut, bist du ratlos und kannst dir nicht erklären, wie es dazu kommen konnte. Nimm also stattdessen deinen Körper, dein Herz, deine Gefühle bewusst wahr und verschaff dir Zugang zu dir selbst. Achte auf deine Gefühle! Sie sind ein Teil von dir. Sie wollen dir etwas sagen. Hör auf die Signale. Kümmer dich und such die Ursachen nicht im Außen. Gefühle haben immer mit dir selbst und deinem Inneren zu tun. Deine Emotionen sind die direkten Übersetzer deines Unterbewusstseins. Dein Körper ist die Hülle deiner Gedanken. Schon die alten Römer wussten: »mens sana in corpore sano« – »ein gesunder Geist in einem gesundem Körper«!

Unsere Hirnhälften arbeiten nicht mehr in ihrem natürlichen Einklang. Wir sind nicht in Balance. Unsere rationale, analytische linke Gehirnhälfte (Logik, Denken, Sprache) hat die Herrschaft über unsere emotionale, kreative rechte Hälfte (Fantasie, Gefühle) übernommen. Die linke Hälfte bewertet jedes Gefühl und jeden Gedanken. Sie teilt sie sofort in Gut und Böse ein und schränkt dich so in deiner natürlichen Entfaltung massiv ein. Denk daran, was ich am Anfang über das Urteilen geschrieben habe. Das Urteilen widerspricht dem obersten Naturgesetz: dem Ausgleich zwischen den Polen, der Balance in allem, Yin und Yang, Dualität, Polarität, Heaven and Hell, wie auch immer du es nennen magst. Wir alle haben unsere Mitte verloren – die Erde ist aus dem Gleichgewicht. Du bist aus deiner Mitte geraten. Doch aus der Mitte kommen die Power, die Kraft, die Macht und die Energie – wie bei der Sonne! Wie viel Kraft bringst du gerade auf?

Die Erkenntnisse der Gehirnforscher, Geisteswissenschaftler, Philosophen und Naturwissenschaftler sind gar nicht so leicht zu verdauen. Hammerhart, wozu wir rein theoretisch gehirntechnisch in der Lage wären. Auch Meditation, Nahtod- oder Rauscherfahrungen lassen nur ansatzweise erahnen, was da so alles möglich wäre. Persönliche Veränderung muss und kann also nur in unserem Denken und Handeln erfolgen. Äußerliche Veränderung lässt nur wenig Spielraum zu, da unser körperliches Erscheinungsbild stark von unseren Genen bestimmt wird. Sicherlich kannst du dich auch äußerlich komplett umbauen und verändern lassen, wenn dein Portemonnaie das hergibt. Das ist aber wirklich nicht das, was ich mit »Fire of Change« meine. Obwohl ... Hier eine kleine Geschichte zur Initialzündung manch einer Veränderung:

Ein Tattoo musste her. Jetzt wollte ich ein komplettes Rückenbild! In dem Motiv sollte eine Warnung an mich selbst enthalten sein: »Spreng dir nie wieder den Boden unter den eigenen Füßen weg!« Ich wollte Bilder auf meiner Haut abbilden, die meine trauernde Seele spiegelten. Bilder, die polarisierten. Bilder, die das Gute und Böse in mir wiedergaben. Ein Stigma. Ein Manifest des Lebens. Etwas Einzigartiges. Ein in die Haut geschriebenes Buch. Ein lebenslanger Spiegel. Anlässlich des Verlusts meines Vaters sollte etwas geschaffen werden, das nur mir allein gehörte, etwas, das mir niemand mehr wegnehmen konnte. Mein Körper gehört nur mir ganz allein. Ich darf und kann mit ihm machen, was auch immer ich will.

Ich setzte mit dem Tattoo ein äußeres Zeichen dafür, dass ich nichts mehr mit all dem scheinheiligen und hinterfotzigen Gehabe zu tun hatte. Trotz des Tattoos blieb ich jedoch ich selbst. Für mich war klar: Wer mich aufgrund meiner Tattoos verurteilte, konnte mich sowieso am Arsch lecken. Ich wollte nicht zu dieser oberflächlichen Menschheit dazugehören, die dir vorne ins Gesicht lacht und dich hinterrücks erdolcht, wenn es sein muss.

Erst im Nachhinein wurde mir klar, dass ich damals diesen äußerst schmerzhaften Prozess brauchte, um herauszufinden, wer ich war und was ich hier auf dieser Welt überhaupt tat. Vielleicht musste ich damals einfach nur spüren, dass ich überhaupt lebte? Ich hatte in meinem Leben schon mehrere gesellschaftliche Grenzen überschritten, und mit dem Tattoo exponierte ich mich noch mehr. Das Tätowieren selbst war für mich zeitweise ein heiliger Akt, der natürlich oft auch verdammt schmerzte. Gedanklich war ich dabei sehr oft bei meinem Vater. Die Trauer über seinen Tod habe ich lange nicht verarbeiten können. Es war für mich eine Selbsterfahrung, bei der ich erkannte, wie viel Schmerz ich aushalten konnte, und übte, mich selbst in extremen Situationen gedanklich, meditativ im Nirwana zu bewegen. Ohne Drogen.

Gleichzeitig begann ich, im Fitnessstudio zu trainieren, hielt Ernährungspläne ein und verspürte einen unwiderstehlichen Drang nach Leben – und Adrenalin. Mehr und mehr entdeckte ich auch mein Faible für laute, schnelle, spürbar aggressive Krachmusik wieder. »Harder – faster – louder« musste es sein. Schon lange war Schluss mit dem Oldie-Sender. Indie, Punk, Metal und vor allem gute, tiefsinnige, deutsche Rockmusik. Mit einigen dieser Bands verband mich eine tiefe Seelenverwandtschaft. Dieselbe Power, der gleiche Hass, gelebte Exzentrik, Wahrheit! Ohne auch nur einen Tropfen Alkohol lebte ich die ganze Welt der Extreme und ging überall dorthin, wo es wehtat: Punkkonzerte, Drecksaupartys und alle möglichen irren Feste waren meine neue, nüchterne Herausforderung. Dort, wo sich mancher nur mit fünf Promille im Turm hin traute, holte ich mir immer wieder die Bestätigung, dass es auch ohne Sprit im Kopf ging. Normal kann's jeder, sagte ich mir damals, und das *sage ich heute noch. Ich spürte diese Gier nach Leben! Ich war neu geboren, spürte mein Herz wieder schlagen, losgelöst, frei, glücklich. Deutlich spürte ich die Veränderung meiner Werte, Einstellungen und Glaubenssätze.* ■

Nur wer ein Ziel hat, kann auch ankommen!

Bei Master Exploder im zweiten Kapitel hast du drei Baustellen aufgeschrieben, die du ab sofort verändern wolltest! Hast du in der Zwischenzeit das Buch zur Seite gelegt, ist schon etwas Zeit vergangen? Wenn ja: Wie ist es dir bis jetzt damit ergangen? Wie sieht's aus mit deiner Selbstverpflichtung zur Veränderung? Welche Energien hast du bis jetzt mobilisiert? Falls du noch keine Ziele für dich entwickelt hast, mach dir klar, dass du sie nicht mit Gewalt erzwingen kannst. Du kannst sie aber in diesem Prozess der Selbstklärung entdecken, verstärken, verwerfen und wieder neu entfalten. Deine Ziele können sich entwickeln, indem du dich mit deiner momentanen Situation ehrlich auseinandersetzt. Wenn du dir deine Träume, Wünsche und Sehnsüchte bewusst machst. Oder wenn du dir klarmachst, in welchen Situationen du deine Tiefpunkte hattest, und in welchen Lebenslagen du zur Höchstform aufgelaufen bist. Ziele ermöglichen es dir, für dich selbst verantwortlich zu sein. Ohne eine schriftliche Zielformulierung hast du keinen bindenden roten Faden, an den du dich halten kannst. Du hast dann keine Möglichkeit zur Erfolgskontrolle. Bei Abweichungen kannst du nicht korrigierend einwirken. Gute Ziele sind jene, bei denen du Glück und Zufriedenheit verspürst. Ziele, die positive und konstruktive Energien in dir wecken. Ziele, bei denen du schon dann, wenn du nur daran denkst, mächtig Spaß in den Backen verspürst. Beantworte für dich selbst die folgenden Fragen, um deine Ziele zu finden:

★ Was sind deine Herzenswünsche, die du dir noch erfüllen willst, bevor du abtrittst?

★ Was würdest du dir vornehmen, wenn Geld und Zeit keine Rolle spielen würden?

★ Was würde dir sehr fehlen, wenn du es nicht mehr tun könntest?

★ Was sind die Dinge, die dir richtig Spaß machen?

★ Wovon hast du schon als Kind geträumt?

»Ein Weg entsteht erst dann, wenn man ihn geht« oder »Jede Reise beginnt mit dem ersten Schritt«. Denk nach, spür in dich hinein und schreib deine Ziele auf. Mach's!

Gesichtswindeln

Du selbst bist der Drehbuchautor, Regisseur, Darsteller, Kameramann und auch Maskenbildner auf deiner eigenen Lebensbühne. Eine Maskerade kann sowohl als Schutz als auch als Symbol der Zugehörigkeit dienen. Ein Bandit verhüllt beispielsweise sein Gesicht mit Feinstrumpfhosen, um nicht erkannt zu werden. Oder denk mal an die Faschings- und Karnevalswahnsinnigen. Nichts gegen kulturelle Traditionen! Zum Kotzen finde ich allerdings all die »braven Bürger«, die sich in dieser »fünften Jahreszeit« hinter einer tatsächlichen Maske verstecken. Die sich dann wie die Sau benehmen, sich bis zum Anschlag die Hucke vollhauen und wahllos in der Gegend herumvögeln. Wie erbärmlich es doch ist, zu beobachten, wenn Menschen sich einen Freifahrtschein nehmen, um das Tier in sich herauszulassen.

Beim Special »Blankgezogen« hast du dir klargemacht, welche Gesichtswindeln du wann und bei welchem Anlass immer wieder aufsetzt. Ich denke da an deine Rolle im Beruf, welche Maske benutzt du dort? Die des braven, oberkorrekten, strebsamen, gelehrigen, kollegialen Untertanen oder die des über Leichen gehenden

Miststücks und cholerischen Schweins? Welche Maske benutzt du in deiner Familie? Ist es die des fürsorglichen Vaters / der liebevollen Mutter oder eher des autoritären Patriarchen / der kontrollsüchtigen Helikopter-Mama? Wie sieht es mit deinen Freunden aus? Bist du zu allen Schandtaten bereit, wenn du mit der Clique losziehst, während du zu Hause das brave Lämmchen spielst? Vielleicht bist du ja eher ein Schmalspurkandidat, möchtest aber nicht auf diese Gesellschaft verzichten und erträgst tapfer deine »eiserne Maske«? Nur, weil du nicht fähig bist zu einer klaren Ansage, einem deutlichen »Nein«, hängst du lieber den Partylöwen raus und lässt die Puppen tanzen? Dann wird womöglich – aus deinem schlechten Gewissen heraus – zu Hause wieder die liebevolle, sentimentale und verantwortungsvolle »Ehe-Maske« aufgesetzt? Welche Maske setzt du bei Gericht, bei deinem Chef oder als Kunde im Kaufhaus auf? Welche, wenn dir nachts um drei ein Pulk voller tätowierter Rocker über den Weg läuft? Bist du vielleicht sogar der Moralapostel, der sonntags immer schön in die Kirche rennt, sich aber zuhause heimlich Kinderpornos reinzieht? Bist du womöglich diejenige, die sich das ganze Jahr über das Maul über die anderen Leute zerreißt, die sich so zeigen, wie sie wirklich sind?

Jeder Mensch trägt irgendwelche Masken, spielt hier und da eine Rolle – ganz klar! Gefährlich wird es aber, wenn du dich darin selbst verlierst und du dich fragst, wer genau sich hinter den ganzen Gesichtswindeln verbirgt. Du bist mein Held, wenn du es im Rahmen deiner Selbstwerdung schaffst, einige dieser Gesichtswindeln auf den Müll zu schmeißen. Das befreit ungemein! »Alle Menschen verbeugen sich vor einem authentischen Menschen«, sagte Buddha.

Schmeiss die Gesichtswindeln auf den Müll!

Riskier was!

Es ist die Angst, die dich regiert? Sind es die sogenannten äußeren Abhängigkeiten, die dir immer wieder das Genick brechen? Du bist abhängig von der Sicherheit im Leben und hast Angst davor, sie zu verlieren? Du denkst, dann würdest du ins Leere fallen? Du suchst jemanden, auf den du dich verlassen kannst? Du suchst nach einer Art schönem Gefängnis, in dem du sorgenfrei leben kannst? Irgendetwas, wo du dazugehören kannst? Identität?

Du hast genau zwei Möglichkeiten: Entweder gibst du deine Macht und die Verantwortung für dein Leben ab an irgendeine Glaubenslehre, einen Führer, eine Regierung, deinen Partner, einen Guru oder an wen auch immer. Oder du besinnst dich auf dich selbst und beginnst damit, dir zu vertrauen. Im ersten Fall spielst du Vogel Strauß und steckst deinen Kopf nur noch tiefer in die Scheiße. Mit der Vogel-Strauß-Mentalität wird sich in deinem Leben nichts ändern. Außer, dass du blind vor deinen Möglichkeiten davonläufst, während die anderen dein Leben gestalten. So kannst du dich nicht weiterentwickeln. Geile Strategie! Bringt dich das weiter? Das ist geistiger Stillstand. Stillstand ist Tod! Du verschließt die Augen vor der Realität. Nur Dummköpfe und Tote fühlen sich sicher. Ein wirklich lebendiger Mensch fühlt sich immer unsicher, alles andere ist Illusion. Was für eine Sicherheit kann es schon geben? Das Leben ist und bleibt ein Geheimnis – ein Chaos. Niemand weiß, was im nächsten Augenblick geschehen wird. Nicht einmal dein Gott, von dem du glaubst, dass er irgendwo im siebten Himmel über dir residiert, gibt dir Antworten. Wenn jemand alles wüsste, dann wäre alles bis ins Detail im Voraus festgelegt. Das Leben wäre ein mächtig langweiliger Beschiss und ein toter mechanischer Vorgang ohne Herausforderungen. Es gäbe keine Freiheit. Wie kann es ein Leben ohne Freiheit geben? Du hättest keine Gelegenheit zu wachsen, weder geistig noch seelisch. Du wärst dann ein Roboter!

Stillstand ist schlimmer als der Tod – ein sicheres Leben ist eine Illusion! Das Leben ist voller Ungewissheiten und voller Überraschungen! Solange du lebst, wirst du nie an einem Punkt ankommen, an dem du sagen kannst: »Jetzt bin ich sicher.«

Ein Gefangener, der über einen längeren Zeitraum im Knast sitzt, verspürt beim Gedanken an seine Entlassung ein mulmiges Gefühl, weil er nicht weiß, was kommen wird, was ihn da draußen erwartet. Im Gefängnis ist alles tote Routine. Alles ist minutiös durchgeplant und bis ins kleinste Detail vorgegeben. Außerhalb der Mauern regiert die Unsicherheit. Er muss selbst aktiv werden, planen, handeln, sich neu strukturieren und organisieren. Er muss in Freiheit leben.

Freiheit macht Angst, sie ist nicht berechenbar. Von der Angst vor deiner Freiheit kannst du dich nur selbst befreien. Du bist erst dann wirklich Mensch, wenn du dich deinen Ängsten stellst und dadurch Selbstvertrauen entwickelst! Mach dir deine Ängste bewusst und tritt ihnen entgegen. Riskier was! Spätestens, wenn der Tod an deine Tür klopft, sind all deine Sicherheiten nur noch Quatsch mit Soße.

Die Geschichte von der Sandwüste (Sufismus)

Ein Strom floss von seinem Ursprung in fernen Gebirgen durch sehr verschiedene Landschaften und erreichte schließlich die Sandwüste. Genauso wie er alle anderen Hindernisse überwunden hatte, versuchte der Strom nun auch, die Wüste zu durchqueren. Aber er merkte, dass, so schnell er auch in den Sand fließen mochte, seine Wasser verschwanden. Er war jedoch überzeugt davon, dass es seine Bestimmung sei, die Wüste zu durchqueren, auch wenn es keinen Weg gab.

Da hörte er, wie eine verborgene Stimme, die aus der Wüste kam, ihm zuflüsterte: »Der Wind durchquert die Wüste, und der Strom kann es auch.« Der Strom wandte ein, dass er sich doch gegen den Sand werfe, aber dabei nur aufgesogen würde; der Wind aber könne fliegen, und deshalb vermöge er die Wüste zu überqueren. »Wenn du dich auf die gewohnte Weise vorantreibst, wird es dir unmöglich sein, die Wüste zu durchqueren. Du wirst entweder verschwinden, oder du wirst ein Sumpf. Du musst dem Wind erlauben, dich zu deinem Bestimmungsort hinüberzutragen.« »Aber wie sollte das zugehen?« »Indem du dich von ihm aufnehmen lässt.«

Diese Vorstellung war für den Fluss unannehmbar. Schließlich war er noch nie zuvor aufgesogen worden. Er wollte keinesfalls seine Eigenart verlieren. Denn wenn man sich einmal verliert, wie kann man da wissen, ob man sich wiederfindet? »Der Wind erfüllt seine Aufgabe«, sagte die Stimme. »Er nimmt das Wasser auf, trägt es über die Wüste und lässt es dann wieder fallen. Als Regen fällt es hernieder, und das Wasser wird wieder ein Fluss.« »Woher kann ich wissen, ob das wirklich wahr ist?« »Es ist so, und wenn du es nicht glaubst, kannst du eben nur ein Sumpf werden. Und auch das würde viele, viele Jahre dauern; und es ist bestimmt nicht dasselbe wie ein Fluss.« »Aber kann ich nicht derselbe Fluss bleiben, der ich jetzt bin?« »In keinem Fall kannst du bleiben, was du jetzt bist«, flüsterte die geheimnisvolle Stimme. »Was wahrhaft wesentlich an dir ist, wird fortgetragen und bildet wieder einen Strom. Heute wirst du nach dem genannt, was du jetzt gerade bist, doch du weißt nicht, welcher Teil deines Selbst der wesentliche ist.«

Als der Strom dies alles hörte, stieg in seinem Inneren langsam ein Widerhall auf. Dunkel erinnerte er sich an seinen Zustand, in dem der Wind ihn, oder einen Teil von ihm – War es so? – auf seinen Schwingen getragen hatte. Er erinnerte sich auch daran, dass dieses, und nicht das jedermann Sichtbare, das Eigentliche war, was zu tun wäre – oder tat er es schon?

Und der Strom ließ seinen Dunst aufsteigen in die Arme des Windes, der ihn willkommen hieß, sachte und leicht aufwärts trug und ihn, sobald sie nach vielen Meilen den Gipfel des Gebirges erreicht hatten, wieder sanft herabfallen ließ. Und weil er voller Bedenken gewesen war, konnte der Strom nun in seinem Gemüte die Erfahrungen in allen Einzelheiten viel deutlicher festhalten und erinnern und davon berichten. Er erkannte: »Ja, jetzt bin ich wirklich ich selbst.« Der Strom lernte. Aber die Sandwüste flüsterte: »Wir wissen, weil wir sehen, wie es sich Tag für Tag ereignet: Denn wir, die Sandwüste, sind immer dabei, das ganze Flussufer entlang bis hin zum Gebirge.« Und deshalb sagt man, dass der Weg, den der Strom des Lebens auf seiner Reise einschlagen muss, in den Sand geschrieben ist.

Shit happens

Im Leben gibt es immer wieder bestimmte Phasen, in denen sich die Frage nach dem Sinn aufdrängt. Dazu gehören meist biografische Einschnitte wie die Pubertät, die Midlifecrisis oder der Übergang in das Alter, in dem familiäre und berufliche Pflichten keine Rolle mehr spielen. Oft wird die Sinnsuche auch durch alle möglichen Gefährdungen und Irritationen unseres Daseins ausgelöst oder eingeleitet, wie beispielsweise durch Grenzsituationen und Erfahrungen des Scheiterns oder durch Leid und Tod. Die Frage nach dem Sinn des Ganzen ist somit sehr oft auch ein inneres Alarmsignal für eine vorhandene Krisensituation, die nach Veränderung schreit.

In vergangenen Krisensituationen stellte ich mir sehr oft die Frage nach dem Wesentlichen. Wo ist da noch ein Reiz? Welchen Sinn und Zweck hat die ganze Scheiße hier? Bin ich selbst auch schon ein Roboter, oder was geht hier ab? Zu wem kann ich noch aufschauen? Wer sind meine Vorbilder? Werden meine Herzenswünsche, meine Bedürfnisse langfristig durch diese, durch Konsum und Freizeitindustrie gesteuerte Gesellschaft wirklich erfüllend gestillt? Wo finde ich noch Halt von außen? Will ich mich ständig von anderen abhängig machen und mir dabei einreden, dass sie alle nur mein Bestes wollen, um dann wiederum zu erkennen, dass ich nur ein Spielball der Politik oder der Reichen und Mächtigen bin? Die mich dann, wenn es hart auf hart kommt, fallen lassen wie eine heiße Kartoffel?

Beim Gedanken an die Abhängigkeit, die Fremdbestimmung, das Ausgeliefertsein und die Unsicherheit verwundert es mich nicht, dass viele Menschen deprimiert, enttäuscht, resigniert und logischerweise total negativ, verzweifelt und verbittert durch die Weltgeschichte irren. Andere sprengen sich am laufenden Band weg, verfallen in Alkohol- und Drogensüchte, kompensieren den Leidensdruck durch Verdrängung und Lethargie, um sich dann, wenn sie mal Zeit zum Nachdenken haben, in Selbstmitleid und Frustration zu suhlen. Wenn sich diese Menschen dann am Ende ihrer »Lebensodyssee« fragen, was hier eigentlich passiert ist, ob sie gelebt haben oder gelebt wurden, bricht ihre Welt zusammen. Was haben sie aus diesem wunderbaren Geschenk des Lebens gemacht? Was hat sie die ganze Zeit über daran gehindert, glücklich zu sein? Die Antwort wird dann, wie so oft, den anderen zugeschoben – die sind schuld. Homo Victimus!

Ich malte mir tatsächlich die Fortsetzung meines Lebens als Sozialschmarotzer aus und arbeitete an folgendem Masterplan: Wenn ich als Assi von Sozialhilfe lebte, wäre doch alles super. Vielen der Jungs hier, die regelmäßig, jedes Vierteljahr, in die Klapse zur Entgiftung kamen, ging es doch gut. Das war in diesem Moment vollen Ernstes meine Motivation, um weiterzumachen. Große materielle Bedürfnisse hatte ich keine mehr. Geld machte nicht glücklich. Eine gewisse soziale Absicherung ist hier in Deutschland immer garantiert. Vom Sozialamt gibt es Kohle für alles Mögliche. Für ein Dach überm Kopf, für Waschmaschinen, Heizung, Nahrung und Klamotten.

Also wozu buckeln und sich aufregen? Ein Heer von Sozialarbeitern kümmert sich um den Bedürftigen, füllt sämtliche Anträge und Formulare aus und treibt an allen möglichen sozialen und kirchlichen Stellen Geld für dich ein. Sicher haben viele vom Leben gebeutelte Menschen nicht wirklich den nötigen Background, sich gezielt mit dem Thema Sozialhilfe und dem bewusst kontrollierten Durchschnorren auseinanderzusetzen. Ich aber kannte mich seit meiner Ausbildung in München in den Sozialgesetzbüchern bestens aus. Mein Stolz, gewisse Schamgrenzen und moralische Bedenken waren mir egal geworden und standen solch einem Vorhaben nicht im Wege. Angst vor möglicher Entmündigung oder richterlicher Einweisung hatte ich keine. Selbst wenn alle Stricke reißen sollten, mit dem sogenannten »Jagdschein« (Schuldunfähigkeit wegen seelischer Störungen) hat man in Deutschland doch Narrenfreiheit. Es war mir egal! Ich fühlte mich clever und durchtrieben genug, um all den Psychologen und Sozialarbeitern etwas vormachen zu können. Ich war mir im direkten Vergleich zu vielen anderen Patienten meiner Ausstrahlung, Intelligenz und Wirkung bewusst. In meiner Vergangenheit konnte ich die Menschen stets für mich gewinnen beziehungsweise Menschen für meine eigenen Interessen manipulieren. Dieses Machtpotenzial wollte ich für mich nutzen. Ich bildete mir tatsächlich ein, kontrolliert, mit Überblick und Berechnung, saufen zu können. Mit Plan und Verstand. Ich hatte nichts zu verlieren, keine Angst mehr vor dem Ende und vor gesellschaftlichen Konventionen. Nach meiner Kündigung würde ich ja auch erst mal ein Jahr lang fett und ausreichend Arbeitslosengeld kassieren. Meine Wertmaßstäbe waren absolut im Keller.

Mein Zimmergenosse war ein super Typ in meinem Alter. Der lebte seit annähernd 12 Jahren auf der Straße. Mit 15 war er aus seinem Elternhaus geflüchtet. Er kannte alle Tricks, um sich ohne festen Wohnsitz erfolgreich durch die Welt zu schlauchen. Bei Bauern, in Obdachlosenheimen und bei Wind und Wetter in den Wäldern. In ganz Deutschland und teilweise auch in Teilen Europas hatte er überlebt. Ein Naturmensch vor dem Herrn. Jetzt war er allerdings körperlich total im Arsch. Seit Jahren hatte er sich dem billigsten Fusel hingegeben. In seinem Ausweis stand »ohne festen Wohnsitz«, also offiziell obdachlos. Er zog von Stadt zu Stadt, um sich den Sozialhilfe-Tagessatz auf den

Ämtern abzuholen. Mal holte er sich 'ne Kollekte beim Pfarrer ab, mal ging er beim Metzger zum Wurstenden schnorren. Er lebte immer auf der Walze. Die Zähne hatte er sich bei Zahnschmerzen selbst gezogen. Vor der Natur fürchtete er sich nicht, da kannte er sich aus. Nur vor den Skinheads, die Obdachlose wie ihn jagten, nahm er sich in Acht. Dieses Leben imponierte mir sehr. Wir verstanden uns prächtig. Menschen am Rande der Gesellschaft, die waren meine Welt. Meist sehr sensible Menschen. Die dachten genauso wie ich. Hier im Klub der Versager fühlte ich mich wohl. Uns beschäftigten die gleichen Themen, die gleichen Ängste, die gleichen Einstellungen und erlebten Enttäuschungen.

Zeitweise überlegte ich sogar, mich ab jetzt als Zuhälter zu verdingen. Bei einer meiner Entgiftungen hatte ich eine total spannende, liebenswerte und interessante Frau kennengelernt. Sie arbeitete als Domina. Die verdiente richtig gut Geld damit, indem sie Männer demütigte. Was sie mir erzählte, klang alles recht schlüssig. Ich müsste sie nur chauffieren. Vorm Steigenberger in Konstanz oder irgendwo in der Schweiz am Lago Maggiore aufpassen, warten und abkassieren. Nach meiner Entlassung hatte ich sie noch öfters angerufen und mich nach ihrem Befinden und unseren gemeinsamen Plänen erkundigt. Sehr schnell stellte sich allerdings heraus, dass mit dieser Frau eine vernünftige, partnerschaftliche Geschäftsbeziehung nicht möglich gewesen wäre. Sie hatte in ihrem Job eindeutig zu viel erlebt. Bei langsam zunehmender Ernüchterung hatte es ihr erst mal so richtig den Vogel herausgehauen. Sie verbrachte immer längere Zeiträume in verschiedensten Anstalten. Jahre später erhielt ich einen Brief von ihr. Sie hatte wohl einen sanierten Schweizer Unternehmer lieben gelernt und sich eine Boutique auf Ibiza eingerichtet ...

Immer wieder kamen die Gedanken auf, mich totzusaufen oder mir einfach nur etwas Heroin zu besorgen, um mir den goldenen Schuss zu setzen. Das hätte wenigstens Stil gehabt. So wie Janis Joplin, Bon Scott, Jim Morrison, Kurt Cobain oder wie Sid Vicious und Elvis die Welt zu verlassen, war seit jeher für mich ein cooler Gedanke gewesen. Kranke Gedanken von einem kranken Mann. Ich war hin und her gerissen zwischen Selbstmord und dem Schrei nach Hilfe. Ich dachte »Hilf Dir selbst, sonst hilft Dir keiner« oder »Nur die Harten kommen in den Garten«. Nach ehrlicher Selbstbetrachtung gestand ich mir ein, wieder einmal an *mir selbst gescheitert zu sein. Einmal mehr in meinem Leben hatte ich meine eigenen Grenzen kennengelernt und war an einem erneuten persönlichen Tiefpunkt angekommen. Eine Sackgasse, die Anlass zum ernsthaften Umdenken gab ...* ■

Zugegeben, es ist extrem anstrengend, sich mit sich selbst zu befassen. Ist es nicht so, dass du es jeden Tag aufs Neue in der Hand hast, dein Leben frei zu leben und zu gestalten? Du bist der Schöpfer deiner eigenen Welt! Veränderung hat in der Tat mit dem Mut, dich auszuprobieren, und auch mit dem Loslassen liebgewordener Verhaltensweisen zu tun. So ist etwa der ursprüngliche Antrieb, deine eigenen existenziellen Bedürfnisse zu befriedigen, zu einer materiellen Nabelschau geworden. Stets bist du bestrebt, die Statussymbole deiner Freunde, Kollegen, der Nachbarn etc. zu toppen. Frei nach dem Motto: »Du bist, was du hast!« Traurig! Dabei lebst du nicht für dich selbst, sondern für die anderen. Das bricht dir irgendwann das Genick!

Was sind deine Stärken?

Vielen Menschen fällt es furchtbar schwer, sich selbst und ihre persönlichen Eigenschaften zu benennen. Was sind die Eigenschaften, die dich als Person ausmachen? Wer bist du hinter deinen ganzen Alltagsrollen? Die Schwierigkeit dieser Aufgabenstellung liegt meist darin, dass dir nur selten jemand sagt, was du gut gemacht hast, geschweige denn, dass man dir dafür Lob und Anerkennung ausspricht, oder ein Kompliment macht. Meist weißt du ganz genau, was du nicht kannst, aber darum geht's jetzt nicht. Woher solltest du also wissen, wo deine Stärken liegen, und worin du gut bist, wenn dir das niemand sagt? Worauf kannst du stolz sein? Stets wird von dir erwartet, dass du fehlerfrei funktionierst. Alles Können wird vorausgesetzt, alles ist selbstverständlich. Ich könnte manchmal kotzen! Nichts, absolut gar nichts ist selbstverständlich! Deine Leistungen werden nur selten gewürdigt. Lieber wird auf dir rumgehackt und dir erzählt, wie scheiße du bist und was du alles nicht kannst. Wenn ich dann noch Floskeln höre wie »Nicht geschimpft ist genug gelobt« oder etwa die gedankenlos hingeworfene Negativformulierung »Das hast du nicht schlecht gemacht«, geht mir das Messer im Sack auf. Wir Menschen leiden, wenn wir keine Anerkennung erhalten. Wir verkümmern – wie ein zartes Pflänzlein, das nie gewässert wird.

Ich fordere dich auf, dass du dir klarmachst, was du kannst und worin du gut bist. Wenn dich schon die anderen nicht loben, dann lobe dich wenigstens selbst! Wer sich selbst lobt, gilt zwar meist als egoistischer und arroganter Arsch, aber da backen wir uns jetzt mal ein Ei drauf. Ich will, dass du dir jetzt sofort eine Liste mit mindestens zehn positiven Eigenschaften erstellst, die deine persönlichen Stärken beschreiben. Schau auch hier zurück in deine Vergangenheit und mach dir bewusst, was du bereits alles erreicht hast. Welche positiven Eigenschaften haben dich dahin geführt, wo du gerade stehst? Zum Beispiel: Was brauchst du als Familienmanagerin? Organisationstalent? Was hat ein Künstler? Kreativität? Was zeichnet einen Asi aus? Leidensfähigkeit? Usw. ... Hier ein paar weitere Vorschläge: Zuverlässigkeit, Aufgeschlossenheit, Kontaktfreudigkeit, Verantwortungsbewusstsein, Mut, Optimismus, Risikobereitschaft, Aktivität, Zielstrebigkeit, Sinn für Humor, Neugierde, Aufrichtigkeit, Feingefühl, Gewissenhaftigkeit, Gründlichkeit, Treue, Leidenschaft, Geduld, Mitgefühl, Ausdauer, Biss, Zufriedenheit ... Schreib deine Stärken auf! Die Schwächen, die dir dabei einfallen, kannst du als Anreiz nehmen, sie in deine Liste beim Sparring mit den Zielen (S. 153) einzubauen.

»Suchet und ihr werdet finden.«

So steht es in der Bibel. Bist du hier auf dieser Welt, um dich ständig kleinzumachen? Bestimmt nicht, du wurdest so gemacht! Du wurdest verführt. Du wurdest aus dem Paradies geschmissen. Das Paradies ist da. Es ist nur einen Gedanken entfernt. Achte daher auf deine Gedanken. Sie erschaffen Wirklichkeiten. Sie sind Prophezeiungen, die sich selbst erfüllen werden!

Es gab eine Zeit in meinem Leben, in der ich mich sehr intensiv mit dem Sinn des Lebens auseinandergesetzt habe. Auf den folgenden Seiten lade ich dich dazu ein, mich ein wenig bei dieser Hirnfickerei zu begleiten.

Sinn, Unsinn, Wahnsinn?

Lass uns mal rein hypothetisch annehmen, dass das Leben auf diesem Planeten absolut keinen vorherbestimmten Sinn hat. Dann hat das Leben als Ganzes ja auch keinen Sinn, oder? Das Leben begann, wie wir inzwischen aus den besten verfügbaren Theorien und Quellen wissen, mit einer zufälligen Kombination von Molekülen in einer Pfütze. Es entwickelte sich durch willkürliche Mutationen und natürliche Selektion weiter. Dies alles trug sich ohne einen übergeordneten Zweck zu. Wäre diese Welt allerdings von einem göttlichen Wesen mit einem besonderen Ziel geschaffen worden, dann könnte man sagen, dass sie wenigstens für dieses göttliche Wesen einen Sinn habe. Wenn wir wissen könnten, welchen Zweck das göttliche Wesen bei unserer Erschaffung verfolgte, dann wüssten wir auch, was der Sinn unseres Lebens für diesen Schöpfer ist. Wenn wir dann den Zweck dieses Schöpfers akzeptieren würden, könnten wir behaupten, den Sinn des Lebens zu kennen. Aber wir kennen ihn nicht. Wir wissen es nicht. (Keine Panik, du darfst den Text gerne mehrmals lesen, das ist keine Schande.)

Ein Ritual aus der Vergangenheit: In der Dämmerung der Menschheit, in irgendeiner Höhle, die nur durch ein Feuer erhellt war, saß einer unserer Vorfahren und trieb ein angespitztes, kohleverschmiertes Instrument vorsichtig und immer wieder in das Fleisch eines Urzeitmenschen. Er produzierte das erste Tattoo. Warum tat er das? Erinnern wir uns also an diese bescheidenen und doch so mächtigen Anfänge und schreiten nun ein paar hunderttausend Jahre vorwärts. Die Kunst des Tätowierens existiert noch immer und ist etwas, das uns vom Biest unterscheidet. Am Beispiel der Tätowierung erkennen wir, dass wir als Menschen sehr stolz darauf sind, uns vom Primaten abzuheben. Deshalb entwickeln wir uns auch auf den Gebieten der Wissenschaft, Technologie, Kommunikation, Kunst und Selbstbeobachtung ständig weiter. Und somit schreitet auch die Suche nach unserem innersten Selbst stetig voran. Wir drücken unsere Wünsche aus, unsere Individualität und unsere Träume. Wir versuchen dabei, uns selbst und unsere Welt zu verstehen. Wir wollen wissen, warum wir hier sind.

Wir benutzen Tattoos, um zu schützen, zu heilen, zu kommunizieren, einzuschüchtern, zu schockieren und zu imponieren. Einfach gesagt, wir benutzen die Tattoo-Kunst wie jede andere Kunst auch. Sie soll uns Ausdruck verleihen, uns einen Einblick in unser eigenes Leben verschaffen, um herauszufinden, wer wir sind.

»Friss oder stirb« gilt in unserer heutigen Ellenbogengesellschaft mehr denn je.

In der Welt der Großfamilien und Stammesgemeinschaften war das Leben noch geregelt und in Ordnung. Die Frage nach dem Sinn stellte sich nur selten. Die Menschen waren täglich damit beschäftigt, zu überleben. Die Rolle des Chefs war eindeutig geklärt, jeder kannte seinen Wert, jeder hatte seine Aufgabe und wurde gebraucht. Gemeinsam war man stark. Heute sind wir eine Gesellschaft voller Individualisten und Einzelgänger. Das alte Naturgesetz »Friss oder stirb« gilt in unserer heutigen Ellenbogengesellschaft mehr denn je. Im Außen finden wir keinen Halt. Wir sind auf uns allein gestellt. In einer sogenannten zivilisierten Gesellschaft entwickeln wir uns im täglichen Überlebenskampf zurück zum Steinzeitmenschen. Wir agieren mit allen uns zur Verfügung stehenden Keulen und Steinäxten und verlieren mehr und mehr das Gefühl für unsere eigene Wertigkeit. Wahre Werte finden wir weder in großen Ideen, Vorbildern oder Zielen noch in staatlichen oder kirchlichen Institutionen. Du bist gezwungen, selbst zu entscheiden, wer du bist, welchen Wert du dir gibst und was der Sinn des Ganzen hier sein soll. Die Sinnsuche wird immer mehr zur Privatsache und somit auch zur persönlichen Belastung des Einzelnen, der damit nicht selten allein dasteht. Die Betrachtung der Sinnfrage ist oft Auslöser für Resignation und Depression.

Das sich oftmals daraus ergebende Gefühl der Sinnlosigkeit wird durch ein massives Überangebot an schnelllebigen und launenhaften, kulturellen und sozialen Sinnformen sogar noch verstärkt. Heute »in« und morgen »out«. Sinnlosigkeit heißt, darunter zu leiden, dass alles andere auch möglich wäre. Stellt uns der ganze Scheiß denn wirklich zufrieden oder soll er uns eher vom Wesentlichen ablenken? Ich denke da an »panem et circenses«, wie die alten Römer es nannten: »Brot und Spiele«. Ich sehe Scheiße für die Massen! Wenn ich hinter die Kulissen der Unterhaltungs-, Freizeit- und Spaßindustrie blicke, wird mir speiübel. Wir sind total reizüberflutet, fremdbestimmt und leben entweder in der Vergangenheit oder der Zukunft, jedenfalls nicht im Hier und Jetzt. Achtsamkeit ist ein Fremdwort geworden. Unser Gehirn lassen wir täglich mit geistigem Dünnschiss füttern, anstatt die aktive Rolle zu übernehmen. Letztlich leiden wir an der eigenen Freiheit. Die Freiheit zwingt uns dazu, Entscheidungen zu treffen. Kann man vielleicht sogar sagen, dass wir die eigene Freiheit als ernsthafte Bedrohung empfinden? Zur Motivation gibt's jetzt Albert Schweitzers Definition von Freiheit:

Albert Schweitzer – Freiheit

»Ich will unter keinen Umständen ein Allerweltsmensch sein. Ich habe ein Recht darauf, aus dem Rahmen zu fallen, wenn ich es kann. Ich wünsche mir Chancen, nicht Sicherheiten. Ich will kein ausgehaltener Bürger sein, gedemütigt und abgestumpft, weil der Staat für mich sorgt. Ich will dem Risiko begegnen, mich nach etwas zu sehnen und es verwirklichen, Schiffbruch erleiden und Erfolg haben. Ich lehne es ab, mir den eigenen Antrieb mit einem Trinkgeld abkaufen zu lassen. Lieber will ich den Schwierigkeiten des Lebens entgegentreten, als ein gesichertes Dasein führen, lieber die gespannte Erregung des Erfolges als die dumpfe Ruhe

Utopiens. Ich will weder meine Freiheit gegen Wohltaten hergeben, noch meine Menschenwürde gegen milde Gaben. Ich habe gelernt, für mich zu denken und zu handeln, der Welt gerade ins Gesicht zu sehen und zu bekennen, dies ist mein Werk.«

Außer einer recht guten Allgemeinbildung hat mir bei meiner exzessiven Sinnsuche das kopflastige und intellektuelle Wissen aus Ökonomie, Philosophie, Naturwissenschaft, Soziologie und Theologie nicht wirklich viel gebracht. Es führte mich sogar in eine noch größere Epoche der Depression. Das rationale Wissen hat mich nicht glücklicher, zufriedener und freier gemacht. Dennoch erschien mir diese Art der intellektuellen Selbsterziehung, diese Selbstbefreiung durch das Wissen als eine mir ganz allein bestimmte Herausforderung, die mich echt zum Überschnappen brachte. Irgendwann war genug mit dieser Form der Selbstgeißelung. Wieder einmal war ich bis an die Grenzen des Wahnsinns gelangt. Ich habe die Flinte ins Korn geschmissen und mächtig verzweifelt, total irritiert und gnadenlos verunsichert eingesehen, dass ich kein reines linkshirniges Vernunftwesen bin. Und auch, dass das reine Kopfwissen keineswegs das beste und höchste, erstrebenswerteste Ziel in diesem Menschenleben sein kann. Ich meldete die Privatinsolvenz meines Verstandes an. »Vindica te tibi!« – »Eigne dich dir an!« Diese Worte von Seneca, einem römischen Philosophen und Naturforscher, haben mich dann allerdings doch auf meiner Suche nach meinem Sinn des Lebens weitergebracht.

Ich begann zu malen: intuitiv, abstrakt, surrealistisch, hauptsächlich aber abgedrehte Acryl- und Ölbilder. Ich schmierte, kleckste und trainierte somit verstärkt meine kreative rechte Hirnhälfte. Die Arbeitsteilung im Gehirn sieht in etwa so aus: Die linke Hirnhälfte ist für Präzisionsarbeit zuständig. Die rechte hat den Überblick, steuert die Intuition, die Kreativität und Gefühle. Beide Hirnhälften sollten

nach Erkenntnissen der Gehirnforschung zusammen im harmonischen Einklang stehen.

Parallel dazu war ich damit intensiv beschäftigt, meine mich selbst auffressenden Gedanken aus der linken Hirnhälfte auszublenden. Harte Arbeit! Ich übte mich im Didgeridoo-Spiel, trommelte auf dem Djembé und entdeckte die Natur mit offenen Augen. Ich meditierte täglich. Ich begab mich auf die Spuren von Hermann Hesses Steppenwolf und stöberte im Zen-Buddhismus. Aber auch die aktuellen und neuesten Erkenntnisse aus der Hirnforschung beschäftigten mich brennend, vor allem die Tatsachen der neuronalen Zusammenhänge. Ich erfuhr etwas darüber, wie wir im Laufe des Lebens Verknüpfungen und Verschaltungen unseres eigenen Gehirns teilweise selbst gestalten können und somit eine echte Möglichkeit haben, unser Bewusstsein selbst zu kreieren. »You create you!« Diese Erkenntnis bedeutete für mich wahre Macht! Mit meiner riesigen Musik-Sammlung von Mozart über Inga Humpe mit ihren »blauen Augen« bis hin zum übelsten Trash-Metal steuerte ich auditiv gezielt meine Empfindungen, Gefühlswelt und Launen. Ich sah zurück auf einen mächtigen Scherbenhaufen und stand vor dem intellektuellen Nichts ... ■

Die von Seneca beschriebene Selbstaneignung wird, aus welchen Gründen auch immer, kaum betrieben. Nur die wenigsten eignen sich sich selbst an. Ihnen fehlt der Selbst-Befriedigungs-Gedanke: »Liebe an und für sich.« Gesunder Egoismus ist angesagt. Vielen Menschen fällt es sehr schwer, es mit sich selbst auszuhalten und allein zu sein. Wenn du die Selbstaneignung gnadenlos durchziehst und damit beginnst, dich selbst bedingungslos als besten Freund zu akzeptieren, wird tiefe Zufriedenheit das Ergebnis sein. Verschaffe dir daher täglich Klarheit über deine psychischen, physischen, materiellen, ideellen und persönlichen Voraussetzungen sowie über dein eigenes Wertekonzept.

Werte

Die Frage nach deinen Werten ist die Königsdisziplin in Sachen Klarheit. Sie gibt dir Antworten auf deine Persönlichkeit und auch auf die Frage nach dem Sinn deines Daseins. Werte sind Qualitäten in deinem Leben, die dir wirklich am Herzen liegen. Also die Dinge, die dir am allerwichtigsten sind. Die, auf die du am allerwenigsten verzichten kannst. Werte sind das, wofür es sich lohnt, sich anzustrengen und zu kämpfen. Jeder von uns hat andere Werte. Beispiele: Abwechslung, Mut, Gerechtigkeit, Familie, Natur, Spaß, Abenteuer, Genuss, Freundschaft, Lebendigkeit, Erfolg, Selbstbestimmung, Bewegung, Konsequenz, Gestaltungsmöglichkeiten, Freiheit, Lernen, Ehrlichkeit, Unterhaltung, Kontakt, Nähe, Sicherheit, Ruhe, Schönheit, Verantwortung, Kultur, Miteinander, Entwicklung, Toleranz usw.

Du merkst, dass du einen Wert hast, wenn du dich wohlfühlst, wenn der Wert vorhanden ist. Wenn der Wert nicht vorhanden ist oder verletzt wird, nervt, ängstigt oder schmerzt es dich.

Deine Werte helfen dir zu verstehen, warum du dich gerade so fühlst, wie du dich fühlst. Deine Werte helfen dir, wenn du dein Leben planen willst. Deine Werte helfen dir, wenn du Entscheidungen treffen musst. Schreib alle deine Werte auf – wie viele schaffst du?

Reduzier das Ganze jetzt auf deine wichtigsten Werte und stell dir dazu die Frage, was es für dich ganz konkret und genau bedeutet, diesen Wert zu leben. Wofür stehst du?

Zum Beispiel: Was genau bedeutet es für mich, Verantwortung zu übernehmen? Was genau bedeutet es für mich, ehrlich zu sein? Usw. Schreib die Antworten ungefiltert auf. Wer schreibt, der bleibt!

Der schnöde Mammon

»Geld allein macht nicht glücklich – aber es beruhigt ungemein«, sagt der Volksmund possenhaft. Eigentum verpflichtet. Ich empfinde es als extrem wichtig, dem materiellen Besitz enge Grenzen zu setzen. Denn um Besitz musst du dich kümmern, um ihn musst du fürchten. Ständig bist du mit ihm beschäftigt und letztendlich bist du von deinem Besitz besessen. Kennst du den Psycho Gollum?

»Mein Schaaatz!« Wohin die Gier nach Materiellem führt, wird in »Herr der Ringe« an Gollums Beispiel hervorragend in Szene gesetzt. Wie hat dieser Ring dem Typen die Plattform verbogen? Klasse, wie eindringlich das dargestellt wird! Ich bin der festen Überzeugung, dass die ganze Lebensweise maßvoll eingerichtet sein sollte. Dieses »schlanke Leben« bietet weniger Angriffsfläche für Attacken des Schicksals. Der Sturm trifft immer die fettesten Segel!

Loslassen ist angesagt

Je weniger unnötigen Ballast du mit dir rumschleppst, desto lässiger steckst du die Schicksalsschläge in allen Lebenslagen weg. Wenn du es dann noch schaffst, die Rückschläge als leicht und unbedeutend zu empfinden, kannst du dem Ganzen im Nachhinein oftmals noch einen Lustgewinn abringen. Keine Situation ist dann so schmerzlich, dass du nicht sogar einen Vorteil daraus ziehen könntest.

Worauf läuft die stetige Jagd nach schnödem Mammon am Ende hinaus? Lehnst du dich zurück, wenn du alles erwirtschaftet hast, was in deinem Interesse liegt? Bist du dann von ganzem Herzen glücklich? Kannst du auf diese Weise happy sein? Oder wirst du doch entscheiden, dass dein Ziel noch nicht ganz erreicht ist? Stellst du eventuell fest, dass es noch etwas anderes gibt, was du brauchst, bevor du dich zurückziehst und deinen Besitz genießen kannst? Die meisten Dagobert Ducks dieser Welt schlagen den letzteren Weg ein. Ohne Ruhepause knüppeln sie gnadenlos weiter. Dadurch vermeiden sie es, sich einzugestehen, dass sie beim Zurücklehnen kein Glück finden würden. Sie haben bei ihren lebenslangen Bemühungen, ihre Schatzkammern zu füllen, schlichtweg nie gelernt, was Glück, Ruhe und Zufriedenheit bedeuten. Viele Menschen arbeiten ein Leben lang hart, um sich etwas aufzubauen. Doch wann ist es genug? Um angenehm leben zu können, buckeln sie meist noch länger weiter, auch nachdem sie ihr ursprüngliches Ziel längst erreicht haben. Je mehr sie besitzen, desto mehr steigt in der Regel auch ihr Lebensstandard. Die unstillbare Gier nach mehr ist da, sie frisst den Menschen auf. Lustgewinn durch Bedürfnisbefriedigung um jeden Preis. »I can't get no satisfaction«, ein Teufelskreis! Die materiellen »Bedürfnisse« sind den finanziellen Möglichkeiten stets einen Schritt voraus. Statt in ihrer Getriebenheit auch wirklich Zufriedenheit und Erfüllung zu erlangen, verlieren sich viele immer mehr in der Spirale der Abhängigkeiten. Ein lebenslanger Psychokrawall ist der Gewinn aus dieser ferngesteuerten Maßlosigkeit. Fuck! Du nimmst ins Nirwana nichts, absolut gar nichts mit. Blankgezogen, denn dein letztes Hemd hat keine Taschen.

Träumst du von einer besseren Zukunft? Du solltest nicht erwarten, dass die Evolution dich mit der Fähigkeit ausgestattet hat, eine Situation zu genießen, die noch in den Sternen steht. Was ich damit sagen will: Es kommt immer alles anders als gedacht. Warum vergeudest du deine Zeit mit Gedanken an die Zukunft, anstatt dich im Hier und Jetzt aufzuhalten? Vergangenes ist vorbei, das kannst du nicht mehr ändern. Zukünftiges ist ungewiss, oder bist du etwa ein Hellseher? Du denkst an alles und jeden, verzehrst oder ärgerst dich, bereust die Vergangenheit, träumst von einer besseren Zukunft oder hast Angst davor. Aber: Was ist *jetzt* gerade los, was hindert dich im Moment daran, glücklich zu sein? Ist es nicht ganz klar so, dass du nur jetzt, in diesem Moment, wenn du diese Zeilen liest, einen direkten Einfluss auf dein Leben hast?

Die unstillbare Gier nach mehr führt nicht zum Glück, sondern in einen Teufelskreis.

Vollgas!

In unserer heutigen schnelllebigen Zeit verdoppelt sich das
weltweite Wissen alle vier Jahre.
Wir Menschen können gar nicht
so schnell mutieren, um bei diesem
Affenzahn der globalen Entwicklung
noch mithalten zu können.

Solange alles rund läuft, bietet die Jagd auf den schnöden Mammon nur kurzzeitige Befriedigung und Außenbestätigung. Langfristig und auf den Sinn des Lebens bezogen, erleiden Menschen
mit dieser Lebenseinstellung erst recht Schiffbruch, sobald sie die
ersehnte Kohle zusammenhaben, zum Nachdenken kommen oder
in der Krise stecken. In ihrer Getriebenheit haben sie nie gelernt,
selbstständig und autonom zu agieren. Menschen im Allgemeinen
schreien nach Führung. Sie wollen geführt werden. Sie brauchen
jemanden, der ihnen sagt, wo es langgeht und was angeblich gut
für sie ist. Solange alles störungsfrei abläuft und in ihrem Interesse
ist, sind sie sogar dankbar dafür. Hege ich hier anarchistische Gedanken? Nein! Mir geht es darum, dein Bewusstsein zu schärfen,
dich zum Hinterfragen und zum Nachdenken anzuregen, damit du
begreifst, dass du ganz allein deines eigenen Glückes Schmied bist.
Deine Erfahrung ist der Amboss, dein Werkzeug KRASS, du bist
der Stahl und dein Leben ist das Feuer.

In sozialen Systemen stellt sich die Frage, ob »mutige Sinn-
sucher« überhaupt erwünscht sind. Wie unter dem Deckmantel der
»freiheitlichen« Demokratie bewusst Abhängigkeiten, Angst und
Unsicherheit geschürt werden, haben wir bereits zur Genüge aus-
diskutiert. Manche gehen sogar so weit und nennen die Sinnfrage
abwertend einen »Kurzschluss« des Menschen. Auch die Wissenschaft vom Menschen, die Anthropologie, lässt keinen Zweifel daran, dass die Menschen den Sinn stets im Außen suchten. Anscheinend sind gewohnheitsmäßiges Handeln und »Roboten-Gehen«

die letzten verbliebenen Werte und Normen. Wer ausgelastet ist und permanent Vollgas fährt, der hat kein Sinnproblem. Ihm genügt, dass es läuft – oder? Aus einem Burn-out wird ruckzuck ein Fuck-off!

Geht es im Leben wirklich nur darum, dass du dich von den Institutionen konsumieren, einvernehmen und aussaugen lässt? Geht es tatsächlich darum, einfach nur einer übergeordneten, übergestülpten Sache zu dienen, gleichgültig welcher? Entsteht die Sinnfrage also nur dann, wenn du dich selbst zum Thema machst? Wenn du damit beginnst, eigenständig nachzudenken und keine Aufgabe hast, die dich von dir ablenkt? Wenn du ganz allein im Fokus stehst? Aber warum solltest du dich überhaupt von dir selbst ablenken? Hier geht es doch, verdammt noch mal, um dich und dein Lebensglück! Der einzige Mensch, der es ein Leben lang mit dir aushalten muss, der bist doch du!

Zeit ist alles, was wir haben

Die meisten Menschen kommen mit der Vorstellung von ihrem eigenen Tod nicht zurecht. Sie kommen, genauer gesagt, mit der Zeitspanne bis dahin, also mit dem Älterwerden, nicht klar. Doch wer behauptet, dass das Leben viel zu kurz ist, liegt falsch. Die Angst vor der eigenen Sterblichkeit entsteht vielmehr durch die Art, wie du lebst. Während du dich nicht darum kümmerst, was wirklich wichtig für dich ist, plätschert dein Leben dahin. Du jagst jedem Scheiß hinterher. Meist wird dir deine Vergänglichkeit erst im letzten Moment bewusst. Panik bricht aus, wenn der Sensenmann dich auf seine Agenda gesetzt hat. Dann erkennst du, dass das, was du nicht ändern kannst, der Tod ist. Erst dann ist das Leben viel zu kurz.

Starte jetzt!

Das Leben ist ausreichend lang, um selbst die größten Dinge zu verwirklichen. Du musst nur damit beginnen. Sei aktiv, bevor du weiterhin dein Dasein wie ein Zombie lebst, die Leichensäfte ausfurzt, dumm vor dich hindümpelst und dich mit sinnlosem Müll befriedigst.

Was gibt deinem Leben Sinn?

Galileo Galilei hat gesagt: »Es gibt nichts, was man einem Menschen beibringen kann. Man kann ihm nur helfen, es in sich selbst zu finden.« Was treibt dich an? Woran orientierst du dich? Warum stehst du jeden Morgen auf? Was motiviert dich täglich, dein Tagewerk zu erledigen? Was treibt dich an, besser als andere zu sein? Warum hängst du an deinem Leben? Die ultimative Frage lautet: Wie würde sich dein Leben verändern, wenn du frei von allen »Zwängen« wärst, du den Lotto-Jackpot knacken und für niemanden die Verantwortung tragen würdest? Was wäre dann für dich der Sinn deines Lebens? Schreib es auf!

Der Typ mit dem Rauschebart

Das Wort »Gott« hat durch vielfältigen Missbrauch massiv an Bedeutung verloren. Mir stellt sich die Frage, ob ich hier wirklich von Gott reden soll? Warum nicht? Darf man dieses Thema nicht hinterfragen? Schaden kann es nicht. Blasphemie wird gerne dann unterstellt, wenn jemand versucht, den Führungsanspruch der Kirchen zu hinterfragen. Das tue ich nicht! Ich lästere auch nicht über deinen Gott!

Das Argumentieren für oder gegen einen Gott führt zu kranken, absurden Überzeugungen und Egofantasien, wie zum Beispiel: »Mein Gott ist der einzig wahre und deiner taugt gar nichts!« Sobald das Wort »Gott« ausgesprochen wird, wird Gott zu einem geschlossenen Konzept. Es entsteht auf diese Art eine Vorstellung von etwas oder jemanden, das bzw. der außerhalb von dir ist. Womöglich von einem alten Kerl mit weißem Bart, der also zwangsläufig männlich ist?

Gott? Ist das für dich ein alter Mann mit weissem Bart?

Rational kann die Bedeutung des Wortes »Gott« nicht beschrieben oder erklärt werden. Die Frage nach dem Wort »Gott« führt entweder zu Hilfe oder Behinderung. Es polarisiert. Das Wort »Gott« wird zu einer »einge-Bild-eten« Idee, an die du glaubst oder auch nicht. Schließlich sind es nicht die Dinge an sich, die dich beunruhigen, sondern es ist die Bedeutung, die du den Dingen gibst. Weder »Gott« noch »das Sein« (Sinn des Lebens) erklären überhaupt etwas. Der Vorteil des »Seins« ist, dass es ein offenes Konzept ist. Es ist unmöglich, eine Vorstellung oder einen Besitzanspruch auf das »Sein«, also auf die Sinnhaftigkeit des Lebens, anzumelden. Auf Gott schon! Mein Gott, dein Gott, Gott ist für uns alle da. In der Bibel steht: »Du sollst dir kein Bild von mir machen, ich bin der, der ich bin!« Also doch ein offenes Konzept! Ein Pfeil mitten ins Herz! Gefällt!

Stell dir Gott (damit du es besser verstehst, machen wir uns hier dennoch ein Bild) als größten Wissenschaftler des Universums vor, der den Kosmos durch mathematische Gesetze regiert.

Er ist der Schöpfer aller Atome und Objekte im gesamten Weltall. Er ist genau diese unendliche Intelligenz, die alles überblickt und genau weiß, wie jede Form von Energie eingesetzt werden kann, um der Menschheit Heilung, Segen und Wohlstand (nicht materiell!) zu bringen. Stell dir weiter vor, dass dieser Geist auch in dir wohnt. Der gleiche Spirit, der die Galaxien lenkt und die Planeten durchs All wirbeln lässt! Gott an sich kennt keine Religionen und weiß nichts von Glaubensbekenntnissen, Dogmen und menschlichen Meinungen. Gott ist die unendliche Intelligenz, die durch die schöpferischen Gesetze wirkt. Alle Gesetze sind unpersönlich und bevorzugen niemanden: »Die Sonne scheint gleichermaßen für die Gerechten und die Ungerechten«, ist ein weiterer Bibelspruch. Das heißt, dass die universellen Wahrheiten der Natur allen zugänglich sind. Allen! Diese Wahrheiten sind nicht nur ein elitäres Privileg oder ein Exklusivzugang zur Macht für ein paar Fuzzis!

Göttlich!

Alle Bausteine des Lebens, aus denen die Welt seit Anbeginn besteht, sprudeln auch heute, im Hier und Jetzt in dir. Diese Erkenntnis ist dein Schlüssel und mein ganz persönliches Geschenk an dich. Er ist dein Zugang in ein erfüllteres Leben. Der unsichtbare Teil von dir, auch Seele genannt, ist göttlich. So einfach ist das! Wenn du dir auf dieser spirituellen Basis dein Leben aufbaust, wird dich das in die Lage versetzen, alle Schwierigkeiten und Hindernisse zu meistern.

Man sagt, der Mensch habe eine Seele. Welche großen Güter allerdings in ihr verborgen sind, wer in ihr wohnt und welchen Wert sie hat, bedenkst du nur selten. Bist du dir ihrer wahren Schönheit bewusst? Hauptsache, gut aussehen und mit allen dir zur Verfügung stehenden Mitteln gut angesehen werden? Im Extremfall sogar die Seele dafür verkaufen, oder? Selbsterkenntnis hat etwas mit innerer Arbeit zu tun, die anspruchsvoll und schmerzhaft sein kann. Veränderung vollzieht sich unter massiven Geburtswehen. Es gehört Mut dazu, solch einen Weg zu gehen. Viele vermeiden den Weg zur Selbsterkenntnis, weil sie fürchten, die eigenen Abgründe könnten sie verschlingen. Da dein Gott dich aber bedingungslos liebt (die Sonne scheint für alle!), brauchst du dir selbst nicht auszuweichen.

Im Licht dieser Liebe kann der Schmerz der Selbsterkenntnis auch der Beginn deiner Heilung sein. »Gott« und »Gut« bedeuten übrigens ein und dasselbe!

Veränderung vollzieht sich unter massiven Geburtswehen.

Beginne damit, die Dinge zu akzeptieren, die nicht in deiner Macht stehen. Wissen und Glauben sind nicht nur durch dein Denken allein erfassbar. Spirituelles äußert sich in einem Gefühl für die Geheimnisse der Natur und des Universums. Eine alte Volksweisheit besagt: »Woran du dein Herz hängst, worauf du dich verlässt und woran du glaubst, das ist dein Gott.« Wer sind deine Götzen? Wo soll deine Quelle für Hoffnung und Gelassenheit sein? Die, die dich davor behütet, ein Leben lang der Spielball von Menschen, Moden, Meinungen, Ängsten und Sehnsüchten zu sein, die von außen an dich herangetragen werden? Das Spirituelle kann dir Halt und Orientierung geben, es kann dein Denken und Handeln in einem ganz anderen Licht von Wichtigkeit erscheinen lassen. Buddha sagte: »Seid Euch selbst ein Licht!«

Die fehlende Spiritualität drückt sich in einem Geist der Dummheit, der Habgier und des Egoismus aus. Etwas glauben zu wollen, ist ein tiefer menschlicher Impuls. Der Glaube sollte dabei nicht über dem Weltlichen stehen, denn das könnte zu einem religiösen Wahn ausarten. Religion, die in einem ausgewogenen Leben einen förderlichen, stützenden, erweiternden Platz einnimmt, kann durchaus eine gute Hilfestellung sein. Glaube kann auch bedeuten, an einem Wissen, einem Gefühl oder einer Tradition teilzuhaben, die Halt, Kraft, Orientierung und Hoffnung geben. Die Suche nach dem höheren Sinn und einer Erklärung für das Sein ist und bleibt eine der existenziellsten Lebensfragen überhaupt. Wenn dabei allerdings alles andere in deinem Inneren aus den Fugen gerät, ist es fraglich, ob dies hilfreich und gut für dich ist.

Das Thema Gott, Religion und Glaube ist ein extrem heißes Eisen, da jeder gläubige Mensch hier seine ganz persönliche Überzeugung und Vorstellung hat. Viele psychologische und soziologische Schulen behaupten, Religion sei wie Opium und in keiner noch so kleinen Dosis verträglich. Einige Christen bemühen sich tapfer, gegen solche Argumente zu kämpfen. Andere belächeln das ganze Thema nur und meinen, es gäbe nichts als eine subjektive, persönliche Wahrheit des Glaubens, die eben keiner Verteidigung bedarf und die mit wissenschaftlichen Methoden nicht ergründbar ist. Gefährlich ist es auch, wenn die Idee, göttlichen Ursprungs zu sein, so bodenlos wird, dass du den Kontakt zur Realität ganz verlierst! Religiöse Themen haben zu Kriegen geführt, zu Massenmorden, zu unermüdlichen Streitereien. Sie sind auf die eine oder andere Weise in vielen Formen des Wahnsinns enthalten.

Sinn erfüllt!

Alles in allem wusste ich am Schluss meiner intensiven Sinnsuche, dass es im Leben nicht um die Suche nach dem Sinn geht, sondern darum, meinem Leben einen Sinn zu geben – sinnerfüllt zu leben. Wer sinnvoll lebt, ist gut unterwegs, weiß ich heute. Daher steht für mich fest, dass der Sinn des Lebens SINNVOLL LEBEN heißt, dass dies meinem Leben Erfüllung gibt! Ich stelle fest, dass das Leben keinen anderen Sinn hat, als denjenigen, den du ihm gibst.

Spiritus im Kahn ohne Ruder

George Bernard Shaw:
»Das unbekannteste Land liegt unter unserem Hut.«

Mein Schiff namens »Punkrock« hatte ein mächtiges, weit ausgespanntes Segel, das mich auf meiner Odyssee durch die Weltmeere keinen Sturm auslassen ließ. Irgendwann strandete ich, orientierungslos, halb tot, leer und ohne Plan, wie es weitergehen sollte. Rainer Robinson Crusoe! Alles, was ich hatte, war Land unter den Füßen. Vor mir der wilde Dschungel, hinter mir die tödliche Brandung. Rückzug unmöglich. In diesem Dschungel lernte ich zu entdecken, wer und was ich bin. Worin das Hauptziel des Lebens liegt. Ich fand meinen verschütteten Tempel. Ich lernte, meine Energien freizusetzen und gelangte zu dankbarer Wertschätzung und Achtung gegenüber dieser wunderbaren Erde. Ich entwickelte Selbstvertrauen und erhielt in diesem scheinbar undurchdringlichen Dickicht Führung und Rat von dem höheren, göttlichen Selbst in mir. Die Lehren, die ich daraus zog und weiterhin ziehe, befreien mich von der hinderlichen Annahme, dass ich ein Opfer der Umstände und dem Schicksal unterworfen bin. Gerade im lebensfeindlichen Dschungel fand ich Hilfe im Bemühen, mich selbst und andere zu verstehen. Den Tod vor Augen und gnadenlos auf mich selbst reduziert.

Exzessiv und intensiv kämpfte ich um meinen gottverdammten Arsch. Kriegszustand! Junior drehte durch, erneut wollte er mich gnadenlos am Boden liegen sehen.

Das war gar nicht so einfach. Die Rentenversicherungsanstalt wehrte sich gegen eine erneute klinische Therapie. In den Hirnen der Bürokraten und in deren Akten war ich schließlich der »Polytoxikomane mit Borderlinesyndrom«, der eine emotional instabile

183

Persönlichkeit vom impulsiven Typus darstellte. Für einen Klinik-aufenthalt würde es nicht schon wieder Geld aus der Rentenkasse geben, höchstens für eine Suchtklinik. Antrag abgelehnt! Auf einen erneuten Aufenthalt in einer Suchtklinik hatte ich aber beim besten Willen keinen Bock mehr.

Mir ging es in dieser Phase mental so schlecht, dass ich bei den zuständigen Behörden ganz ernsthaft Rente wegen Arbeitsunfähigkeit beantragt hatte. Mein altes Rückenleiden vom Estrichlegen machte sich massiv bemerkbar und schränkte meinen ganzen Bewegungsapparat ein. Quälende Kopfschmerzen waren an der Tagesordnung. Ich hatte mich so extrem in meine eigenen negativen Gedanken verrannt, dass ich keinen Ausweg mehr sah. Ich war handlungsunfähig. Es folgten unzählige Widersprüche gegen die Ablehnungsbescheide der Rentenversicherungs-anstalt. Es folgten Vorsprachen und Untersuchungen beim medizinischen Dienst der Krankenkassen. Ständig neu geforderte Gutachten verschiedenster Ärzte wurden herangezogen. Dies bedeutete für mich zusätzlichen, puren Stress und tiefste persönliche Demütigungen. Anhand meiner Aktenlage und der bisher für die Kasse entstandenen Kostensituation wurde von sturköpfigen, verbeamteten Verwaltungsmenschen darüber entschieden, ob man mir die Möglichkeit gesundheitlicher Genesung gewährte oder nicht. Darüber, ob sich meine Gesundung rein wirtschaftlich betrachtet für den Kostenträger überhaupt noch rechnete, falls ich wieder arbeitsfähig geschrieben würde. In Rente wollten sie mich aber auch nicht schicken. Schließlich werden in unserem Sozialsystem arbeitsfähige und Beitrag zahlende Menschen benötigt, um die bankrotten Rentenkassen zu bedienen. Kein Gnadenbrot. Arbeitsfähigkeit um jeden Preis. Wenn man bedenkt, dass die sogenannten Kurkliniken und deren Angestellte, wie auch die Psychologen, von der Rentenversicherungsanstalt gesponsert und unterhalten werden, wird doch klar, dass genau darin die Aufgabe der Doktoren besteht.

Ein weiteres halbes Jahr später, in dem ich krankgeschrieben und unstrukturiert vor mich hinvegetiert war, kam irgendwann tatsächlich der Bescheid zur Einweisung in eine psychosomatische Klinik. Die Therapeuten schlugen die Hände über dem Kopf zusammen, als sie meine Geschichte hörten und von der Art und Weise erfuhren, wie ich mit der

*Bewältigung meiner Sucht umging. Was hatte ich mit den Vögeln dort
gestritten. Deren engstirniges Schubladendenken war äußerst begrenzt
und mir gegenüber extrem mit Vorurteilen behaftet. Die Diagnose »Sucht«
wurde eins zu eins aus den Akten übernommen. Was für die »Psychonauten« ja auch der einfachste Weg war. Ich musste mit langjährig
bewährten standardisierten Therapieformen aus der Suchthilfe geheilt
werden. Die Schublade »Sucht« konnte ja keine Depression bedeuten,
war deren unumstößliche Meinung. Stempel und Stigmata, die mich wohl
mein Leben lang verfolgen werden. Eindeutig war ich ein arbeitsscheuer
Simulant. Ihr Urteil lautete: uneingeschränkt arbeitsfähig.*

*Ich drehte fast durch. Ich hatte das Gefühl, dass mir hier keiner auch
nur ansatzweise glaubte und mich wirklich ernst nahm. Meine tiefe
Depression nahm mir keiner ab. »Ein Kerl wie ein Baum, ein gut aus-
sehender, beneidenswerter, imposant wirkender Mann in den besten Jahren ...« – Beschwichtigungen und Ungläubigkeit. Immer wieder wurde das
Thema »Sucht« angesprochen. Als ich denen erzählte, dass meine inzwischen erfolgreich erprobten Überlebensstrategien im Umgang mit Sucht-
mitteln jeglicher Art seit inzwischen über sechs Jahren funktionierten,
hielten sie mich weiterhin für einen Fantasten, der sich selbst beschiss
und tief in einer Selbstlüge verstrickt war. Ich erzählte, welche Wege ich
zur Bewältigung meiner Suchtgeschichte wählte. Dass ich regelmäßig
die Strategie der Konfrontation mit der Sucht und nicht der Verdrängung
lebe, dass ich auf Metal-Konzerte, in die übelsten Spelunken zum Small
Talk mit den Jungs von früher, in Klubhäuser zu den Rockern oder auch
zum ultimativen Käfigkampf (brutale Schlägerei) ging – ohne mich dabei
auch nur ansatzweise vollzudröhnen. Klar ist es heiß im Reich der perma-
nenten Verführung. Ich wollte aber nicht weglaufen und mich verstecken.
Schließlich wird überall gesoffen und gegiftet. Nach deren Meinung hätte
ich ja nicht mal mehr zum hundertsten Geburtstag meiner Oma gehen
dürfen. Auch dort gab es Sekt und Rotwein. Was sollte der Scheiß?*

*Selbst wenn es überall nach Sprit stinkt, machte ich mir stets bewusst,
dass mein Rückfall nicht von heute auf morgen, und schon gar nicht von
außen kommt, sondern dass ich allein entscheide, ob ich mir etwas ein-
baue oder nicht. Ich selbst setze die Pulle an oder baue mir etwas ein, kein
anderer. Das hat zu 100 Prozent mit meiner inneren Haltung zu tun.*

Wer das nicht versteht, kann mich gnadenlos am Arsch lecken! Ich muss es an erster Stelle nur mir selbst recht machen, niemand anderem! Ich hatte aus der Vergangenheit gelernt, dass ich immer weglaufen konnte, sobald ich merkte, dass es losging. Allerdings wusste ich damals wirklich nicht mehr weiter. Wohin sollte ich zu dieser Zeit überhaupt noch laufen? Ich war eingemauert in meinem inneren Bunker! Das war das Problem meiner Depression und machte mich total fertig! Das wollten die Vögel in der Klapse ums Verrecken nicht verstehen. Mit aller Gewalt stellten sie meine erfolgreich bewährten Strategien an den Pranger. Sie verurteilten meine Einstellung und forderten mich auf, endlich erwachsen zu werden. Und genau mit dieser Aussage stießen sie bei mir auf Granit und massiven Widerstand. Ich kannte nur den Weg nach vorne. Mit dem Kopf durch die Wand ... ■

Kindheit eines Zauberers (Hermann Hesse)

»... ich wusste Bescheid in der Welt, ich verkehrte furchtlos mit Tieren und Sternen, ich kannte mich in Obstgärten und im Wasser bei den Fischen aus und konnte schon eine große Anzahl von Liedern singen. Ich konnte auch zaubern, was ich leider früh verlernte und erst in höherem Alter von Neuem lernen musste, und ich verfügte über die ganze sagenhafte Weisheit der Kindheit ...«

Erwachsen zu sein heißt bis heute für mich, so funktionieren zu müssen, wie es die Gesellschaft von dir verlangt. Den Weg der Stinos (Stinknormalen) hatte ich schon viel zu oft versucht und erprobt. Beim Experiment, mein Leben eins zu eins an der Gesellschaft auszurichten und es dabei nur den anderen recht zu machen, war ich immer wieder kläglich gescheitert.

Als Beispiel erwähne ich jetzt mal die einstigen Bühnenauftritte von Rose Tattoo mit ihrem Frontmann Angry Anderson: Angry presste sich bei seinen Gigs damals regelmäßig, auch bei 40 Grad im Schatten, innerhalb einer Stunde vor zwanzigtausend verrückten

Musikliebhabern eine Pulle Whiskey in den Schädel. Meinen ganzen neidlosen Respekt! Es ist okay. Ihr habt euch dafür entschieden. Ich nicht! Ihr seid dreckig, ihr seid absolut echt. Auf den Open Airs riecht es an vielen Stellen nach Dope und einige Menschen liegen total fertig in der eigenen Kotze in der Pampa. So was wie euch zu sehen gibt mir Energie. Ich bin nach wie vor aus dem gleichen Holz und einer von euch. Aber trocken und clean! Fast nirgendwo sonst erlebe ich in dieser heutigen Gesellschaft, dass Menschen so respektvoll und hilfsbereit miteinander umgehen wie auf Metal-Konzerten. Ich genieße es, Teil dieser freien, feinen Gemeinschaft zu sein. Leben und leben lassen wird fast nirgendwo authentischer gelebt. Vorurteilsfrei und teilweise auch extrem freaky. Hier kannst du einfach nur du selbst sein. Entgegen verbreiteter Vorurteile bist du hier sicher wie in Abrahams Schoß. Saugeil. Pogo-Tanz und Moschen sind keine Massenschlägereien, sondern nette, spaßige Gesellschaftstänze. Leben und Chaos pur ist angesagt. Da haut dir keiner einfach so in die Fresse rein. Es ist Schreitherapie, »Du-selbst-sein« zu 100 Prozent. Reduziert auf Leben im Hier und Jetzt. So ein Wochenende gibt mir einfach nur unermessliche Power.

So oder so!

Die Verantwortung für dein eigenes Leben trägst du selbst! Mit allen Konsequenzen!

Back to the Roots

Für die alten Naturvölker war das Universum der Wohnsitz der Götter. Alles, was in der Welt existierte, wurde als Produkt des Geistes und der Geist-Seele betrachtet. Klingt auf den ersten Blick ziemlich simpel und naiv, oder? Dennoch bringt es uns letztlich zu Fragen wie: Was ist der Sinn und Zweck deines Denkens? Was ist das eigentliche Ziel deiner Gedanken? Ist es nicht so, dass sie leben und verwirklicht werden sollten? Gedanken und Ideen drängen nach Verwirklichung. Die Naturvölker betrachteten das Universum und die ganze Existenz als einen Prozess des Werdens, als einen geistigen und spirituellen Vorgang. Materie ist demnach bewusste Energie, die in einem harmonischen Einklang zusammengehalten wird. Alles ist über Schwingungen des Lichts, der Farbe und des Tons miteinander verknüpft und verbunden.

Gedanken und Ideen drängen nach Verwirklichung.

Wenn ein Schamane (ein sibirischer Heiler, Weiser, Hexer, Medizinmann) einen Kreis auslegt, der irgendwelche weltlichen Dinge, Kräfte oder Energien darstellt, dann handelt es sich bei dem Kreis meist um das Symbol, welches die Arbeitsweise des universalen und auch des menschlichen Geistes veranschaulicht. Beide sind sich nicht nur ähnlich, sondern sie bilden ein Ganzes. In unserer Gesellschaft wirst du jedoch zu einer mechanischen Denkweise erzogen. Das heißt, du denkst logisch, linear, geradeaus und meinst, dass alles einen Anfang und ein Ende hätte. Die Naturvölker machten die Beobachtung, dass die Natur keine geraden Linien kennt. Sonne und Mond sind rund, auch unsere Erde. Aufgang und Untergang der Sonne zeigen eine Kreisbewegung, der Mond beschreibt eine Kreisbahn am Himmel. Die Vögel bauen ihre Nester rund. Die Tiere markieren ihr Territorium in Kreisform. Das Wachstumsmuster an Bäumen und Felsen ist rund und viele Völker lebten oder leben bis heute in runden Hütten.

Wer einfache Dinge verkompliziert, ist ein Vollidiot. Er blockiert sich in seiner Entwicklung nur selbst. Im täglichen Leben wird fast alles kompliziert dargestellt. Das ist für die Experten ziemlich praktisch. Diese heben sich vom »dummen« Normalbürger deutlich ab und werden dementsprechend verehrt und bezahlt. Viele Menschen sind erst dann von etwas überzeugt, wenn sie es nicht mehr verstehen. Andere sind nicht mehr davon überzeugt, sobald sie es verstehen. Total paradox, oder? »So einfach kann das gar nicht sein«, hörst du immer wieder. Es geht auch hier um die Weigerung, dir Macht zuzugestehen. Wenn es einfach wäre, könntest du es nämlich ebenso anwenden. Wenn du selbst sagst: »So einfach ist das nicht«, spricht daraus auch ganz klar deine Angst, etwas ändern zu müssen. Wäre es wirklich kompliziert, hättest du wieder eine Ausrede: »Das braucht Zeit, die anderen können es ja auch nicht.« Wenn du aber nur tief genug hinter die Fassaden blickst, sind selbst kompliziert zusammenhängende Gebilde aus ganz einfachen Strukturen zusammengesetzt.

Die Schaltzentrale

Lass uns noch mal einen kleinen Ausflug in dein Gehirn machen: Dein Gehirn wiegt nur etwa 1500 Gramm. Um arbeiten zu können, benötigt es gerade einmal 0,1 Volt elektrische Spannung. Es verfügt über zehn Milliarden Neuronen und zwei Dutzend Neurotransmitter. Die Anzahl der möglichen synaptischen Verbindungen ist um einiges größer als die Zahl der gesamten Atome des Universums, sagt man. Die Menge an Informationen, die das Gehirn enthält, entspricht einem Lexikon mit etwa zehn Milliarden Seiten. Stell dir das bildlich vor! Das menschliche Gehirn weist die komplexeste biologische Struktur auf, die uns bekannt ist. Es ist immer in Betrieb, ständig am Aufbau des Körpers beteiligt und sichert alle Körperfunktionen. Jede Gehirnaktivität hat Einfluss auf das zentrale Nervensystem und somit auf jede einzelne Körperzelle.

Trotz ähnlicher Arbeitsweise liegt der wesentliche Unterschied zwischen Mensch und Maschine darin, dass der Mensch denkt und der Computer rechnet. Alles, was du mit deinen Sinnen bewusst und unbewusst wahrnimmst, ist in deinem Gehirn gegenwärtig. Dabei wird alles gespeichert, geordnet und mit anderen ähnlichen Informationen, seien sie noch so unbedeutend, in Zusammenhang gebracht. Dein Gehirn ist deine Schaltzentrale, in der deine Handlungen gesteuert, deine Gedanken und Gefühle entwickelt werden. Dein Gehirn ist der Sitz des Geistes. Es entscheidet über Leben und Tod. Der Mensch gilt erst dann als klinisch tot, wenn keine Gehirnströme mehr nachweisbar sind.

Milliarden von Nervenzellen stellen dein »Funktionieren« sicher! Ob du gut funktionierst, ob du gesund, aktiv und fröhlich bist, hängt von dem energetischen Verhältnis innerhalb deines Gehirns ab. Geistige, seelische, körperliche Gesundheit – alles kommt vom Kopf. Ein körperlich entspannter Mensch ist auch geistig frei. Denk daran, wenn du unten gleich vom »Alpha-Zustand« liest. Wir müssen und können nicht alles verstehen und analysieren, wie ich dir am Beispiel des Gehens erklären möchte: Gehen ist einfach, jeder körperlich gesunde Mensch kann das. Willst du den Vorgang beschreiben, wird es aber hoch kompliziert! Denk an die neuesten Geh-Roboter. Die sind trotz absoluten Hightechs noch mächtig ungeschmeidig im Schritt. Gehen ist für den Menschen total einfach, wenn er es tut. Würde er das Gehen analysieren, sich darauf konzentrieren, es verkomplizieren, käme er keinen Meter weit und würde laufend, im wahrsten Sinne des Wortes, auf die Fresse fallen.

Verstand trifft Emotion

Deine Probleme entstehen aus deinem Kopfdenken heraus, indem du zum Beispiel, wie du schon gelesen hast, (ver-)urteilst. Mach die Augen auf und du wirst erkennen, dass die Welt über ein nie zuvor da gewesenes Wissen verfügt, dass sie dadurch aber auch so viele Probleme hat wie niemals zuvor. Das heißt auch, dass unser Schädel samt Inhalt, trotz riesigen Wissens, sehr oft nicht in der Lage ist, bestehende Probleme zu lösen. Nein, er schafft sich dadurch eher noch mehr Probleme.

Stop thinking!

Du solltest dir den folgenden Satz quer über die Stirn tätowieren: »Du kannst mit deinem begrenzten Denken nicht die Probleme des unbegrenzten Lebens lösen!«

Der Mensch wird gerne mit einem Eisberg verglichen. Beim Eisberg ragt nur ein kleiner Teil aus dem Wasser heraus. Diese »Spitze des Eisberges« entspricht dem Bewusstsein, dem Kopfdenken. Nicht sichtbar und verborgen ist der riesengroße Teil des Unterbewussten unterhalb der Oberfläche. Dein Unterbewusstsein ist der durch deine Sinne und Erfahrungen programmierte Zentralspeicher. Darin enthalten ist auch das Urwissen, die genetisch gespeicherte Evolutionserfahrung aus 3,7 Millionen Jahren Menschheitsgeschichte. Fantastisch, du weißt alles! Im Grunde braucht der Mensch nichts zu lernen! Alles ist angelegt und möglich.

Die Aufgabe deines Verstandes aber ist es, dich vor Gefahren zu schützen. Er kontrolliert jeden Gedanken und jede Handlung. Er orientiert sich dabei nur am Bekannten und Vertrauten. Alles, was du gewohnt bist und dir offensichtlich nicht schadet, geht in Ordnung. Alles Neue jedoch birgt eine potenzielle Gefahr in sich, da du über keine Erfahrungswerte verfügst. Der Verstand sagt »nein«, und du bleibst auf der Stelle stehen. Du verhältst dich nach bekannten Mustern und bewegst dich auf gewohnten Wegen. Oft veranlassen dich nicht einmal Stillstand (Tod) oder Rückschläge dazu, dein Verhalten zu überdenken, geschweige denn zu ändern. Wie ein Zug, dessen Räder in vorgefertigten Gleisen rollen, bewegst du dich in festen, starren Verhaltens- und Gedankenschleifen. Viele Menschen sind leider eher dazu bereit, zu sterben, als sich von ihren festen Schienen zu lösen. Lieber wird das Ding gnadenlos an die Wand gefahren, als das Risiko zu wagen, rechtzeitig abzuspringen. Die Beschränkungen, die du dir immer wieder selbst auferlegst, lassen dich immer wieder mit den gleichen Problemen kämpfen und dich immer wieder die gleichen Fehler machen. Deshalb haben all deine guten »Vor«-Sätze (Worte!) keine Chance, solange du sie nicht in die Tat umsetzt.

Dein Verstand hat alles unter Kontrolle. Bei offensichtlichem Kontrollverlust aber sagt man dir nach: »Du hast den Verstand verloren«, oder: »Du bist nicht bei Verstand«. Dann wirst du ermahnt, »vernünftig zu sein«. Unbewusst steuert dein Verstand deine Gedanken und ist zum Maß aller Dinge geworden. Dein Ich, du selbst, deine im Bewusstsein angelegten Verlustängste, dein Kritik- und Urteilsvermögen hindern dich daran, deine Fähigkeiten zu entfalten. Dein Verstand ist es, der dir jede Veränderung so schwer und oftmals unmöglich macht. Vom Verstand beherrscht, behältst du den sicheren und gewohnten Weg bei. Dadurch bleibst du für den Rest deines Lebens stehen. Keine Gefahr, kein Risiko, kein Spaß, keine Lernerfahrungen!

Bist du ein Kontrollfreak?

Devil inside

Viele Mystiker verteufeln den Verstand als Satan, der immer recht haben muss. Du »bist dein Verstand«. Dein Verstand ist lebensnotwendig, er ist aber auch nur ein Instrument, das du zu deinem Nutzen und nicht zu deiner Beschränkung einsetzten solltest. Dein Verstand hält dich klein.

Deine Gefühlswelt – Junior – reagiert auf sämtliche Gegebenheiten, Farben, Formen und Klänge. Sie vermittelt dir alles, von Freude bis Leid, und sagt dir, was richtig und was falsch ist. Sie kann dich auch täuschen und lässt dich Fehler machen. Im Streit zwischen Verstand und Gefühl siegt immer das Gefühl. Warum? Das hat mit den älteren Gehirnarealen zu tun, deinem »tierischen« Erbe. Dein Gefühl und der sogenannte »niedere« Instinkt haben sich schon viel früher entwickelt als dein Verstand. Der Urmensch hatte ein kleineres Gehirn und handelte tierisch und instinktiv, also gefühlsorientiert. Stellt man nun Millionen von Jahren »wilder« Evolutionserfahrung der recht kurzen Zeitspanne gegenüber, in der der Mensch verstandesgemäß »denkt«, wird's klarer: Das Urwissen und das Unterbewusstsein sind in viel älteren Regionen deines Gehirns angesiedelt. Das »neue« Bewusstsein hat recht schlechte Karten gegenüber den »alten« Gefühlen. Deine Emotionen haben eine derartig gewichtige Bedeutung, dass du verdammt gut daran tust, diese achtsam wahrzunehmen und nötigenfalls zu kontrollieren. »Junior sagt mehr als tausend Worte« – schon mal gehört?

Shock nonstop

Das Intensivtraining deines Lebensdramas beginnt sofort nach deiner Geburt! Mit der Frage, ob du es schaffst, ins Töpfchen oder in die Windel zu scheißen, geht es los. Dein Denken wird geformt. Die anderen schreiben ihre Denkmuster ungefiltert auf deine jungfräuliche Festplatte. Du wirst deines natürlichen Potenzials und deiner freien Entwicklung beraubt. Du wirst konditioniert, also erzogen. Gut oder Böse – Richtig oder Falsch! In diesem System des Menschenmachens gibt es auf der einen Seite Zärtlichkeit, Lob und Dinge, nach denen du dich sehnst, weil du in deiner Entwicklung darauf angewiesen bist. Zum anderen gibt es in der Zeit, in der deine Lebenskraft davon abhängt, Tadel und Entzug von Zärtlichkeit, Wärme und persönlicher Nähe. Als Folge entsteht Angst, Todesangst! Und Abhängigkeit! Die ersten Widersprüche mit deinem Selbst entstehen. Du beginnst dich anzupassen, tust so, als ob, und beginnst dich anders zu verhalten, als es dir deine innere Stimme vermittelt. Heute meinst du, dass die Welt aus zwei Teilen besteht, einem guten und einem schlechten. Unmerklich wirst du auch weiterhin permanent durch die Sprache beeinflusst. Das Urteilen ist dir in Fleisch und Blut übergegangen.

Ich möchte dich erneut an die Entstehung des komplexen Lebens erinnern! Komplexes Leben entsteht nicht in den Extremen. Es entsteht nicht im totalitären geordneten Prinzip – das ist Stillstand und Tod und somit keine Entwicklung. Es entsteht auch nicht in der Anarchie – dort herrscht Chaos, also auch keine Entwicklung. Das sich entwickelnde Leben entsteht in der Mitte zwischen den Extremen.

Hör auf mit deinem Schwarz-Weiß-Denken. Es ist die Vielseitigkeit, die diese Welt ausmacht. Berg oder Meer, heiß oder kalt, Blut oder Tomatensaft, arm oder reich, König oder Untertan, weich oder hart, Penner oder Scheich, farblos oder bunt, Demokrat oder Despot. Dein Lebensdrama wird umso heftiger, je größer die Abweichungen von deiner Mitte sind. Ist klar, oder?

Exzesse sind Bullshit.

Wer ist hier der Boss?

Durch die äußere Welt, die du mit allen anderen Menschen teilst, erhältst du Input für dein Bewusstsein. Daneben gibt es deine innere Welt der Gedanken, Gefühle, Empfindungen, Überzeugungen, Vorstellungen und Reaktionen. Sie ist unsichtbar und gehört ganz allein dir. Es ist die innere Welt, in der sich deine wahre Existenz abspielt.

Deine Innenwelt ist die Zentrale,
in der du fühlst und leidest!
Das ist die Welt, die du bewusst
wertschätzen und anerkennen
sollst, wenn du willst, dass sich
deine Herzenswünsche erfüllen und
verwirklichen!

Deine innere Welt (dein Unterbewusstsein, deine Seele, dein Gott, dein Herz, deine höhere Macht, oder wie immer du deinen Junior nennen möchtest) der Gedanken, Gefühle und Vorstellungsbilder ist es, durch die du deine äußere Welt erschaffst. Wie du etwas in dieser äußeren Welt wahrnimmst, wird von der Innenwelt deines Geistes bestimmt. Bewusst oder unbewusst. Manche sagen: »Die Geister, die du riefst, wirst du schwer wieder los!« Junior lässt grüßen!

Ein Bild: Der Kapitän führt seinen Dampfer, indem er Anweisungen an die Männer erteilt, die unten im Maschinenraum die Instrumente und Ventile bedienen. Die Männer sehen nicht, wohin die Reise geht, sie führen nur die Befehle aus. Gibt der Kapitän falsche Anweisungen, dann fährt das Schiff gegen ein Riff oder einen Eisberg. Der Kapitän erteilt Befehle, die automatisch befolgt werden. Die Männer diskutieren nicht mit ihm, sondern sie tun, was er ihnen sagt.

Ach ja: »Ein Befehl ist eine Anweisung zu einem bestimmten Verhalten, die ein Vorgesetzter seinem Untergebenen mündlich, schriftlich oder in anderer Art und Weise mit dem sofortigen Anspruch auf direkten Gehorsam erteilt!« So werden übrigens Soldaten gedrillt – seid ferngesteuert und denkt nicht, blinder Gehorsam! Denke also wenigstens du nach!

Dein Maschinenraum arbeitet nach klaren, immer gültigen Gesetzen. Das Gesetz, welches dich derzeit fesselt und lähmt, kann aber auch zu deiner Befreiung beitragen. Eine negative Gewohnheit, die dich einschränkt und einengt, lässt sich in eine positive Gewohnheit umwandeln, wenn du deine bewusste Aufmerksamkeit immer wieder und mit voller Überzeugung auf die neue Absicht konzentrierst. Denk an den Kickboxer, der Weltmeister werden will. Eisenharter bewusster Wille ist angesagt! Einfach gesagt: Gute und schlechte Gewohnheiten werden gebildet, indem man bestimmte Gedankenschleifen und Handlungen so lange trainiert, übt und wiederholt, bis sie sich im Unterbewusstsein als festes Muster eingebrannt haben. Je häufiger derselbe Gedanke gedacht wird, desto schneller funktioniert die Verbindung. Vergleich das mit einem Trampelpfad, der wegen starker Nutzung immer besser ausgebaut wird. Vom Feldweg zur schmalen Landstraße, bis hin zur asphaltierten Schnellstraße und schließlich zu deinem »Highway Number One«.

Training ist angesagt!

Die ständige Wiederholung einer Idee, eines Gedankens, einer Tat wird erst zum Glauben, dann zur Überzeugung! Alles klar? Durch tiefe Überzeugung und ständiges Training kannst du bewirken, dass alles, was du dir bewusst einrichterst, zu deinem uneingeschränkten Willen wird.

Du kannst deine Gehirnstruktur durch außergewöhnliche Gehirnaktivitäten (z. B. hoher Stress oder tiefe Entspannung) verändern. Auslöser für solche Veränderungen können extreme Gefühlszustände, wie panische Angst, Furcht, aber auch Glück und übermäßige Freude sein (positiv wie negativ). Wenn du die Zusammenhänge zwischen körperlichem Befinden und Gehirnaktivität berücksichtigst, dann ist es doch logisch, dass sich alles Gefühlsmäßige auf dein Wohlbefinden auswirkt. Gesundheit, Dynamik und Erfolg kommen ebenso vom Kopf wie Lustlosigkeit, Misserfolg und Krankheit. Dein Unterbewusstsein ist 24 Stunden täglich aktiv und sorgt dafür, dass du die Früchte deines gewohnheitsmäßigen Denkens ernten wirst.

Freidenker

Du hast bestimmt schon einmal einen richtig wichtigen morgendlichen Termin gehabt und kennst die Angst davor, zu verschlafen? Dann hast du aber die Erfahrung gemacht, dass dich dein Unterbewusstsein bereits vor dem Rappeln deines Weckers geweckt hatte, oder? Dies ist ein klassisches Beispiel dafür, welche Auswirkungen unser Denken hat. Wir säen Gedanken, wenn wir sie von ganzem Herzen für wahr halten. Unser Unterbewusstsein ist wie ein Gartenbeet. Es wird die Saat aufnehmen und wachsen lassen, die du auf dem Acker deines Geistes ausstreust. Du musst dein Unterbewusstsein nur darauf einstellen, eine bestimmte Vorstellung als wahr zu akzeptieren. Es wird diese Vorstellung unbeirrbar verwirklichen. Erinnere dich an den Kapitän! Du bist der Lenker deines Dampfers im Leben. Du musst nur den entsprechenden Befehl an deine Crew erteilen! Wir Menschen sind Gewohnheitstiere. Wenn du deine Gedanken und Gewohnheiten nur oft genug wiederholst und sie sich in deinem Unterbewusstsein verankern, werden sie zu Automatismen. Gehen, Fahrrad fahren und »Herumzappen« hast du doch auch so lange bewusst trainiert, bis es dir in Fleisch und Blut übergegangen ist. Du hast jederzeit die Freiheit, dich für höhere oder niedere Gedanken zu entscheiden. Dementsprechend wird dein Leben bestimmt.

Du bist, was du denkst – Gedanken erschaffen Wirklichkeiten!

Die Gedanken sind frei!

Du bist mit einem freien Willen ausgestattet. Der freie Wille bedeutet, dass du denken kannst, was immer du willst – alles, was du willst! Du kannst nicht Opfer deiner eigenen Gedanken sein. Es sei denn, du willst es.

Alles ist möglich. Selbst wenn die ganze Menschheit denkt, dass die Welt einfach nur beschissen und schlecht ist, hast du jederzeit die freie Wahl, das Gegenteil zu denken. Du ganz alleine trägst die Verantwortung und die Konsequenzen für deine Gedanken. Niemand anderes sonst! Du schreibst ständig selbst am eigenen Buch deines Lebens. Du bist König, wenn du König schreibst, Knecht, wenn du Knecht schreibst. Was du denkst, das wird zu deiner Lebenswahrheit. Das, was du dir innerlich auf die Tafel deines Geistes schreibst, wirst du in der Außenwelt in Form von Ereignissen und Lebensumständen erfahren. In dein Skript kritzeln auch andere Menschen all die Texte und Bilder, die du dann selbst als wahr erachtest. Achte auf den Input, der deine Gedanken formt, und hinterfrage alles, bevor du es blind und ungefiltert annimmst. Du kannst viel Äußeres zurückweisen und rausschmeißen, wenn du deine Aufmerksamkeit ausschließlich auf das für dich Wahre, Schöne und Gute richtest.

Wenn du dich gedanklich auf das Positive konzentrierst und positive Dinge zulässt, diese nährst und stärkst, ziehst du immer mehr Schätze des Lebens in deinen Erfahrungsbereich. Du sammelst Schätze im Himmel! Denkst du an Mangel, Verlust und Einschränkung, dann sind die entsprechenden negativen Erfahrungen die unausweichliche Folge – knallhart! Dein Unterbewusstsein verstärkt und verwirklicht unterschiedslos jede Idee, die du ihm vermittelst! Denk darüber nach!

Alles Rock 'n' Roll

Ein wenig Physik gefällig? Was geschieht, wenn einem physikalischen Körper Energie zugeführt wird? Die Schwingung, Wellenlänge, Frequenz erhöhen sich, und der Zustand des Körpers verändert sich. Aus Eis wird bei Wärmezufuhr Wasser, und wenn wir diesen Aggregatzustand nochmals verändern wollen, erhitzen wir das Wasser, bis es verdampft. Obwohl wir mit unseren Augen nichts mehr sehen, ist doch immer noch alles da. Nichts ist verschwunden. Wenn der Mensch also Schwingung und diese sogar messbar ist, dann lassen sich diese Schwingungen auch beliebig verändern. Die Frage ist nur, wie?

Heavy Metal Sound

Mit deinem Denken und deinen Gefühlen kannst du die Frequenz deiner Körperschwingungen verändern. Denk an Liebe, denk an Hass. Die Wirkungen auf deinen Body sind total unterschiedlich. Die Energien verändern sich.

Novalis sagte: »Jede Krankheit ist ein musikalisches Problem.« Musik und Töne sind Schwingungen. Wenn beispielsweise eine Gitarre verstimmt ist, kommt kein ordentlicher Sound aus ihr heraus. Wenn wir nun den Menschen als Instrument betrachten, ist der zivilisierte Mensch im Allgemeinen wohl kaum eine Gibson- oder Fender-Guitar, sondern eher ein Gitarrenselbstbausatz aus dem Baumarkt, der im Wesentlichen nur disharmonische Klänge erzeugt. Das heißt: Aggression, Konflikte, Unzufriedenheit! Es geht darum, dieses Instrument mithilfe deines Denkens zu stimmen. Nur du selbst bist für deine harmonischen Schwingungen, die du von dir gibst, verantwortlich! Bist du heute »verstimmt« oder eher »mit mir auf einer Wellenlänge«?

Ich sehe was, was du nicht siehst

Jeder von uns lebt in seiner eigenen subjektiv wahrgenommenen und erlebten, persönlichen Welt. Wie bei der Betrachtung eines Gemäldes ist jede Ansicht, jedes Erkennen immer mit dem Blickwinkel des Kunstliebhabers, dessen Stimmung und den ganz individuellen Erfahrungen des Einzelnen verknüpft. Das Bild liegt immer im Auge des Betrachters. Die Welt ist somit das, was du in ihr siehst.

Welcher Mensch ist so blöde und träumt sich eine gottverdammte, beschissene Welt zusammen? Die Welt, deine Frau, deine Mitarbeiter, dieses Buch, meine Aussagen, alles wird subjektiv wahrgenommen. Es ist das, was ganz allein du in diesem Moment von dem Ganzen denkst. Oberaffengeil, wenn du oberaffengeil denkst. Total bescheuert, wenn du total bescheuert denkst. Das heißt, dass es absolut keine allgemeingültige Wahrheit gibt und geben kann. Jeder denkende Mensch hat somit durch sein eigenes Empfinden und Wahrnehmen der Außenwelt seine eigene Wahrheit.

Alpha

Um dir verständlich zu machen, wie du dir Zugang zu deiner eigenen Wahrheit verschaffst und wie du gezielt Einfluss auf dein Unterbewusstsein nehmen kannst, machen wir einen kleinen Ausflug in die medizinische Hirnkunde. Mit dem EEG wird der Rhythmus deiner Gehirnströme in Schwingungen gemessen. Auf einer Skala von 0 bis 35 Hertz (Maßeinheit für Frequenz) werden die verschiedenen Zustände deiner Gehirnaktivität eingeteilt. Im

Delta-Zustand, von 0 bis 4 Hertz, befindest du dich in der Tiefenentspannung, im traumlosen Tiefschlaf. Dies ist der optimale Zustand für geistige und körperliche Regeneration. Zwischen 4 und 7 Hertz Wellenlänge sprechen wir vom Theta-Zustand, in welchem du dich noch immer in einer tiefen Entspannung befindest. Wenn du viel meditierst, kennst du diesen Zustand. Im für dich an dieser Stelle wichtigen Alpha-Zustand des sogenannten »Tagträumens« wird eine Wellenlänge von 7 bis 14 Hertz gemessen. Bei dieser Gehirnfrequenz hast du einen sehr guten Zugang zu deinem Unterbewusstsein. Alpha ist der Idealzustand, um Kontakt zu ihm herzustellen. Dein Geist ist wach und fit, die Alltagslast ist beiseitegelegt. Das nächtliche Träumen findet übrigens im Bereich zwischen Theta und Alpha statt.

Pimp it up!

Ein freier Geist entwickelt tolle Ideen, hat geniale Einfälle und kann das Wesentliche erkennen. Er ist unschlagbar. Im Alpha-Zustand findest du die Antworten auf deine Fragen. Deine alten Programme lassen sich in diesem Zustand am leichtesten überschreiben. Er stärkt deine Energie und verringert Ängste. Selbst gesteckte Grenzen lösen sich auf. Du bist entspannt und strahlst Ruhe und Sicherheit aus. Du bist überzeugend und hast Wirkung!

Alpha lässt dich aus deinem vollen Potenzial schöpfen. Er verstärkt deine Konzentrations- und Merkfähigkeit. Er erweitert dein Blickfeld und ermöglicht mehr Verständnis und Toleranz. Durch Erkennen des Wesentlichen festigt er den Glauben an dich selbst. In Alpha kennt das Glück keine Grenzen. In Alpha ist deine rechte

Gehirnhälfte aktiviert und arbeitet intensiv mit der linken zusammen. Du hältst Einzug in deinen inneren Tempel. Kreative Gedanken und Lösungen fallen dir wie von selbst ein.

Der Alpha-Zustand ist vielen Menschen unbekannt. Erschreckende Ergebnisse treten in Industriestaaten auf. Die meisten dieser Industrieroboter befinden sich fast permanent im Beta-Zustand, bei dem ist ein Frequenzbereich von 15–35 Hertz nachgewiesen ist. Dort sind die Hirne der Menschen vollgestopft und bis zum Anschlag mit allem möglichen äußeren Scheiß und Problemen ausgelastet. Sie werden und sind getrieben, haben keine Entspannung und Ruhe in sich. Solche Menschen sind leicht zu erkennen: Sie wippen nervös mit den Füßen, sind ständig außer Atem, können sich nicht konzentrieren, kauen an den Fingernägeln, trommeln auf dem Tisch herum, lassen andere nicht ausreden usw.

Im Alpha-Zustand kennt das Glück keine Grenzen.

Für diese Menschen ist das Leben ein einziges Chaos. Katastrophen sind ihre ständigen Begleiter und Glück haben sie natürlich auch eher selten. Sie erlauben sich keine Erholungsphasen. Das erträgt niemand lange! Irgendwann haut es selbst dem besten Boxer-Motor die Kolben raus, wenn er mit dauerhaftem Vollgas im zweiten Gang durch die Pampa heizt. Der Mensch an sich ist ein äußerst zähes Wesen, aber jeder hat seine Grenzen. Früher oder später bricht bei ständiger Überlastung auch das stabilste System zusammen, mit oder ohne Doping. Ganz abgesehen von der deprimierenden Aussicht auf ein leistungsorientiertes, getrimmtes und zivilisiertes Roboterdasein, bleibt diesem Menschen auch noch der Zugang zum eigenen Unterbewusstsein verwehrt. Sein Leben spielt sich selten auf der Sonnenseite ab. Glück kennt so ein »Stresser« nur vom Hörensagen. Er verbreitet Unruhe und sorgt für Missstimmung. Beta heißt Kampf. Der Mensch in diesem Zustand ist vollgepumpt mit Stresshormonen und Aggression und deshalb kaum fähig, Lösungen zu finden. Autofahrer, die sich anpöbeln, Mütter, denen die Hand ausrutscht, Paare, die sich anbrüllen. »Voll normal« halt. Im Beta-Zustand gibt es kein Verständnis, keinen Kompromiss, keinen Frieden. Das Glück ergreift die Flucht!

Der lebenswichtige Alpha-Zustand ist (wieder) erlernbar. Bei regelmäßigem Training kannst du ihn jederzeit einschalten, wenn du ihn benötigst. In welchem Zustand befindest du dich gerade? Bist du leicht reizbar und fährst viel zu schnell aus deiner Haut, verlierst ruckzuck die Fassung? Immer auf vollem Konfrontationskurs? Komm zur Ruhe – komm zu dir! Mach Einkehr (nicht in der Kneipe!). Versetz dich, so oft es geht, immer und immer wieder, in den Alpha-Zustand (Training!). Das ist leichter, als du denkst. Nimm dir dafür jeden Tag nur zehn Minuten Zeit. Hör dir dabei, wenn du magst, ruhige Musik an, schließ deine Augen und sperr deine Probleme für diesen Moment aus. Konzentrier dich ganz bewusst auf den Augenblick – nimm einfach nur wahr. So gelangst du in einen angenehmen Entspannungszustand, in dem du dich wohlfühlst und deine Gedanken fließen. Alpha ist leicht zu erreichen. Das geht sogar auf dem Dixi-Klo, aber natürlich nicht beim Autofahren. Du kannst es aber auch mit einer Entspannungs-CD versuchen, die du beispielsweise in jedem Buchladen erhältst. Gezielte Atemübungen, Meditation, Yoga, autogenes Training, Tai Chi, Chigong, Action Painting, Sport, Hobbys oder Muskelentspannungsübungen sind Techniken, mit denen du sehr gut in den Alpha-Zustand gelangst.

Erzähl mir jetzt nicht, dass das bei dir nicht funktioniert! Du musst es nur wollen, du hast einen freien Willen. Check out, was dir am meisten liegt, und wirf nicht gleich wieder alles hin. Verzweifle nicht an dir, Übung macht den Meister – mal klappt es besser, mal gar nicht, mal schläfst du dabei ein. Was hast du zu verlieren? »In der Ruhe liegt die Kraft!« Du kannst nur gewinnen, dein Leben bereichern.

I have a dream

Kinder sind Meister der Fantasie! Sie haben im Gegensatz zu uns Erwachsenen noch erstaunliche Begabungen und sind zu intensiver Konzentration, Versunkenheit, Kontemplation, gebündelter Aufmerksamkeit, nüchternem Denken, intensiver Gefühlswahrnehmung, Offenheit und Freude an neuen Erfahrungen fähig. Kinder haben die Fähigkeit, zu träumen. Wenn da nur nicht die (Ab-) Erziehung wäre. Beim Träumen werden die Erfahrungen deines Tagesspeichers, also deines Bewusstseins, mit dem Langzeitspeicher in deinem Unterbewusstsein abgeglichen. Im Traumzustand offenbart dir dein Unterbewusstsein all das, was ihm tagsüber an Informationen zugetragen wurde. Es weist dich darauf hin, welchen Kurs du eingeschlagen hast. Wenn du träumst, hat das Bewusstsein die Kontrolle über den Verstand abgegeben und ruht. In diesem Moment tritt das Unterbewusstsein als direkter Übersetzer deines Innersten auf. Selbsterhaltung ist sein oberstes Lebensgesetz.

Beleb deinen Traum!

Dein Unterbewusstsein ist immer bestrebt, dich vor Schaden zu bewahren. In Tagträumen und im Alpha-Zustand lassen wir uns treiben. Wie die Kids machen wir darin Unmögliches wahr. Erlaub dir, wieder zu träumen, und gib deine Träume niemals auf! Träum nicht dein Leben, beleb deinen Traum!

So mancher Erfinder sah sich bereits in seinen Kinderträumen im Labor herumexperimentieren. Von erfolgreichen Rockstars weiß man, dass sie schon im Kindesalter von ihren Bühnenauftritten geträumt haben. Oder denk nur mal an Martin Luther Kings

»I have a dream …«. Wenn du ein wenig mit der Geschichte vertraut bist, weißt du, welche Folgen dieser Traum in der Realität hatte. Glücklich ist, wer seine Träume verwirklichen kann, denn glückliche Menschen lieben das, was sie tun. Was könntest du mehr lieben, als deine Wünsche und Träume in die Tat umzusetzen? Deine Träume zeigen dir einen Weg. Sie zeigen dir deinen Weg! Du solltest deine Träume nicht einfach wegschieben. Sie sind ein Teil von dir! Da kommuniziert und spricht jemand mit dir. Frag dich mal, wer das wohl sein könnte? Auch wenn du denkst, dass die Stimmen nicht real sind, haben sie oftmals großartige Ideen.

Solltest du dir das Träumen tatsächlich abgewöhnt haben, was ich echt bezweifle, dann macht das gar nichts. Dann wünsch dir doch einfach etwas! Wünsche sind Vorboten der Fähigkeiten, die in dir liegen. Vielleicht hattest du schon als Kind den tiefen Wunsch, Gitarre spielen zu lernen. In dem Fall kannst du recht sicher sein, dass diese Begabung in dir steckt, egal ob du sie inzwischen ausgelebt hast oder nicht. Wolltest du schon immer an der Spitze stehen, Bandleader oder Klassensprecher werden? Dann ist deine natürliche Begabung zum Führen sehr ausgeprägt. Finde heraus, was du wirklich willst. Hol deine Erinnerungen aus der Kindheit und Jugend wieder hervor. Deine Träume und Visionen. Lass deine Gedanken dabei einfach treiben. Gib dir selbst die Erlaubnis dazu. Lass deine inneren Bilder wie Wolken am Himmel vor deinem geistigen Auge vorbeiziehen. Sie sind ganz tief in deinem Herzen verbuddelt, dein Unterbewusstsein hat sie nicht vergessen!

Es spielt vorerst keine Rolle, ob es sich um kleine oder große Wünsche und Ziele handelt, um realistische oder utopische. Werde dir über deine Wünsche einfach erst einmal nur klar, zensier sie nicht! Als Kind und Teenie hattest du massenweise Wünsche. Wie ist das heute? Meist bist du so damit beschäftigt, in Routine und Alltag zu versinken und von einem Gehalt zum nächsten zu leben. Du vergisst deine Wünsche und Träume oder nimmst sie gar nicht mehr wahr. Möglicherweise glaubst du, dass es keinen Sinn macht, sich mit seinen Wünschen zu beschäftigen? Ist dir bewusst, worauf du verzichtest? Im Wunsch und Traum offenbart sich dein innerer Reichtum, deine ganz persönliche Schatzkiste des Lebens. Wenn du dich irgendwann mal fragst, was du dir selbst Gutes getan hast, wo du deine Wünsche, Träume und Visionen ausgelebt und wofür du dich belohnt hast, und dir dann gar nichts einfällt, dann ist das Geschrei groß! Waren es wieder die anderen, die dich an der Erfüllung deiner Wünsche gehindert haben? Warum? Hat es vielleicht mit der Verantwortung für dich selbst zu tun? Es liegt an dir. Ohne Traum, ohne Wunsch – keine Vision, kein Ziel! Aus dem kleinsten Gedankenfeuer kann ein strahlend leuchtendes Mittsommernachtsfeuer entstehen – wenn du es nur willst!

Deine Lebensaufgabe unterteilt sich, wie du nun weißt, in Innen- und Außenarbeit. Wenn du durch Krankheiten und Krisen innere Blockaden verspürst, ist das ein Signal, deine Innenarbeit genauer unter die Lupe zu nehmen. Umgekehrt wird es Zeit, die Aktivität nach außen zu verlegen, wenn du mit deiner Innenarbeit nicht mehr weiterkommst. Sei daher bei deiner Arbeit mit deinen zwei Welten stets bemüht, einen sorgsamen, wohl ausbalancierten und achtsamen Umgang zu pflegen. Anstatt einen »Krieg der Welten« zu forcieren, beginne das Gegenteil und begrüße Junior als deinen Partner. Er ist nicht dein Feind, sondern der Teil, der dir zum »Ganz-Sein« fehlt. Er ist dein bester Freund.

Volle Konzentration!

Nimm alles, was im Außen geschieht, offen, neutral, ohne zu bewerten, und mit voller Aufmerksamkeit wahr – es hat eine innere Ursache. Es enthält die für dein Leben wesentlichen Botschaften. Diese »Zeichen« wollen verwirklicht werden, sonst leidet deine Seele!

Alles, was Spaß macht

Mach dir klar, was du schon immer gerne tun wolltest bzw. was du »früher«, vor längst vergangener Zeit, immer gerne gemacht hast.

Anregungen: Musik hören; Buch: Krimi, Liebesroman; Tageszeitung lesen; Denksportaufgaben: Kreuzworträtsel, Sudoku; Entspannungsübungen; coole Klamotten schneidern; in Ruhe einen Tee trinken; lecker kochen; die Wohnung aufhübschen; malen; basteln; musizieren; einen Brief oder ein Buch schreiben; im Bett liegen; Neues lernen; reisen; ausschlafen; Liegengebliebenes erledigen; alte Freunde und Kollegen treffen; mit jemanden reden; flirten; diskutieren; auf Tour gehen; Handball; Tennis; Squash; Judo; Karate; Kickboxen; Schwimmen; Sauna; Radfahren; Bowling; Wandern; Spazierengehen; Muckibude; allein wegfahren; nette Leute kennenlernen; Kino; Theater; Konzert; Zoo; Volkshochschule; Friseur; Vorträge; Sportstadion; im Café sitzen, Stadtbummel; Garten usw. Mach etwas, werd aktiv! Vor der Glotze rumhängen kann jeder!

Hau weg den Dreck

Nichts ist für die Ewigkeit. Nichts ist für immer da. In diesem Leben kannst du nichts auf ewig festhalten. Alles, was du krampfhaft festhältst, wird irgendwann zur Last. Genauso ist es mit deinen Gedanken. Wenn du nun der Mensch werden willst, der du in Wirklichkeit bist, dann wird es Zeit, klar Schiff zu machen. Beginne damit, alles Lästige aus deinem Leben zu entfernen. Miste rigoros aus, was sich angesammelt hat, was du nicht mehr brauchst. Das sind zum Beispiel negative Gedankenmuster, eine pessimistische Einstellung, destruktive Gefühle wie Neid, Eifersucht, Aggression, Hass, aber auch Bilder (innere und äußere!), Menschen und Erinnerungsstücke aus deinem Umfeld, die dich immer wieder runterziehen.

Auf der Netzhaut deines Auges gibt es einen Punkt, an dem lichtempfindliche Stäbchen und Zäpfchen verknüpft sind. Auf diesem Punkt nimmst du kein Licht wahr, da ist es stockdunkel wie in einem Bärenarsch. Da befindet sich der Sehnerv, der die einzelnen Sensoren mit deinem Gehirn verbindet. Dieser blinde Fleck existiert auch in deinem Bewusstsein. Der blinde Fleck ist das, was du vor lauter Seh-»Nerverei« nicht sehen willst und vor dir herschiebst wie ein Bagger den Dreck, der sich immer weiter anhäuft. Das geht nur so lange gut, bis du den Über-»Blick« verlierst und es wehtut. Was du nicht wahrnehmen willst, was du verdrängt, weg- und aufgeschoben hast, bleibt in deinem persönlichen Keller abgestellt und eingemottet. Es blockiert dich und raubt dir die Kraft zum Atmen. Wenn du anfängst, mit deinem blinden Fleck zu arbeiten, entsteht ein neues Abenteuer. Steig hinab in den Keller deines »House of Pain«. Mach's, ich bin bei dir!

Glaub mir, dabei wirst du forschend tätig werden und lernst, dein Leben neu zu entdecken. In der Auseinandersetzung mit Verdrängtem kannst du viele Phasen deines Lebens in einem neuen Licht sehen. Bestimmt erkennst du dabei einen tiefer liegenden Sinn. Dann siehst du plötzlich, warum was geschehen ist. Du erhältst eine Vorstellung davon, warum du so bist, wie du bist. Jedes Mal, wenn du einen solchen Zusammenhang entdeckst, reagierst du zunächst gefühlsmäßig. Erinnerungen und Gefühle kommen hoch. Das macht nicht immer Spaß. Vielleicht Traurigkeit, Druck, Angst, Leid, Wut, Zorn? Meist kommt aber auch Freude hinzu, weil du spürst, dass sich jetzt das im Inneren Verborgene auflösen darf. Du spürst, dass du so manches nicht mehr länger mit dir herumschleppen musst. Du darfst jetzt lernen, etwas loszulassen! Schmeiß deine Altlasten hochkantig raus, bevor sie noch länger in deinem modrigen Keller ansammelst und dich die Fäulnis der Vergangenheit langsam von innen heraus auffrisst und krank macht. Altlasten sind wie ein prall gefüllter Rucksack, den du ständig mit dir herumschleppst. Schwer und sehr, sehr groß. Das Resultat sind unter anderem Rückenschmerzen, Enge im Brustraum, deformierte Schultern, auf Dauer eine lahme, schleppende, gebückte Haltung, Atemnot, Plattfüße usw. Die Kliniken sind randvoll mit psychosomatisch Kranken. Denk an: s(t)imuliert – alles entsteht in deinem Kopf! Entsorg endlich die ganze gequirlte Scheiße in der modrig stinkenden Latrine deiner Vergangenheit!

Du bist nichts anderes als ein Produkt deiner Vergangenheit!

Bye-bye – ein Abschiedsbrief

Es ist an der Zeit, dir zu schreiben. Viel zu lange habe ich überlegt, geschluckt und mich gezwungen. Ich hatte tausend Ausreden parat und habe es auf die lange Bank geschoben. Ich darf dir Lebewohl sagen. Ich muss dich enttäuschen! Ich möchte aber doch noch einmal an die gute, alte Zeit erinnern: Du hast es verstanden, mir oft über meine ersten Hemmungen zu helfen, hast mich größer und schöner gemacht. Bei Feiern konnte ich genauso ausgelassen mit dir sein. Du hast mich inspiriert und mich auf Höhenflügen begleitet. Die Liebe konnte ich mit deinem Zutun viel heftiger erleben. Du hast mir rosige Wangen gemacht, mich in deiner Begleitung Hummeressen gelehrt. Du hast dich oft in verführerischen Formen und Posen gezeigt. Mit dir habe ich Sonnenuntergänge am Meer gesehen, die tollsten Dinge erlebt. Oft hast du mich getröstet, mir Entspannung gebracht. Langeweile gab es mit dir nicht oder nur selten. Du warst ein Teil meines Lebens. Wie kam es, dass unsere Beziehung zu anstrengend für mich wurde? Du hast einfach Besitz von mir ergriffen, du wurdest mir zu intensiv. Du konntest nicht verstehen, dass ich mich dagegen gewehrt habe. Jedes Mal schaffst du es wieder, mich in deine Träume zu holen. Du hast begonnen, mich in unserer Beziehung zu ersticken. Du hast mich krank gemacht! Wenn du da warst, wollte keiner etwas mit mir zu tun haben. Jahrelang habe ich nachgegeben. Ich dachte, es wird doch noch ein gutes Ende mit uns nehmen. Vielleicht dachte ich, wir könnten uns seltener sehen. Aber jedes Mal überfielst du mich mit deiner ganzen Kraft. Ich konnte mich nicht gegen dich wehren. Du nahmst nicht den kleinen Finger, die ganze Hand, nein, du hast mich verschlungen! Du hast mir so oft etwas versprochen und nicht gehalten! Mein Entschluss steht fest: Ich werde fortan mein Leben ohne dich Leben! Ich hatte dich in der Vergangenheit, die Zukunft gehört MIR!« (Verfasser leider unbekannt)

Altlasten und Abhängigkeiten

Schreib deine ganzen Altlasten und Süchte auf, die du aus deinem Leben verbannen wirst. So wie im Beispiel des Briefes. Schreib einen anonymen Abschiedsbrief. Verbrenn diesen Brief, zelebrier eine Totenfeier, versenk das Schreiben in einer Kiste im Meer und verabschiede dich davon. Befrei dich vom Joch der Vergangenheit! Solch ein Ritual entfacht heilende und reinigende Kräfte. Wenn du magst, schick mir den Abschiedsbrief, auch anonym, zu. Vielleicht entsteht aus den gesammelten Werken dann ja ein Buch mit dem Titel »Der Altlasten-Container«. Zünde dein »Fire of Change« an! Nimm dir die Zeit, mach's!

Es ist, wie es ist

Im Leben geht es auch immer um deine Mitmenschen. Es geht um Familie, Freunde, Mitarbeiter, Vorgesetzte, Kunden, Klienten, Mitschüler, Mitglieder, Fremde, um wen auch immer, mit dem du in irgendeiner Form zu tun hast. Du kannst die Menschen nur so annehmen, wie sie sind. In dem Wort An-»nehmen« stecken mehrere Betrachtungsweisen: glauben, dafürhalten, empfangen, entgegennehmen, bekommen, anerkennen, akzeptieren, zulassen, zustimmen, für richtig halten. Die Menschen annehmen heißt, zu akzeptieren, dass sie anders sind! Solange du erwartest, dass alle so wie du sein müssen, kannst du sie nicht annehmen. Mit dieser Erwartungshaltung kannst du mit dir selbst keinen Frieden finden. Annehmen hat mit Tolerieren zu tun. Toleranz kommt von Ertragen, Erdulden, Erleiden.

Welchen Sinn haben die unterschiedlichen Fingerabdrücke und Handlinien der Menschen? Möglicherweise will uns die Natur damit sagen, dass jeder der vielen Milliarden Menschen ein unvergleichbares Wesen ist? Einzigartig, wie die Aufgaben, die es im Leben zu bewältigen und zu erledigen gilt. Toleranz, meine Herrschaften!

So sieht's aus!

In deiner Kindheit bildet sich deine Lebensaufgabe heraus. Beobachte dich selbst, dein Tun und dein Handeln. Die anderen Menschen zeigen dir, wer du bist. Mach dir nichts vor! Das Äußere ist die Wirkung, im Inneren erkennst du den Sinn. Die äußeren Gegensätze erkennen und akzeptieren macht frei! Du bist der Mittelpunkt in deinem Leben. Lerne, wie wichtig es ist, dass du gut zu dir selbst bist. Bestraf dich nicht selbst!

Be alive!

Wenn ich von Glauben spreche, dann meine ich damit keine religiösen Dogmen, Bekenntnisse oder Traditionen. Lass uns den Glauben einfach einmal als geistige Haltung, als eine innere Gewissheit, als eine feste Überzeugung betrachten. Nimm an, dass jede Idee, die du gefühlsmäßig auflädst und als wahr empfindest, auch tatsächlich wahr ist und sich verwirklichen muss. Glauben heißt, die Wirklichkeit eines Gedankens, einer Idee, eines inneren Bildes anzuerkennen und für wahr zu halten, auch wenn dein Verstand und deine Sinne es verleugnen. Dabei wird das begrenzte Bewusstsein zugunsten des völligen Vertrauens in dein Unterbewusstsein ausgeschaltet. Glaube gilt immer dem Unsichtbaren! Glaube ist Vertrauen, aber kein Zwang. Du kannst zum Beispiel ein Samenkorn wässern und düngen, aber zum Wachsen zwingen kannst du es nicht. Wenn du dich da draußen in der Welt umschaust, wird dir sehr schnell klar werden, dass alle menschlichen Handlungen auf Glauben beruhen. Auch du selbst tust alles aufgrund deines Glaubens. Im Glauben an deine Fähigkeiten fährst du Auto, spielst Billard oder schreibst ein Buch, operierst an einem offenen Herzen.

Der Bauer hat gelernt, an die Gesetze des Ackerbaus zu glauben, der Chemiker an die Gesetze der Chemie. Jeder glaubt an irgendetwas. Der Atheist glaubt an die Gesetze der Natur, die Entdeckungen der Naturwissenschaften. Andere Leute glauben an schwarze Katzen, Krankheit, Pech und Versagen. Woran glaubst du? Verwendest du deinen Glauben konstruktiv oder negativ? Wenn du an eine Sache negativ herangehst und nicht an dich glaubst, geht sie bestimmt in die Hose. Wenn du aber ganz fest an dich glaubst und du dir selbst sagst: »Ich schaff das, ich kann das, ich will das«, wie groß ist dann die »Wahr«-schein-lichkeit des Versagens? Wenn du an etwas aus tiefstem Herzen heraus glaubst, dann stehst du dazu, es treibt dich an und wird irgendwann auch wahr werden. Das nennt man in der Psychologie eine »sich selbst erfüllende Prophezeiung«. In deinem Leben wird das eintreten, worauf du deine ganze Aufmerksamkeit richtest!

»To believe«, das englische Wort für »glauben«, lässt die Silben »be« (sein) und »alive« (lebendig) anklingen. »Im Zustand des Lebens sein«, so ließe sich die ursprüngliche Bedeutung des Wortes übersetzen. Das heißt, dass du in deinem Leben etwas wirklich werden lässt. Glauben heißt also, dass du das, was du für wahr hältst, als lebendige Realität in deinem Herzen fühlst. Das ist keine theoretische Behauptung, das bedeutet vielmehr, dass du das, was du dir wünschst und bejahst, auch wirklich in deinem Herzen fühlen musst. Damit du wahren Glauben zum Ausdruck bringen kannst, muss aus deinem »Kopfwissen« ein »Herzwissen« werden. Jetzt der Hammer: Dann glaubst du nicht nur, sondern stellst deinen Glauben auch unter Beweis! Wir erschaffen das, woran wir glauben, Glaube versetzt Berge! Glaub an dich!

Mach dein Kopfwissen zu Herzwissen! Glaub an dich!

Immer wieder begegnen mir Vollidioten, die meinen, ich müsste ihnen – aus welchen dahergelaberten Gründen auch immer – mein Vertrauen schenken und an sie glauben. In diese Reihe gehören auch all die ganzen Affen, moralisierenden Kräfte und Institutionen, die zwar an bestimmte theologische Systeme oder kirchliche Dogmen glauben, jedoch keinen echten Glauben in das Leben an sich haben. Danke Jungs, ihr wisst, wen ich meine. Ihr seid meine besten Coachs und Trainer, schön, dass es euch gibt! Wahrer Glaube drückt sich in geistiger und körperlicher Gesundheit und einem erfüllten harmonischen Leben aus. Glaub nicht daran, dass »Zuckerschnute« im dritten Lauf beim Pferderennen siegt. Das kommt von außen. Glaub an das Leben und vertrau in dich selbst.

Alles Prüfungen

Selbstzweifel sind wie eiserne Ketten, die deine Bewegungsfreiheit massiv einschränken. Zweifel, ob du einer Aufgabe gewachsen bist, schwächen dich so sehr, dass du letztlich nur versagen kannst. Wenn du zweifelst, traust du dir vieles, wozu du ohne Weiteres fähig wärst, nicht zu. Stell dich deinen Zweifeln! Den Zweifel zu beachten (und jede andere Emotion wie Schmerz, Hass, Liebe ...) verstärkt diesen nur weiter. Nichtbeachtung bringt Befreiung. Wer anfängt zu zweifeln, hört nie damit auf! Wenn du jedoch lieber Glauben und Vertrauen aufbauen willst, kann es nur einen geben, der damit beginnen sollte: Du selbst musst den ersten Schritt machen. Vertrauen baut Vertrauen und Selbstvertrauen auf. Daher ist es wichtig, einem Impuls, einer Vorstellung, einem inneren Bild konsequent zu folgen. Und zwar ohne intensiv darüber nachzudenken, was im schlimmsten Falle passieren könnte. Behalte nur das Bild im Auge, dass es gut und hilfreich sein wird und dass es dich in der Entwicklung deines Lebens voranbringt. Damit setzt du eine Wandlung in Gang. Weg vom Misstrauen, der Angst und dem Druck, hin zum Vertrauen. Je mehr Selbst-»Vertrauen« du entwickelst, desto weniger Selbst-»Zweifel« wirst du haben.

Wenn du Vertrauen aufbauen willst, musst du damit beginnen, dir ein starkes Fundament zu zementieren. Prüfungen helfen dir dabei. Rückschläge wird es aus einem ganz einfachen Grund immer wieder geben: Sie sollen Zweifel aufkommen lassen, um zu prüfen, ob du wirklich schon deinem Inneren vertraust, ob du an dich selbst glaubst. So wirst du gezwungen, Farbe zu bekennen und dir selber gegenüber ehrlich zu sein. Fällst du wieder um oder hältst du durch? Wenn du wieder umfällst, bleibst du im ewigen Kreislauf deines Lebens gefangen. Du stirbst! Solltest du die Prüfung bestehen, ohne das Vertrauen zu verlieren, bist du einen Schritt weiter und hast gleichzeitig deinen Glauben an dich selbst gefestigt. Die Prüfungen in deinem Leben fordern dein inneres Vertrauen heraus. Sie helfen dir, deinen Glauben zu stärken. Dein gesundes Fundament hilft dir dabei, dass dein Turm auch dann noch stehen bleibt, wenn der Wind des Lebens rauer weht oder wenn du in die nächste Krise kommst.

Übrigens, zum gefährlichen Wort »eigentlich«: Wenn du nur »eigentlich« gut bist, dann reicht das nicht! Würdest du jemandem eine schwere Aufgabe anvertrauen wollen, der nur »eigentlich«, also nicht richtig, von seiner Fähigkeit überzeugt ist? Wann immer ein anderer vorgezogen wird, dann solltest du dich fragen: »Was strahlt er aus, was strahle ich aus?« Wenn du dich hinter nichtssagenden, leeren Phrasen versteckst, dann ist jetzt die beste Gelegenheit, Stellung zu beziehen. Rede Tacheles mit dir selbst! Prüf dabei äußerst kritisch deine Wortwahl. Die Worte wirken nämlich nicht nur auf dich und dein Unterbewusstsein, sondern auch auf deine Mitmenschen. Wie du weißt, ist deine derzeitige Lebenssituation im Grunde nichts anderes als das Ergebnis deiner Worte und Gedanken.

Du schaffst das!

Sieh alles, was dir begegnet, als Prüfung und Herausforderung an. Das hält fit und schützt vor Faulheit und Dummheit – garantiert! Das lässt dich achtsam und bewusst (er-)leben. Akzeptier die Situationen und Menschen so, wie sie sind! Nicht akzeptieren heißt verurteilen! Verurteilen ist einseitig und blockiert dich! Verlass dich auf dein Herz! Lass alte bekannte Wege sein (los!). Wechsle die Richtung! Oftmals führt der steinigste Weg zu den schönsten Orten! Zweifel ist das Gegenteil von Glauben und Vertrauen! Wer dem Leben misstraut, der kann nicht erwarten, dass das Leben ihn trägt und ihm Gutes tut.

Doktor Love

Shakespeare

»Liebe mich oder hasse mich – mit beidem tust du mir einen Gefallen. Wenn du mich liebst, werde ich für immer in deinem Herzen bleiben. Wenn du mich hasst, werde ich für immer in deinen Gedanken bleiben.«

Über die Liebe kann man unaufhörlich philosophieren. Meist mit dem Ergebnis, dass niemand mehr weiß, was Liebe überhaupt bedeutet. Das führt dazu, dass die Liebe erst gar nicht mehr praktiziert wird. Praktizierte Liebe ist einfach. Die Liebe zu analysieren, zu erklären, ist dagegen so kompliziert, dass für die Liebe selbst keine Zeit mehr bleibt. Ich versuche es dennoch. Auch beim Thema Liebe gilt: keine Worte, Taten! Laber nicht drum herum, wie es wäre, andere und dich selbst zu lieben – mach es einfach!

Eine Frau sagt zu ihrem Mann (oder andersherum): »Ich liebe dich!« Wie sieht das im Allgemeinen aus? »Ich liebe dich nur, wenn du denkst, was ich denke; wenn du fühlst, was ich fühle; wenn du der bist, der du für mich sein sollst; wenn du mir gibst, was ich von dir haben will.« Nein, so funktioniert die Liebe nicht!

Stolz, Eitelkeit, Angst vor Gesichtsverlust, Streit um Recht und Unrecht führen fast immer von der Liebe weg in Richtung Hass, Ausgrenzung, Rückzug, Kampf und Krieg ums eigene Ego. Bedingungslose Liebe heißt, den Partner ohne Erwartungen und ohne äußere Bedingungen wie Geld, Macht, Status, Aussehen etc. zu lieben. Bei der Liebe geht es um die inneren Werte – die des Herzens! Ich weiß, das ist inzwischen eine abgedroschene Floskel, aber lass mich weiterschreiben. Liebe ist auch nicht »nur auf sich selbst bezogene Liebe«, also reiner Egoismus. Dennoch gilt: Bevor du andere lieben kannst, liebe erst einmal dich!

Liebe ist die Basis des Christentums – doch Vorsicht: 2000 Jahre Christentum haben nicht im Entferntesten ausgereicht, auch nur das kleinste Verständnis für den Begriff der Liebe zu wecken.

Das Christentum erwähne ich hier nur, weil es die Religion ist, deren zentrales Thema die Liebe ist. Daher müssten wenigstens die Christen ansatzweise wissen, worum es hier geht. Aber vergiss es! Die Christen reden von Liebe und haben immer nur Kriege geführt und Kreuzzüge veranstaltet. Die Mohammedaner reden von Liebe und haben stets Dschihad, heilige Kriege, geführt. Die Hindus reden von Liebe, grenzen sich aber durch ihr Kastensystem sogar von ihren Glaubensgenossen ab. Bei der Liebe, von der in der Bibel die Rede ist, handelt es sich nicht um ein sentimentales, künstlich erzeugtes Gefühl. Liebe ist die Kraft, die Familien und Nationen vereint, statt sie in Kriege zu verwickeln.

Liebe ist Leben

Liebe ist das Gesetz von Gesundheit, Frieden, Wohlstand (nicht materiell!), Freude und Erfolg. Die Kinder der Liebe heißen Ehrlichkeit, Harmonie, Gesundheit, Güte, Frieden, Gerechtigkeit und Integrität.

Wenn ich in einem Training oder mit einem Kunden über das Thema Liebe spreche, werde ich meistens belächelt. »Sollen wir uns jetzt etwa alle liebhaben? Ringelpietz mit Anfassen, ha, ha, ha ... ?« »Wir können doch lieber von Sympathie, Verständnis oder Harmonie sprechen«, heißt es dann. Natürlich kann man das, wenn man will – aber ich will es nicht! Die Menschen wehren sich oft regelrecht gegen das Wort Liebe und lassen sehr schnell die Rollladen runter. Wenn ich über Liebe spreche, spreche ich damit die unterbewussten Verknüpfungen eines jeden Einzelnen an, der mich hört. Die Menschen, die sich selbst nicht lieben oder die in der Vergangenheit den Glauben an die Liebe verloren haben, spüren emotionale Bewegung und Wallung in sich aufsteigen und schalten nicht selten auf Abwehr. Sie beschwichtigen, lenken ab und machen sich sogar über die Liebe lustig. Liebe scheint ein peinliches Thema zu sein. Fuckin' traurig ist das!

Und wenn wir schon dabei sind, will ich hier die schönste Sache der Welt, den Sex und das »rein sportliche Ficken«, ebenfalls nicht auslassen. Auch ich hatte mich einst, zum Erschaffen meiner ganz persönlichen Trophäensammlung und aus reiner Geltungssucht heraus, so konditioniert, bei diesen Bettenschlachten keine Emotionen, geschweige denn die Liebe zuzulassen. Knallharter Selbstschutz! Ist es nicht so, dass auf dieser Welt nicht schon genug schwanzgesteuerte Arschlöcher herumlaufen? Reine emotionskalte Knüppelbeziehungen funktionieren nicht. So abgewichst sind nicht einmal die übelsten Zuhälter im Grunde ihres Herzens. Sobald du bei der Befriedigung rein körperlicher Gelüste auch nur den leisesten Verdacht hast, dass bei dir selbst oder deinem Gegenüber Emotionen aufkeimen, solltest du dir schlagartig deiner Verantwortung für deine Taten bewusst werden. Du solltest »ihn« nicht nur stehen lassen, sondern zu dir selbst stehen und dir deine wahren Absichten klarmachen. Und, wenn es dir echt nur ums Poppen geht, konsequenterweise einen gnadenlosen Schlussstrich ziehen! Besser noch: Wenn du nicht wirklich der absolut arschkalte und lustgesteuerte Sperminator bist, wovon ich nicht ausgehe, dann halte deine Nudel besser im Zaum und mach lieber: »Liebe an und für sich!« Wichtig: Das gilt im Umkehrschluss natürlich auch für unsere weiblichen Leserinnen! Meist wird durch die ganze, sehr oft auch im berauschten Zustand durchgezogene Popperei nur ein mächtiger Scherbenhaufen und gnadenloses menschliches Chaos hinterlassen. No Way!

»Liebe deinen Nächsten wie dich selbst!« Nicht viele Menschen in unserer Gesellschaft sind in der Lage, sich ehrlich im Spiegel zu betrachten und zu sich selbst aus tiefstem Herzen zu sagen: »Ich liebe dich!« Probier es aus und sei ehrlich zu dir! Es ist erstaunlich, welche Tricks wir anwenden, um ja nicht über die Liebe sprechen zu müssen. Lieber geht es um Hass, Gewalt, Mord, Totschlag und Terror usw. Da sind wir doch alle gern dabei, oder? Eine Nachrichtensendung zur Hauptdepressionszeit, täglich um 20 Uhr, über die Liebe, würde manch einer staatlichen Einnahmequelle ruckzuck das Genick brechen. Kaum vorstellbar! Wo leben wir denn?

Sigmund Freud meinte, dass eine Persönlichkeit, der es an Liebe fehlt, leidet und verkümmert. Ohne Liebe im Herzen wirst du straucheln und scheitern. Lass Liebe in deine Seele, dann ist kein Platz mehr für Hass, Feindschaft und Böswilligkeit. Lieben heißt, aus dem Herzen sprechen und handeln. Liebe will gelebt und nicht unterdrückt werden. Liebe besiegt alle Probleme. So wie die Bitterkeit immer mehr Bitterkeit zum Vorschein bringt, so bringt die Liebe immer mehr Liebe hervor. Aktion – Reaktion. Durch dein Reden und Handeln kannst du deinem Körper entweder eine Melodie der Liebe oder eine des Hasses übermitteln! Wofür entscheidest du dich? Denk an den Steinwurf in den Teich und beginne damit, die Welt positiv zu verändern. Vielleicht sticht dich diesmal nicht eine Stechmücke, sondern vielleicht ..., wer weiß?

Wenn die Liebe die stärkste Macht im Kosmos ist, dann können wir doch daraus schließen, dass es kein Problem gibt, das nicht mit einer gehörigen Portion Liebe gelöst werden kann. Egal, welches Debakel sich uns darstellt, ob im Privaten, im Beruflichen oder bei weltweiten Themen wie Armut, Hungersnöten, Drogen, Arbeitslosigkeit usw., mithilfe der Liebe könnten wir, wenn wir wollten, alle Probleme lösen. Wenn du die Welt als deinen Spiegel siehst, dann fang jetzt endlich bei dir selbst an! Wie willst du die Welt lieben, wenn du dich selbst nicht leiden magst? Meine Empfehlung: Wenn du bereit bist, gegen alle »Vernunft«, gegen alle Gewohnheiten, gegen alle herkömmlichen Abwehrreaktionen, gegen unzählige Lehren und abergläubische Meinungen zu sagen: »Ich will lieben«, wirst du im Rampenlicht und nicht mehr auf dem Abstellgleis stehen!

Ein weiteres Problem mit der Liebe, seien wir doch mal ehrlich, ist folgendes: Wenn du nur fünf Minuten wahre Liebe ausdrückst, dann sieht dich ja keiner. Da ist keiner da, der dir auf die Schulter

> **Ohne Liebe im Herzen wirst du straucheln und scheitern.**

klopft und dich lobt. Somit kannst du auch dein Ego nicht befriedigen. Keiner dankt dir im ersten Moment für diese großzügige Spende an positiver Energie, die du damit in die Welt sendest. Genau das ist es aber, was die Menschheit braucht. Positive Energie, noch und nöcher! Jede andere Hilfe ist Illusion, die nur dazu dient, dein Gewissen zu beruhigen. Schau mal: Wenn dich dein Seelenheil mal wieder plagt oder wenn du womöglich steuerrechtlich noch etwas absetzen kannst, ist es doch viel einfacher, mal eine Geldüberweisung zu tätigen, als täglich ein paar Minuten lang wahre und echte Liebe auszusenden, oder? Warum meldet sich dein schlechtes Gewissen überhaupt? Will es dir vielleicht etwas mitteilen? Dein Gewissen beruhigen heißt, dir selbst einzureden, was für ein guter Mensch du doch bist. Echte Hilfe zur Selbsthilfe ist das auf lange Sicht nicht, das solltest du inzwischen geschnallt haben. Nichts gegen Spendengelder! Es gilt aber auch zu bedenken, ob denn die weltweite Not und das Elend nicht letztlich auch auf die Unvernunft des Menschen und auf den Mangel an Liebe zurückzuführen ist!

Angst ist nichts anderes als das Fehlen von Liebe. Angst ist ein Mangelzustand an Liebe. Angst ist Dunkelheit. Du bist gegen diese Dunkelheit nicht machtlos. Du musst nur den richtigen Schalter drücken: die Liebe! Damit hebst du den Mangel auf! Hattest du in dem Moment, als du jemanden von ganzem Herzen liebtest, etwa Angst? Außer vielleicht davor, dass der Gummi platzt? Das Fehlen der Liebe kann jedoch auch wahnsinnig vor Angst machen. Wenn du Angst in dir spürst, dann liebe einfach noch mehr. Fass dir ein Herz. Lass dich auf die Liebe ein, bedingungslos!

Liebe ist Freiheit

Liebe hat immer mit Freiheit zu tun. Wenn du sie einsperrst, wird sie muffig wie frische Luft im Keller.

In der Psychologie hat das »Verliebtsein« keinen guten Ruf: Verliebte werden gerne als realitätsfern, rauschhaft, uneinsichtig, kindlich und verblendet gesehen. Im Regelfall werden schon nach ein paar Wochen des liebestrunkenen Hormonkollers die ersten Bedingungen gestellt. Aus den Bedingungen wird ein Kuhhandel. Damit benutzt du die Liebe als Strafe oder Belohnung. Wenn du in einer Beziehung bist, bringst du deinem Partner beispielsweise Blumen oder Pralinen mit. Das macht sie/ihn glücklich, sie/er umarmt und küsst dich. Wenn du nichts mitbringst, gibt es auch kein Küsschen. Liebesbeweise werden eingefordert. Je mehr du forderst, umso weniger liebenswert wirst du. Du wirst verschlossener, verbitterter und bleibst an dein Ego gefesselt. Selbst wenn dich jemand aufrichtig und bedingungslos lieben will, bekommst du Angst, denn bei jeder Liebe besteht die Möglichkeit von Ablehnung, Enttäuschung und Liebesentzug. Der Gedanke, dass dich niemand wirklich liebt, kommt auf. Du machst zu! »Liebt er mich, oder tut er nur so? Will der nur mit mir poppen, will er meine Kohle, ist er berechnend, was ist das für ein Hallodri? Mich liebt eh keiner!« Das alles sind deine eigenen, aus vergangenen Enttäuschungen und Erfahrungen heraus geborenen Glaubenssätze, die du tief verinnerlicht hast. Dabei projizierst du deine vergangenen negativen Erfahrungen auf deinen Jetzt-Zustand und auch auf deine Zukunft. Damit stehst du dir selbst und der Liebe mächtig im Wege. Du hast aufgehört zu lieben. Du erlaubst niemanden mehr, dich zu lieben. Geschweige denn dir selbst! Wie kann der andere dir bei dieser Grundeinstellung denn dann noch das Gegenteil beweisen?

Wer wahre Liebe lebt, kann nicht leicht manipuliert werden.

Auch die Gesellschaft lässt keine Liebe zu. Wenn ein Mensch wahre Liebe lebt, dann kann man ihn nämlich nicht manipulieren. Man kann ihn nicht in den Krieg schicken. Wer liebt, der malt ein Bild oder schreibt ein Gedicht, pflückt hübsche Blümchen auf der bunten Sommerwiese und streichelt possierliche Kuhkälbchen. Der greift nicht nach dem Gewehr oder der Atombombe. Der rennt auch nicht wie ein Irrer in der Welt herum und schlachtet ganze Völker ab. Egal, auf welche Weise und mit welcher Absicht auch immer. Keiner will wirklich, dass du liebst. So entsteht Angst! Fear sells! Oder hast du etwa schon mal was von einer »Wehrmacht der Liebe« gehört? Hass und Angst zu verbreiten ist doch viel geiler.

Liebe macht furchtlos!

Ein Mensch, der sich an der Liebe orientiert, freut sich auf die Zukunft. Er fürchtet keine Ergebnisse und keine Konsequenzen. Er lebt im Hier und Jetzt. Er ist im Gefühl und nicht im Verstand. Er ist weder bei seinen Erlebnissen in der Vergangenheit, noch malt er sich ein höllisches Zukunftsszenario aus. Er ist offen und präsent.

Echte und bedingungslose Liebe ist also sehr selten. Um einem Menschen in seinem inneren Tempel zu begegnen, musst du selbst durch eine innere Revolution gehen und dich erst einmal allein durch den Dschungel deines eigenen Lebens kämpfen. Wenn du jemandem sehr tief begegnen möchtest, musst du ihm auch erlauben, dass er deine Mitte berühren darf. Das ist sehr riskant, weil du so offen bist und dich damit verletzbar machst. Viele Beziehungspartner definieren sich durch das Wort »Lebensabschnittsgefährten«. Meist sind sie nur Bekannte, die sich nie richtig tief kennengelernt haben. Sie reden von Liebe. Der Tempel des anderen ist dabei völlig unbekannt. Finde daher erst einmal den Zugang zu deinem eigenen Herzen. Nur dann weißt du, was du tust!

Eine Bekanntschaft ist keine Liebe. Sex findet nur an der Oberfläche der Körper statt. Solange du Angst vor Enttäuschungen und Verletzbarkeit hast, lässt du den anderen nur bis zu einem gewissen

Punkt an dich heran. Dann kommt die fette Selbst-Schutzmauer, die dein Gegenüber und letztendlich dich selbst daran hindert, wahre Liebe zu leben.

Sex kann jeder haben, Bekanntschaften auch – Liebe aber nicht! Wenn du vertraust und dich öffnest, entsteht beim anderen Vertrauen. Wenn du keine Angst hast, verliert auch der andere seine Furcht. Paare, deren Liebe mit Angst behaftet ist, lieben sich nicht bedingungslos. Ihre Verbindung ist keine wahre Liebe. Es ist nur ein Abkommen zweier ängstlicher Menschen, die voneinander abhängig sind – zweier Menschen, die sich gegenseitig ausnutzen und permanent auf Krawall gebürstet sind; zweier Menschen, die einander manipulieren, dominieren, kontrollieren und in Besitz nehmen; zweier Menschen, die aus reinen Vernunftgründen heraus gelernt haben, sich miteinander zu arrangieren. Es sind zwei Menschen, die ein gemeinsames Unternehmen gegründet haben, um jeweils ein anderes Produkt zu produzieren. Liebe ist alles andere als vernünftig! Wenn du Liebe zulassen kannst, dann brauchst du keine Kirchen und Prediger mehr. Das meinte Jesus, als er sagte: »Liebe ist Gott.« Der Tempel ist in dir.

Liebe macht »high«!

Liebe entzündet ein wahres »Fire of Change« an Gefühlen und lässt deine Seele verrücktspielen. Glückshormone wie Dopamin, Endorphine und Adrenalin schießen durch deinen Körper und machen dich buchstäblich »high«!

Dankstellen

Du schließt Versicherungen gegen sämtliche Risiken und Widrigkeiten deines Lebens ab. Regenschirm-Versicherungen? Es könnte ja sein, dass es mal regnet. Also packst du den Schirm ein. Aber was passiert, wenn dennoch etwas Außergewöhnliches geschieht – zum Beispiel, wenn dein Schirm nicht aufgeht? Lässt du dich jetzt auch noch gegen mögliche weitere Eventualitäten versichern? Könnte ja sein, dass du nass wirst und dabei in der Wüste ertrinkst? Überzogen – ich weiß!

Genau diese Absicherungsmentalität hat zum Verlust der Dankbarkeit geführt. Alles wird als selbstverständlich erachtet, erwartet und vorausgesetzt. Selbst wenn eine lebensgefährliche Operation gut verlaufen ist oder du einen komplizierten Rechtsstreit gewonnen hast, spürst du keine Dankbarkeit mehr in dir. Ist ja auch nicht nötig. Das steht dir zu – das hast du dir redlich verdient, anders als all die anderen Sozialschmarotzer. Du hast dir einen begründeten, rechtmäßigen Anspruch auf Hilfe und Heilung erworben. Du forderst ihn skrupellos ein. Diese Unterstützung hast du dir ja schließlich verdient, hart erarbeitet oder erkauft und musst demzufolge niemanden mehr danken. Ist jeder Mensch käuflich? Bist du käuflich? Lässt sich wirklich alles kaufen?

Danke!

Bist du dankbar für dein Leben, oder ist das auch selbstverständlich? Dankbar allein dafür, in dieser schönen Welt und in diesem Umfeld leben zu dürfen? Hast du schon mal überlegt, wie dein Leben aussehen würde, wenn du in den Slums von Mexiko-City oder im stets überfluteten Bangladesch auf die Welt gekommen wärst?

Mal ganz abgesehen von dem ganzen Scheiß, der in unserem Teil der Welt so abgeht, hast du hier trotzdem die Freiheit, dich so zu entfalten und dein Leben so zu gestalten, wie du es willst. Jeder hat ein Recht auf Bildung, kann seinen Lebensunterhalt allein erwirtschaften, hat Grund, dankbar zu sein. Wir haben sogar die Chance, an unserer geistigen Entwicklung zu arbeiten. Wo sonst gibt es diesen Luxus? In anderen Gegenden der Welt wird um das blanke Überleben gekämpft.

Sei dankbar für jeden Augenblick!

Eine verständnisvolle Umarmung, ein schöner Sonnenuntergang, ein gutes, vielleicht auch mal dekadentes Essen, ein geiler Fick, ein cooles Konzert – natürlich ist auch hier Dankbarkeit angesagt. Freunde, auf die du dich verlassen kannst, interessante Menschen, die dir im Laufe des Lebens begegnen und von denen du etwas lernen kannst. All dies solltest du keineswegs als selbstverständlich erachten. Sei zumindest dankbar, für den achtsam wahrgenommenen Augenblick!

Die moderne Gehirnforschung hat bestätigt, dass das Empfinden von Dankbarkeit weniger anfällig für Depressionen und Ängste macht, dafür aber emotional stärkt und dir den Umgang mit anderen Menschen erleichtert.

Wo sind deine Dankstellen?

Bist du dankbar?
Wem bist du dankbar?
Wofür empfindest du tiefe Dankbarkeit?
Schreib es auf!

Verzeihung

Du leidest nicht nur unter den Verletzungen, die dir andere Menschen zugefügt haben, sondern auch an der Disharmonie in deinem Leben. Du leidest unter den selbst erzeugten, destruktiven, abartigen, selbst projizierten Emotionen. Wie oft zerfrisst dich der Ärger, wie viel Neid und Hass hat sich in dir aufgestaut, wie oft bist du getrieben von Rachegefühlen, wie oft bist du schadenfroh? Warum lässt du so viel negative Energie in dir wirken? Erklärungen dafür hast du bestimmt genug, oder? Die anderen sind wieder einmal schuld, stimmt's? In erster Linie schadest du dir durch die negativen Gefühle aber nur selbst! Du beeinträchtigst dein Wohlbefinden. Das geht so weit, dass du krank wirst. Es saugt dir erbarmungslos die Kraft aus deinem Leib!

Verwerfliche, anstößige, niederträchtige und schmähliche Empfindungen stören deinen Seelenfrieden. Sehr oft tragen unglückliche, unzufriedene Menschen negative, enttäuschende und traurige Ereignisse wie einen kostbaren Schatz so lange mit sich herum, bis sie daran zerbrechen. Alles, was in deren Leben passiert, wird an den alten, bitteren Erfahrungen der Vergangenheit gemessen. Angenommen, du hattest letztes Jahr einen äußerst schmerzhaften Kieferbruch. Wenn ich dich heute nach den körperlichen Schmerzen frage, kannst du dich zwar noch daran erinnern, aber fühlen und spüren tust du – vorausgesetzt, es ist alles gut verheilt – nichts mehr. Wie ist es um deine seelischen Verletzungen bestimmt? Sind die Narben auf deiner Seele verheilt? Lass auch hier Heilung zu und hör endlich auf damit, immer wieder eimerweise Salz in deine alten Wunden zu kippen. Erst dann können sie endgültig heilen.

Lerne aus ganzem Herzen zu verzeihen, dir selbst und anderen Menschen. Forder nicht ein, dass die anderen dir verzeihen. Dadurch machst du dich nur von ihrer Gunst abhängig – verzeih dir daher in erster Linie selbst! Kein Mensch ist perfekt, jeder Mensch

Lerne aus ganzem Herzen zu verzeihen!

macht Fehler. Du bist kein Roboter! Wenn du dir selber verzeihen kannst und dir deine Fehler aufrichtig eingestehst, bist du auch in der Lage, die Fehler der anderen zu tolerieren. Hast du dir durch diese ehrliche Auseinandersetzung mit dir selbst erst einmal ein gesundes Selbstbewusstsein aufgebaut, bist du jedenfalls in einer besseren Ausgangsposition als jemand, den schon ein falsches Wort in den Kriegszustand versetzt.

Zieh einen Schlussstrich

Verzeih dir selbst und verzeih den Menschen, die dich verletzt oder enttäuscht haben. Lass den Schmerz und die Trauer zu. Weine, schrei, lass Druck ab! Setz dir eine Zeit des Selbstmitleids – dann ist es aber auch gut! Egal, ob du liebst, hasst oder verzeihst, alles beginnt und endet bei dir! Eine gesunde Selbstliebe ist das beste Rezept für ein erfülltes Leben.

Wenn es dir gelingt, dich selbst trotz oder gerade wegen deiner Fehler und Schwächen zu akzeptierten, zu lieben und dich, so wie du nun mal bist, bedingungslos anzunehmen, wirst du auch in der Lage sein, andere mit ihren Macken zu ertragen. Dann weißt du, wovon du redest, wenn es um Bedingungslosigkeit geht. Aus eigener Erfahrung heraus lernst du die verschiedenen Gefühlswelten besser verstehen, weißt sie individuell einzuordnen und kannst folglich besser agieren und »re«-agieren. Der Versöhnungsprozess mit dir und der Welt beginnt. Die Einsicht über deine eigene Unvollkommenheit wird bei dir und deinen Mitmenschen zu Nachsicht, Vergebung und Gnade führen.

Solange du dir nicht selbst verzeihen und vergeben kannst, bleibst du ein Gefangener in deiner eigenen unerbittlichen Hölle.

Eingeknastet und eingemauert in deinen eigenen Grenzen der Verdammnis. Wenn du dich weigerst, dir selbst zu vergeben, ist das nichts anderes als spirituelle Ignoranz und falscher Stolz! Söhne dich mit dir aus und schaffe Frieden! Hör auf zu kämpfen! Nur dann wirst du ein wahrer Sieger, ein Mensch mit Aussicht auf eine geile Zukunft!

Geh mit dir selbst in Dialog. Rein mechanisches Beten bringt dir keine Vergebung, solange nicht eine wirkliche innere Transformation stattgefunden hat. Die »Religioten« und organisierten Kirchen haben dir vorgefertigte Gebete und Glaubensrituale geliefert. Lass dein Gebet zur Abwechslung doch einfach mal ein freier Gefühlsausdruck sein. Wenn nicht einmal dein Gebet spontan sein kann, was denn dann? Wenn du selbst für Gott, für den inneren Dialog, nur vorgefertigte Worte hast, wo willst du denn da authentisch, wahr und natürlich sein? Sag deinem Gott alles, was dich plagt und freut. Sprich mit ihm wie mit einem weisen Freund auf Augenhöhe. Selbst mit Gott sind wir formell geworden. Sag zum Beispiel: »Hi Dad, was geht ab?«

Test it!

Wenn du deinem Widersacher begegnest oder von ihm hörst, erweist sich, ob du ihm wirklich vergeben hast. Wenn du noch einen Stich im Herz spürst, läuft etwas falsch. Diesen Test musst du spirituell und psychisch bestehen, sonst machst du dir echt was vor! Verzeih dir selbst, sonst vergibt dir »Rainer«.

Wünsch dir was!

Alles, was du tust, entsteht in deinem Geist. Ein Wunsch ist eine Macht, die sich in deiner Welt verwirklichen will. Was du dir wünschst, das hast du innerlich schon. Es ist äußerlich nur noch nicht existent! Damit dein Wunsch sich realisiert, musst du nur so tun, als ob er sich bereits erfüllt hätte. Die Baupläne zur Verwirklichung werden durch dein Wünschen gezeichnet. Beweg deine Werkzeuge, deinen Körper und deine Intelligenz zum zielstrebigen Arbeiten, vertraue und glaube!

Lass einen Teil von dir sterben, um neu geboren zu werden.

Wenn Zweifel aufkommen, ist das ein Zeichen dafür, dass du dir noch nicht sicher genug bist. Zweifeln heißt, dass du zwei Möglichkeiten hast: Entweder es gelingt oder nicht. Zweifel sind völlig normal. Wenn du zweifelst und dies bewusst wahrnimmst, dann haben beide Alternativen die gleiche Chance. Du kannst mit deinem freien Willen wählen, was davon geschehen soll. »Yes or No?« Wünsche, Visionen, Vorstellungsbilder, Ideen entstammen nicht nur deinem reinen Kopfdenken. Sie gehören zum Evolutionsprozess unserer Welt. Impulse und Wunschbilder, die sich in dir breitmachen, sind in Ordnung. Auch dass sie sich in dir festschreiben. Wenn du mutig genug dazu bist, deine Vorstellungen in die Tat umzusetzen, dann geh die beiden nächsten Schritte: Lass alles Alte sterben und tu so, als hätte sich dein Wunsch bereits erfüllt. Altes sterben zu lassen ist nicht einfach. Damit das Neue seinen Platz einnehmen kann, benötigst du Raum. Dazu musst du raus aus deinen Alltagsroutinen und deiner gewohnten Bequemlichkeit entsagen. Du musst einen Teil von dir sterben lassen, um neu geboren zu werden. Dann bist du gezwungen, lieb gewordene Verhaltensweisen zu verändern.

Sterben und werden!

Das Prinzip heißt »Sterben und werden«, nicht umgekehrt! Wenn dem nicht so wäre, bräuchtest du kein Vertrauen zu entwickeln und hättest auch nicht die Chance, dein Vertrauen weiter auszubauen.

Dies alles geschieht, damit du stärker wirst für die Aufgaben, die in naher Zukunft auf dich warten. Spätestens dann, wenn dein unausweichlicher Abgang vor der Tür steht und abgerechnet wird. So tun, als ob, heißt, dass du schon am Investieren bist. Du triffst Vorbereitungen und Entscheidungen, gehst die ersten Schritte, noch bevor die neuen Chancen da sind. Du verursachst Kosten, auch wenn noch keine Einnahmen fließen. Du gibst, bevor du siehst, was du dafür bekommen wirst. Das ist intensives »Denktraining«! Diese Schritte sind schwer, sie setzen ein starkes Vertrauen und eine unerschütterliche innere Sicherheit voraus. Du verlässt deine Komfortzone und deine gewohnte Sicherheit. Dabei wirst du, wenn überhaupt, nur ganz selten in lebensbedrohliche Situationen kommen. Meistens gibt dir das Schicksal auch noch einen kleinen Schubs und belohnt dich für deinen Mut, damit du den Sprung schaffst.

Gib niemals auf!

Nichts, was du dir jemals in deinen kühnsten Albträumen ausgemalt oder zusammengesponnen hast, war je so schlimm, dass du daraus nicht wenigstens etwas gelernt hast. Und du hast es überlebt! Du bist angetreten! Das allein macht dich schon zum Sieger! Darauf kannst du stolz sein!

Erkenne dich selbst! Je mehr du gelernt hast, auch deine andere, unangenehme Seite zu betrachten, desto stärker wird dein Fundament, auf dem du dein neues Leben errichtest. Es besteht immer die Möglichkeit, dass sich dein Wunsch nicht erfüllt. Und das ist genau dann der Fall, wenn es noch etwas viel Größeres und Besseres im Kosmos gibt, das du anstelle dieses Wunsches erhalten sollst. Also, wenn es mal nicht so läuft – was soll's – dumm gelaufen! Back dir ein Ei drauf und such dir einen neuen Wunsch aus. In jedem Fall hast du dazugelernt! Du musst dann globaler denken und bei der Umsetzung nicht nur die Peripherie streifen. Das darf dich rein intellektuell nicht weiter tangieren. Bleib cool! Du weißt ja, das Paradies ist letztlich nur einen Gedanken entfernt.

Das Paradies ist nur einen Gedanken entfernt!

Im Grunde ist es ganz einfach:
- ★ Akzeptier dich so, wie du bist!
- ★ Sei ehrlich mit dir!
- ★ Erkenne dich selbst!
- ★ Liebe dich selbst!
- ★ Rock your Life!

Aus Selbsterkenntnis wird Selbstbewusstsein und schließlich Selbstvertrauen! Dann brauchst du keine Masken mehr! Das verleiht dir Charisma, Aura, Ausstrahlung (Strahlen, Leuchten, Licht, Erleuchtung und Erleichterung). Du gewinnst dein Leben zurück!

Dein Wille geschehe

Krisen, Schwierigkeiten, Probleme, abgefuckte Abhängigkeiten und Juniors werden irgendwann deine Freunde, die dir helfen werden, dich weiterzuentwickeln. Wenn du antrittst und dich stellst, darfst du an den Herausforderungen wachsen und dich freuen! Denn nur dann kommst du deinem Ziel ein Stück näher. Wenn du es geschafft hast, wirst du froh darüber sein, dass es nicht so einfach war. Du hast gearbeitet, gekämpft, gelitten und entbehrt – und es hat sich gelohnt. Dein Leben ist wieder ein Stück lebenswerter geworden. Du hast die Prüfung bestanden, dich weiterentwickelt und darfst dankbar sein – und verdammt stolz auf dich!

Von nichts kommt nichts, und: Normal und mittelmäßig kann es jeder. Selbst wenn du dir über die Bedeutung des großen Ganzen noch nicht im Klaren bist, rate ich dir, Vertrauen zu entwickeln, dass alles zu deinem Besten geschieht. Je größer die Herausforderung, desto größer dein geistiges Wachstum. Am Anfang sind die Aufgabenstellungen und Prüfungen recht klein. Sie sind immer so gestellt, dass du sie gerade schaffst. Wenn du dann etwas erfahrener bist, werden auch die Herausforderungen größer. Dein (Selbst-)Vertrauen hat dich dorthin geführt.

Ist das nicht geil, du kannst jetzt immer größere Aufgaben und Prüfungen bestehen! Schau mal, was du alles schon erreicht und überstanden hast. Irgendwann wird dich fast nichts mehr umhauen. Lauf nicht vor dir selbst davon!

Es geht immer weiter, bis ans Ende aller Tage!

Wenn sich die Scheiße mal wieder so richtig stapelt und du eine Aufgabe erhältst, die du beim bestem Willen nicht erfüllen kannst, kann es nur eine Herausforderung geben: Gib sie zurück! »On Strike« – du kümmerst dich nicht mehr darum. Lerne, in das übergeordnete Gute zu vertrauen. Jemand wollte dir deine Grenzen zeigen, damit du dich zwischendurch mal wieder ein wenig in Demut übst, mein Freund. Deine Führung, dein innerer Halt, dein Geist, dein Gott, deine höhere Macht, die kosmische Intelligenz oder wer auch immer, ist schließlich dazu da, dich zu führen, wenn du nicht mehr weiterweißt. Üb dich in Vertrauen und bedenke, dass du nicht alles erklären kannst. Es geht immer weiter, bis ans Ende aller Tage!

Du begegnest den Prüfungen in deinem Leben immer da, wo

sie sind. Sehr oft auch da, wo du nicht damit rechnest. Nur dort erhältst du die Möglichkeit, alle Fähigkeiten, die du in dieses Leben mitgebracht hast, zu entfalten und zu zeigen, was »in dir« steckt. Dein bestes Wirkungsfeld ist genau die Stelle, wo du jetzt gerade stehst. Du hast die freie Wahl. Es liegt an dir, ob du die Aufgabe annimmst und etwas daraus machst, oder ob du vor der Herausforderung wegläufst, sie fallen lässt, wegschiebst, ignorierst oder einbunkerst. Es ist deine freie Entscheidung. Wichtig dabei ist, wie offen du bist und ob du fest mit beiden Beinen im Leben stehst. Je mehr du mit dir selbst kooperieren kannst, je klarer, freier und je mehr du in deiner Mitte bist, je mehr du Bock auf das Leben hast, desto schöpferischer kannst du wirken.

Abgerechnet wird am Schluss!

DIE
ABRECHNUNG

1. Ist-Zustand

Übernimm die Ergebnisse der SPECIALS – je 3 Kernaussagen – in diesen Ist-Zustand:

13 Säulen (S. 75)

_____

_____

_____

Grabrede (Essenz) (S. 82)

_____

_____

_____

Lebenslauf (Essenz) (S. 108)

_____

_____

_____

Blankgezogen (S. 143)

_____

_____

_____

Stärken (S. 163)

_____

_____

_____

Werte (S. 170)

_____

_____

_____

Zusammenfassung Ist-Zustand:

Betrachte nun die Kernaussagen deines Ist-Zustands:

Ich kann: _____

Ich will: _____

Ich muss: _____

Ich darf: _____

Dein Ist-Zustand in einem Satz:

_____

_____

2. Soll-Zustand

Übernimm die Ergebnisse der SPARRINGS in diesen Soll-Zustand:

Was bedeutet das Wort KRASS für dich? (S. 38)

_____

Wie heißt dein »geliebtester« Feind? (S. 43)

_____

Wofür rechtfertigst du dich? (S. 64) Drei Antworten!

_____

_____

_____

Was raubt dir deine Energie? (S. 72) Drei Antworten!

_____

_____

_____

Was stinkt dich an? (S. 74) Drei Antworten!

_____

_____

_____

Was sind deine aktuellen Baustellen? (S. 83) Drei Antworten!

_____

_____

_____

Wer oder was hindert dich daran, neue Erfahrungen zu machen?
(S. 87)

_____

_____

_____

Wovor hast du Angst? (S. 91) Drei Antworten!

_____

_____

_____

Was lernst du? Wem glaubst du? Wie zuverlässig sind deine
Informationsquellen? (S. 110)

_____

_____

_____

Was hilft dir dabei, ein wirklich guter »Hin«-hörer zu werden? (S. 121)

_____

_____

_____

Was glaubst du über dich selbst? Was glaubst du von den anderen?
(S. 127)

_____

_____

Welche Eigenschaften haben deine drei Vorbilder? (S. 136)

_____

_____

_____

Was macht dich sicher? Wobei verspürst du innere Sicherheit? (S. 142)

_____

_____

Was sind deine drei Herzenswünsche? (S. 153)

_____

_____

_____

Welchen Sinn hätte dein Leben noch, wenn du den Lotto-Jackpot
knackst? (S. 175)

_____

_____

Was macht dir Spaß und bringt dir echten Lustgewinn? (S. 207)
Drei Antworten!

_____

_____

_____

Welche Altlasten, Abhängigkeiten, Süchte wirst du entsorgen/
vernichten? (S. 210)

_____

_____

Welche Dankstellen hast du? (S. 225)

_____

_____

Zusammenfassung Soll-Zustand:

Welche drei finalen Dinge wirst du angehen und ändern?

_____

_____

Welches dieser Ziele ist das wichtigste, mit dem du sofort beginnen
wirst?

_____

_____

Das Ergebnis deines Soll-Zustandes ist:
(Formuliere hier dein Ziel herausfordernd, klar, umsetzungsfähig,
messbar und zeitlich festgelegt, also nach dem SMART-Prinzip wie
auf Seite 83 beschrieben!)

_____

_____

3. You create you!

Dein Ist-Zustand: _____
_____
_____

Dein Soll-Zustand: _____
_____
_____

Dein Gewinn (Ich werde / Ich bin): _____
_____
_____

4. Achtung Junior!

Er wird dir Angst vor deiner eigenen Courage machen!
Er wird dich stressen und versuchen, dir den Atem zu rauben!

Wie schaffst du es, dass Junior dich nicht boykottiert?
_____

Wie schaffst du es, dass Junior zu deinem dir wohlgesonnenen Freund
und vertrauensvollen Partner wird?
_____

Gib nicht auf!

5. Feuer wird mit Feuer bekämpft!

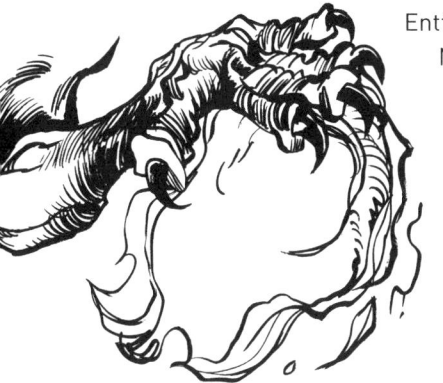

Entfache einen Flächenbrand! Mit Napalm, »White Phosphor« und allem, was du hast! Gib deinem Ziel die nötigen Energien. Der beste Treibstoff ist immer, etwas zu tun. Jetzt! Nutze dazu die BURNER, die Brandbeschleuniger! Schreib dir die fünf wichtigsten aus dem Buch heraus. Sie sind deine neuen Lebensmantras!

6. Fang an!

Nicht in einem Monat, nicht in einer Woche, sondern heute! Kauf oder bastle dir ein unbeschriebenes Buch, in dem du ab sofort dein Leben protokollierst! Papier finde ich persönlich viel cooler und sicherer als irgendeine digital erfasste und nicht greifbare Computerdatei, in der du dich durch »copy and paste« laufend selbst bescheißen kannst. Fang dieses »Buch deines Lebens« mit dieser Abrechnung hier an!

Erstelle einen schriftlichen Plan zur weiteren Vorgehensweise: Welche konkreten Schritte kannst du schon heute oder morgen für dein Ziel angehen? Worüber kannst du nachdenken? Wen kannst du anrufen? Worüber brauchst du noch mehr Informationen? Und wo bekommst du diese Informationen her?

Protokolliere deine Veränderungsarbeit. Schreib täglich deine drei auch noch so kleinen Erfolge auf. Dinge, die nur suboptimal gelaufen sind, geben dir Antworten darauf, wo du noch mehr Zunder ins Feuer schmeißen musst!

Feuer ist das Futter für Junior! Mach Junior Feuer unterm Arsch! Er wird dich dafür lieben und wachsen lassen!

Entfache dein ganz persönliches »Fire of Change«!

7. Last Call!

Was ist das Schlimmste, das passieren könnte?

_____

Wie wird sich dein Ziel auf deine anderen Lebensbereiche und
dein soziales Umfeld auswirken?

_____

Wovon musst du dich trennen?

_____

Wer wird von außen versuchen, dich zu boykottieren?

_____

Welchen Preis bist du bereit zu bezahlen?

_____

Wie fühlt es sich im Ziel an?

_____

Ein Tipp noch: Wenn du Erfüllung und Erfolg haben willst,
dann wähl erst mal nur ein Ziel aus und keine Hunderte!
Sonst versinkst du wieder in der Mittelmäßigkeit!

8. Ready to rock!

Wenn nun alles auf »Feuer frei« steht, fang an – jetzt!

Wenn dich irgendetwas zweifeln lässt, dann überprüf erneut deine Einstellungen, die Zielformulierung und Motivatoren! Prob deine Handlungen im Geiste. Gibt es noch Stolpersteine und Fallen? Dann ist Feintuning angesagt! Fang an, du weißt jetzt alles und lernst immer weiter
dazu! Sattel die Hühner und lass es krachen!

Burn your »Fire of Change« and rock your life! Now!

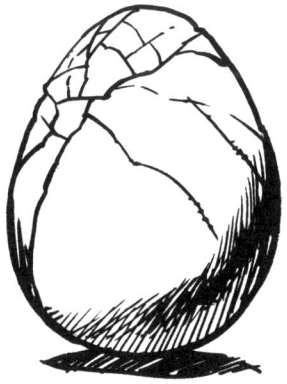

DAS
COOL-DOWN

Sucht ist ein mächtiges Scheißspiel

Ein Erklärungsversuch am Beispiel der Drogenabhängigkeit: Schon beim ersten Konsum machst du Erfahrungen auf der Gefühls- und Erlebnisebene, die du im normalen, nüchternen Zustand nicht erreichen kannst. Dies führt zu einer gefährlichen Grenzüberschreitung und massiven Bewusstseinserweiterung! Drogen erweitern deine eigene emotionale Erlebnispalette zum Teil mächtig. Du machst außergewöhnliche Erfahrungen. Das Gehirn merkt sich das, das macht Bock auf mehr. Du fickst dein Hirn, du pushst oder plättest dich! Ohne Rettungsanker beginnst du dich von deinem wahren Selbst zu entfernen. Das Hirn lernt, es will dieses (gute) Gefühl wiederhaben: »Gib mir einen Sekt, dann bin ich lockerer«, »Sprich mich nicht an, bin gestresst, muss mich erst mal mit einer Tüte vor die Glotze hauen und chillen«, »Hab Schädelweh, brauch eine Schmerztablette« usw. Das hochgepushte Level der Drogenwelt pendelt sich mehr und mehr ein und wird zu deiner normalen Gefühlswelt. Unten, auf dem Level der realen Gefühlswelt, ist plötzlich alles scheiße. Die Welt ist beschissen, böse, öde, langweilig und gemein. Das will kein Mensch haben. Also ballerst du dich weiter zu. Durch Gewöhnung und Training kann die neue Nulllinie nur noch mit Drogen erhalten werden. Dann bist du schon mittendrin im gottverdammten Scheißspiel und elenden Teufelskreis. Knallhart, aber wahr!

Dopamin, Adrenalin, Endorphine und noch viel mehr körpereigene Drogen hast du selbst genug in dir. Auch die verschaffen dir gute Gefühle, ohne Dachschaden! Der Unterschied gegenüber den »Kaufdrogen« ist folgender: Du musst erst etwas tun, um dann die Sahne abschöpfen zu können. Es gibt keinen Vorschuss. Das Glück will verdient werden, beispielsweise durch Sport, Arbeit, Meditation. Erst die Arbeit, dann das Vergnügen. Das zunächst als unangenehm empfundene Erarbeiten hat jedenfalls durchaus mehr Wert als die seelischen und körperlichen Qualen, die bei Dro-

Schneller, als du denkst, steckst du schon in einem elenden Teufelskreis.

gensucht entstehen. Ganz abgesehen von deren Folgeschäden. Du bezahlst den »geschenkten« Spaß auf Heller und Pfennig zurück, so oder so. Mitsamt den Wucherzinsen eines teuflischen Kredithaies.

Drogenkonsum kann als sehr bereichernd und angenehm empfunden werden. Aber nur die allerwenigsten, eisenharten Menschen können diesem wild gewordenen Wahnsinn im Kopf dauerhaft Paroli bieten. Größenwahn und schwere Komplexe geben sich die Klinke in die Hand. Du kannst dein Bewusstsein erweitern und dir damit neue Regionen deines Geistes erschließen. Aber du kannst auch total willenlos in die niedersten, tiefsten Abgründe, in die finstersten Regionen deines Geistes abrutschen, von denen du dir wünschen wirst, sie niemals kennengelernt zu haben. Sowohl während der Wirkung als auch lange Zeit danach. Oder für immer. Nur 20 Prozent schaffen es, ein Leben lang sauber zu bleiben!

Denk mal wieder an die Gesetze der Polarität, der Balance, der Mitte, Yin und Yang, Ausgleich zwischen den Extremen. Im Drogenrausch können die Amplituden solche fürchterlichen Ausschläge anzeigen, dass der dann gelebte Horrortrip tatsächlich absolut gar nichts mehr mit einer lächerlichen Achterbahnfahrt zu tun hat. Dahingegen ist selbst der schlimmste Schocker, den du je im Kino gesehen hast, ein echter Kindergeburtstag – diese Gedankenmassaker sind real! Sie lassen wahren Horror fühlen, der sich zwar nicht in der physischen Wirklichkeit manifestiert, aber das ist deinem Gehirn in diesem Moment total egal. Der verbliebene Restverstand hat dann mehr als schwer zu kämpfen. Das ist Krieg, im wahrsten Sinne des Wortes, mit all seinen nur vorstellbaren Gräueltaten. Du gegen dich selbst!

So ein Horrortrip ist Krieg – du gegen dich selbst!

Schneller, als du denkst, bist du angefixt! Das Suchtmittel ist zum Dreh- und Angelpunkt aller Handlungen, Gedanken und Gefühle geworden. Scham und Schande, Selbstmitleid, Siechtum und Schwäche machen sich in lichten Momenten breit. Was du anfangs dazu benutzt hast, um deine Probleme zu lösen, brauchst du jetzt, um dein Leben ertragen zu können. Plötzlich stehst du mit dem Rücken zur Wand. Junior ist erwacht und aufgeschreckt: »Die wollen mir an den Kragen!«, Alarmzustand! Du beginnst dich für dein Verhalten zu rechtfertigen. Du wirst zum Meister der Lügen. Du fühlst dich ausgegrenzt, bist verunsichert und bekommst mächtige Angst vor der Entwöhnung. Ohne Suchtmittel würdest du ins Leere fallen. Ist auch verständlich, zumal du dir dieses Verhalten schon seit Langem antrainiert hast. Ein Zwang zum Selbstbetrug und zur Lüge entwickelt sich, da du ohne ein verdrehtes Erklärungssystem für dein Verhalten vor dir selbst und den anderen schlecht dastehen würdest. Du redest dir deine Welt schön und glaubst es auch! Also sprengst du dich mit noch mehr Material weg, verdrängst die Gedanken und läufst vor der Realität davon. Du findest Trost und Freude im vernebelten Hirn. To be continued ... !

Im Folgenden möchte ich dir ein paar Denkanstöße mit auf den Weg geben, für den Fall, dass du zwar selbst von keinem Rauschmittel abhängig bist, aber einem Süchtigen helfen möchtest. Denn hier zu helfen, ist eine riesige Herausforderung – und kann verdammt hart werden!

Krieg: Jeder Versuch, den Süchtigen zur Einsicht zu bringen, wird von diesem als persönlicher Angriff gegen seine Person erlebt, gegen den er sich mit aller Kraft wehren muss! Wer versucht, den anderen von seinem Suchtmittel abzubringen, wird zwangsläufig als Gegner und Feind wahrgenommen. Aus »Helfen wollen« wird sehr schnell Kampf. Will man dem Süchtigen nun das Material mit Gewalt entziehen, kommt es meist zum erbitterten Krieg. Kapitulation oder Gegenangriff? Der Süchtige weiß, dass Hilfe Entwöhnung bedeutet, der Entzug dessen, wovon er sich trotz tausendfacher Enttäuschung Befriedigung verspricht. Er hat eine extreme, übermächtige Angst davor, ohne Suchtmittel ein Niemand zu sein. Wenn man bedenkt, dass sich der Süchtige sein Verhalten oft über mehrere Jahrzehnte antrainiert hat, ist diese Angst verständlich. Er kämpft um seinen blanken Arsch! Im Angriff muss er nicht über sich selbst nachdenken. Krieg und Kampf zerstören die Vertrauensbasis und liefern einen Grund für weiteren Missbrauch.

Selbstschutz: Du musst wissen, worauf du dich bei einem Süchtigen einlässt! Der Job des Helfers ist es nicht, sich beliebt zu machen, helfen heißt nicht zwangsbeglücken. Bevor du helfen, trösten, ermutigen, unterstützen kannst, musst du Klarheit in dir selbst haben und wissen, was du tust. KRASS! Es braucht eine ehrliche Vertrauensbasis. Hol dir Hilfe, bevor du gemeinsam mit dem Süchtigen im sinkenden Schiff untergehst. Überwinde deine Angst: »Wenn ich ihm nicht helfe, wird's noch schlimmer ... Er wird total abstürzen ... Was werden die Nachbarn sagen? Was, wenn er arbeitslos wird? Wie soll ich die Kinder alleine versorgen ...?« Übernimm an erster Stelle Verantwortung für dich selbst und lass dein Leben nicht mehr von der Sucht des Partners, Kindes, Mitarbeiters ... bestimmen! Jeder, der einen Süchtigen schützt, entschuldigt und deckt, wird zum Co-Abhängigen. Das heißt, der Abhängige wird den Helfer für seinen Wahn missbrauchen. Der Helfer macht sich mitschuldig an der Sucht! Sehr oft wird der gute Wille der helfenden Angehörigen bitter bestraft. Du wirst durch die Höhen und Tiefen des Süchtigen richtig derb in deiner eigenen Freiheit und Entfaltung ausgebremst. Du selbst wirst zwangsläufig abhängig von der Sucht des Süchtigen! Hilflosigkeit auf beiden Seiten ist sehr oft das Ergebnis. Die Angehörigen sind am Ende ihrer Kraft und Hoffnung.

Persönlicher Tiefpunkt: Sucht kann von außen nicht wegbehandelt werden! Der Wille zur Veränderung tritt meist erst dann ein, wenn der Süchtige seinen persönlichen Tiefpunkt erlebt hat. Wenn der äußere und innere Druck so stark werden, dass er sich seine desolate Situation eingesteht. Erst wenn er unter den Folgen seiner Abhängigkeit mehr leidet, als diese ihm andererseits noch Lustgewinn oder Trost verschafft, findet er den Willen zur Veränderung. Eine bedingungslose Bankrotterklärung ist Voraussetzung. Er muss die Privatinsolvenz seines Verstandes und bedingungslose Kapitulation anmelden. Ziel muss es sein, dass der Abhängige seinen eigenen Willen entwickelt und aktiv mitarbeitet.

Schluss mit lustig: Gib dem Süchtigen die Verantwortung für sein Leben zurück, lass ihn los! Er muss selber auf die Schnauze fallen, um zur Einsicht zu kommen. Lieber ein Ende mit Schrecken als ein Schrecken ohne Ende, das »Mutter-Teresa-Syndrom« ist hier fehl am Platz. Baue Leidensdruck auf und lass keine sinnlosen Diskussionen, Lippenbekenntnisse und Mitleidsbekundungen mehr zu. Süchtige sind Meister der Lügen und der Dramaturgie, sie verunsichern, versprechen, manipulieren und bescheißen dich gnadenlos und skrupellos! Sie ziehen die untersten Schubladen und zocken beim Kampf um das Suchtmittel richtig hoch. Die Androhung von Trennung, Gewalt, sogar Selbstmordversuche sind keine Seltenheit. Der Süchtige wird versuchen, dir ein schlechtes Gewissen zu machen und dir die Verantwortung für seine Sucht zu geben. Bleib konsequent! Stay KRASS! Es muss wehtun! Er muss die Augen aufmachen! Er braucht den Leidensdruck! Er muss aufwachen und nach Hilfe schreien! Er muss es von sich aus wollen! Du wendest dich dabei nicht ab, sondern gibst Hilfe zur Selbsthilfe!

Und nun? Behandle ihn wie jeden anderen Menschen auch, der keine Drogen nimmt! Übernimm keine Aufgaben, die er nicht selbst erledigen kann! Leih ihm kein Geld! Deck nicht seine Fehler und Leistungseinbußen, die durch Konsum entstanden sind! Teil ihm sachlich seine Verhaltensänderungen ohne große Vorwürfe mit! Sei offen und ehrlich! Teil ihm deine Sorgen und deine Hilflosigkeit mit! Schone ihn nicht vor der Realität! Hol dir gegebenenfalls professionelle Unterstützung und Hilfe!

Professionelle Unterstützung: Dies ist kein Zeichen des Aufgebens oder Verrats am Betroffenen! Im Gegenteil: Es bedeutet, dass du nicht länger auf ein Wunder warten willst, sondern aktiv wirst. Um die Lebenssituation des Betroffenen zum Besseren hin zu wenden. Eines Tages wird der Betroffene es dir vielleicht danken!

Statement #2

»Hilf dir selbst, sonst hilft dir keiner!« Das ist meine ganz persönliche Meinung und auch die glasklare Aussage dieses teuflischen wie göttlichen Meisterwerkes. Wenn du dir diese Kronjuwelen deutscher Wortkunst und grammatikalischen Ergüsse konsequent erarbeitet und von Anfang an mit Hingabe und Eifer studiert hast, bist du bereit, die richtigen Schritte zu gehen, wenn die unausweichlichen Umstände des Lebens ihren Tribut von dir fordern. Versprochen! Tätowier dir die Inhalte dieses Buches quer hinter dein drittes Auge und brenn dir die Texte tief in deine Synapsen und Hirnwindungen ein!

Dennoch ist es ein wahres Zeichen geistiger Größe, sich bei Bedarf und Mangel oder in Zeiten lebensverneinender Schwäche einen vertrauensvollen Begleiter zu suchen. Mit ihm vollziehst du gemeinsam die ersten Schritte in Richtung persönlicher Veränderung. Den Weg gehen musst du jedoch immer allein, das nimmt dir niemand ab. In letzter Instanz musst du dein Leben selbst rocken. Ein Begleiter kann auch ein guter Freund sein. Dieser ist allerdings meist schon mächtig im System verstrickt und demzufolge auch manipulierbar. Deshalb ist, meiner Meinung nach, in vielen Fragen externe und professionelle Hilfe die beste Option. Wenn dir die Notwendigkeit klar geworden ist, dich dir selbst zu stellen, dich mit dir selbst zu konfrontieren, mit deiner Vergangenheit aufzuräumen und somit das Unbewusste bewusst zu machen, dann solltest du dir die Frage stellen, ob du das allein kannst. Als Mensch steht dir der Arzt, Psychologe, die Suchtberatungsstelle und der Psychiater, manchmal auch ein Geistlicher, falls er nicht in seinem Dogma versunken ist, zur Seite. Ich glaube, dass die klassische Psychotherapie, wie sie derzeit gelehrt und praktiziert wird, als alleinige Hilfestellung nicht mehr ausreicht. Sie ist beschränkt. Sie ist beschränkt auf den Raum eines einzigen Lebens. Oft wird die Schuld für alles, was du in deiner Kindheit erlebt hast, auf deine Eltern geschoben. Damit hast du zwar die Schuldfrage geklärt, jedoch einen neuen Schuldenberg gebaut, den du dann letztlich wiederum im Unterbewusstsein verdrängst, abschiebst und begräbst. Somit ersetzt du einen Verdrängungsprozess durch den andern. Im Gegensatz zur Psychotherapie wird beim Coaching die Vergangenheit akzeptiert, wie sie ist. Daran kann man sowieso nichts mehr ändern. Das heißt nicht, dass sie nicht gewürdigt wird. Jedoch stellen wir uns im Coaching gemeinsam die Frage: »Was nun, wie geht's weiter, welche Wahlmöglichkeiten habe ich? Und wie setze ich diese erfolgreich um?«

Den Weg musst du allein gehen – aber ein vertrauensvoller Begleiter kann helfen!

Klar, das kostet Geld, aber es ist eine lohnende Investition in dein Leben. Die Investition in einen Vollsuff, einen Besuch im Sonnenstudio, die Flucht in Urlaube und äußere Bespaßung vergisst du sehr schnell wieder. Ein gutes Coaching und die damit verbundene Arbeit an deiner eigenen Persönlichkeit ist nachhaltig. Es wird dein Leben, falls du Bock hast, echt bereichern und verändern! Such dir dazu einen Menschen, der wirklich den Mut hat, auch Unangenehmes zu hinterfragen. Jemanden, der genug Mumm hat, auch Klartext zu sprechen. Jemanden, der mit beiden Beinen im Leben steht und sich sein Wissen nicht nur theoretisch angeeignet hat. Jemanden mit echter Lebenserfahrung. Nicht jemanden, der von einer besseren Welt träumt und im Stuhlkreis mit Teebeuteln wirft! Manchmal kann ein Schlag mitten in die Fresse echt erhellend sein. Vom Schöngerede kannst du dir nämlich nichts kaufen. Wer waren damals in der Schule deine besten Lehrer? Wer fällt dir dazu ein? Bestimmt nicht diejenigen, die rückgratlos mit alternativem Psychogesülze und Endlosdiskussionen versucht haben, sich bei euch Schülern durch ganz besondere Empathie beliebt zu machen, oder? Denen bist du nämlich gnadenlos auf der Nase herumgetanzt. Geschweige denn, dass du etwas bei denen gelernt hättest. Das bringt nichts! Menschen sind dankbar für Führung und Konsequenz! Auch wenn es hier und da wehtut. Das gibt Orientierung und schärft den eigenen Willen. Bei Klarheit weiß jeder, woran er ist. Das macht die Welt berechenbarer.

Viele meiner Mitstreiter (Trainer, Coachs, Psychologen, Lehrer,

Sozialpädagogen, Heilpraktiker ...) im äußerst lukrativen Marktsegment der Persönlichkeitsentwicklung sind echte Freaks. Genauso wie ich. Viele sind der Meinung, dass Menschen so oder so zu ticken haben und stülpen ihren Kunden, Klienten, Patienten sehr oft ungefragt ihr eigenes Patentrezept für erfolgreiche Lebensbewältigung über. Sie glauben in ihrem Größenwahn sogar, die Weisheit mit Löffeln gefressen zu haben. Warum haben diese Menschen einst diesen Beruf ergriffen? Was ist deren Antrieb und deren Berufung? Haben sie überhaupt ihre eigene Vergangenheit und ihr eigenes Leben im Griff? Leiden diese »Gutmenschen« vielleicht unter einem ewigen Helfersyndrom oder sind sie als Gurus unterwegs, die gnadenlos mit dem Schicksal der Menschen zocken? Wie überall geht es bei dem Thema Menschsein und Persönlichkeitsentwicklung auch um Märkte und Business. Das ist zunächst vollkommen legitim, da auch der Coach an erster Stelle seine eigene Existenz sichern muss. Wie in jedem Berufsstand gibt es aber auch hier echte Pannenköpfe. Deshalb nimm nicht gleich den erstbesten Berater, der dir über den Weg läuft, oder von dem andere sagen, er vollbringe wahre Wunder. Du ganz allein musst mit diesem Menschen arbeiten. Mach dir dein eigenes Bild von dem Typen, den du an dich ranlassen willst. Hinterfrag seine Motivation, spür in dich hinein, ob zwischen euch auch die Chemie stimmt. Stell ihm klare Fragen dazu, was ihn qualifiziert, dir zu helfen, dich zu unterstützen, worauf er seine Daseinsberechtigung begründet. Agier nicht nach dem Motto: »In der Not frisst der Teufel Fliegen.« Die Beziehungsebene zu deinem Berater muss passen! Ich selbst könnte nicht mit einem Psychonauten zusammenarbeiten, der nach Dogmen und traditionellen Schulen lebt. Auch nicht mit einem, der in dem gleichen festen Maskenbild sitzt, von dem er andere befreien will, ebenso wenig wie mit einem, der nicht verstanden hat, dass Lernen und Heilen niemals einseitig sind! Der Abhängige braucht Gleichgesinnte, die das Siechtum kennen, erlebt und gelebt haben, und nicht irgendwelche Spackos, die stets meinen, das Rad neu erfinden zu müssen oder ihr Wissen lediglich angelesen haben!

Mahnung zum Thema Einmischung

Woher nehmen sich manche Menschen das Recht, sich in den Prozess des Selbstständig-Werdens anderer einzumischen? Durch Einmischung in deren Angelegenheiten, auch wenn du es noch so gut meinst, beraubst du sie ihrer wichtigsten Lebensaufgaben. Du beraubst sie ihrer hauseigenen Chance zur Übernahme der Eigenverantwortung! Schau dich um in der Welt! Was bringt die ungefragte Einmischung von außen überhaupt, welche traurigen Früchte trägt sie, wohin führt sie? Die ungewollte Einmischung in die Angelegenheiten anderer Völker und Kulturen durch Missionierung usw. brachte nichts als Mord, Totschlag und Verelendung hervor. Ich laufe durch die Straßen und sehe so viele hilflose, verwirrte, abhängige, verirrte, ferngesteuerte Menschen, deren Leben schon bei der kleinsten Kleinigkeit wie ein Kartenhaus zusammenbricht.

Einmischung ist Diebstahl! Überall dort, wo du dich einmischst, wo du jemandem »helfen willst«, indem du demjenigen die Aufgabe oder Prüfung abnimmst, die derjenige »eigentlich« selbst erledigen müsste, hilfst du ihm nicht. Du schadest ihm! Du stiehlst ihm die Möglichkeit, selbstverantwortlich und selbstständig zu werden. Du beraubst ihn dadurch der Möglichkeit, eigene Erfahrungen zu machen, zu lernen. Das ist schlimmer als bloßer Diebstahl, es geht um den Lebensweg des anderen!

Einmischung ist Diebstahl!

My Way

*Ich war außer Rand und Band und hatte es irgendwann
wirklich überall verschissen. Ich verstand die Welt
nicht mehr, ich verstand mich selbst nicht mehr. Ich
hatte den Zugriff auf mein eigenes Leben verloren. Ich
war ausgeloggt und wusste das Passwort nicht mehr.
Dennoch wollte ich nicht aus dem Leben auschecken
und jämmerlich verrecken. Selbst in meiner härtesten
Lebensphase hatte ich damals, Gott sei Dank, keinen
wahren, für mich akzeptablen Grund gefunden, hier abzu-
danken. So wollte ich nicht gehen, nicht einfach das Leben
wegschmeißen, aufgeben, davonlaufen, ohne wenigstens den Versuch eines »normalen Lebens« unternommen zu haben. »Wann wirst du
endlich erwachsen?«, fragte mich damals ein Doc in der psychiatrischen
Drogenentzugsanstalt, als ich dort mal wieder in meiner eigenen Kotze er-
wachte. Jahrelang war ich total im Arsch. Irgendwann hatte ich trotzdem
die Schnauze gestrichen davon voll, mein jämmerliches, durch die Sucht
knallhart bestimmtes Dasein so weiterzuleben und meine Lebenstage einfach so zu verschenken.*

*Bei dieser Gelegenheit möchte ich übrigens meinen größten Respekt an
all die Leute aussprechen, die sich Tag für Tag in diesem Teufelskreis bewegen, es eisenhart durchziehen und zum Ausdruck bringen, dass dies ein
erfülltes Leben sei. »Jungs und Mädels, ihr habt meinen ganzen Respekt,
ihr seid die Allerhärtesten!« Ich jedenfalls war deutlich zu weich, ein sol-
ches Leben weiterführen zu können, und hatte nach dem zigsten Entzug
und mehreren Therapien endlich ein plausibles und für mich akzeptables
Ziel in meinem Leben gefunden.*

*Ich wollte also erwachsen werden. Aber alles hat zwei Seiten. Das
Ziel war klar. Das musste der Weg sein, der mir in der Tat Erfüllung,
Befriedigung und Sinn geben würde. Es gab viel zu tun: Nach meiner
finalen siebenjährigen Odyssee durch Sylt, Hamburg, München und
den »wilden Osten« siedelte ich mich wieder in meinem schwäbischen
Heimatort an. Vollen Mutes arbeitete ich drei Jahre als Estrichleger, die
Schulden mussten weg. Meine Tätigkeit bestand darin, an sechs Tagen*

zu jeder Jahreszeit täglich gefühlte zwanzig Tonnen Sand und Zement mit der Schaufel im Akkord in die Mischmaschine zu schippen. Das Geld stimmte, ich war jung und brauchte es. Ich hatte inzwischen nicht nur für mich, sondern auch für meine damals 8-jährige Tochter Verantwortung übernommen. Ich war alleinerziehend. Weitere Ziele waren die Erlangung eines Führerscheines, eine Ausbildung und einfach der Wunsch, in dieser Gesellschaft ein sozial integriertes Mitglied zu sein. Als aufmerksamer Leser wirst du zu Recht bemerken, dass dies alles Ziele waren, die letztlich nur von außen zu meinen Zielen gemacht wurden, quasi aus der Notwendigkeit heraus: »Friss oder stirb!« Und sterben wollte und konnte ich noch nicht. Es machte ja zunächst alles Sinn. Der Lohn für dieses Streben war dann tatsächlich auch der, dass die Leute, bei denen ich es mir einst zum Teil massiv verscherzt hatte, mir tatsächlich wieder Vertrauen und Respekt entgegenbrachten. Innerhalb eines Zeitraums von drei Jahren hatte ich es durch eisenhartes Bemühen geschafft, mein Leben vollständig frei (schulden-, drogen- und alkoholfrei) auf die Reihe zu bringen. Hurra, ich war rehabilitiert und sozial integriert; ich hatte es geschafft! Ich war erwachsen geworden! Ich funktionierte so, wie es alle von mir wollten.

Heute weiß ich, dass hinter diesem eigenen Sozialisationswillen noch viel mehr steckte. In meiner Vergangenheit wurde mir alles genommen. Nichts befriedigte mich. Ich hatte massive Verlustängste. Ich hatte null Identität. Es ist ein großer Fehler, die eigene Identität im Außen zu suchen. Mich jedenfalls hat die Anerkennung anderer und die Aufnahme in bestimmte soziale Zirkel nie wirklich weitergebracht oder gar zufriedengestellt. Trotzdem bin ich der Versuchung ein ums andere Mal erlegen. Ich war der Rocker, der Soldat, der Aggro Punk, der Checker, sogar den verfluchten Hurenbock habe ich eine Zeit lang gespielt. Ich habe alles getan und kaum etwas ausgelassen, um mich nicht mit meinem wahren, total verkümmerten Selbst abgeben zu müssen. Ich versuchte, es meinem Umfeld recht zu machen. Ich gab die Verantwortung an die anderen ab und funktionierte genau so, wie meine jeweilige Rolle es verlangte. Ich lebte nach einem imaginären Drehbuch und entfernte mich immer weiter von dem, was mich eigentlich im Kern meiner Persönlichkeit ausmachte. Ich fraß allen Frust in mich hinein und hatte bald das Gefühl, ausgenutzt und missbraucht zu werden. Ich wollte unbedingt funktionieren. Sozialisation war der Plan, Akzeptanz in der Gesellschaft war mein Wunsch und Fluch zugleich. Ich war komplett fremdgesteuert. Ich verfolgte die Ziele, die andere mir gesteckt hatten, ich war angepasst und versank in der Masse wie der Kerl aus den »Wo ist Walter«-Büchern. Ich war zutiefst unglücklich und verzweifelt. Sollte es das wirklich gewesen sein? Ich bekam Depressionen. Aber was sollte ich tun? Für den Angriff fühlte ich mich zu schwach, für Selbstmord war ich zu feige. Ich stand mit dem Rücken zur Wand.

Ich begann, mir einen Wunsch zu erfüllen. Zum ersten Mal in meinem Leben wollte ich etwas erschaffen, was mir keiner mehr wegnehmen konnte. Mit meinem Ganzkörpertattoo setzte ich für mich und die Welt ein äußeres Zeichen. Ich setzte mir selbst das Messer auf die Brust, das mich stets daran erinnern soll, mir nie wieder selbst den Boden unter den Füßen wegzusprengen! Es sollte ein Ausdruck meiner Individualität sein. Ich wollte einzigartig sein, der Welt zeigen, dass ich hier bin. Ich sollte mich in meiner Einzigartigkeit suhlen dürfen. Tattoos imponieren dir vielleicht nicht, das sollen sie auch nicht, das ist nicht der Sinn meiner Tattoos. Stattdessen drücken sie nur meine Abneigung gegen Konformität aus. Meine Tattoos singen ein Lied der Einzigartigkeit. Tattoos sind ein Grund zum Feiern. Klar, es schmerzte, doch das war es wert! Auf welch andere Weise hätte ich ausdrücken können, welche Visionen meine Seele sieht? Das gesamte Konzept des Tätowierens ist die Veränderung. Es kann eine Person mental und psychisch verändern. Wahrscheinlich ist das auch einer der Hauptgründe, warum es die Menschen so »anzieht«. Die Tattoos lassen mich mir und meiner Umwelt gegenüber aufrichtig bleiben. Wenn man sein Leben auf seinem Körper abgebildet hat, kann man nicht verbergen, an was man glaubt. Egal, ob bei Trainings, Vorträgen, Seminaren oder beim Erstgespräch mit dem Kunden – als tätowierter und gepiercter Mensch musst du dich immer etwas mehr beweisen als unauffällige und angepasste Menschen. Oft und immer wieder muss ich mir anhören, ob mir denn bewusst sei, dass ich durch meine äußere Erscheinung auch den Zuhältern, der Drogenszene, den Rockern oder sonstigem scheinbar subkulturellen Gesocks zugeordnet werden könnte. (Ein Hoch auf das Schubladendenken, vor allem in good old Germany!)

Meine Vorbildfunktion wird dabei sehr oft infrage gestellt. Das ist mir voll bewusst!

Erstaunlicherweise sind dann auch nach anfänglicher Skepsis und Zurückhaltung alle überrascht, was für eine nette, kompetente, (menschen-)freundliche Person ich doch bin. Tatsächlich müssen »Kompetenz und Charme« jedes Mal die Vorurteile (kommt von Urteil!) aushebeln. Das gibt Power, Leute! ■

Genau um diese Bewusstwerdung geht es hier. Es geht um Weiterentwicklung. Ich wollte meine Seele nach außen kehren! Ich wollte nicht mehr zusätzliche Abhängigkeiten eingehen als nötig. Und das fühlt sich saugeil an! An all euch Zweifler, Zyniker, Neider und Kritiker: Es ist mir egal, was ihr von mir denkt! Ich bin nicht auf dieser Welt, um es euch recht zu machen! Mein oberstes Ziel ist es, es mir selbst recht zu machen! Das hat nichts mit Egoismus zu tun, und diejenigen, die es verstehen wollen, verstehen meine Aussage auch. Es geht darum, dass es auch meinem Umfeld gut geht, wenn es mir gut geht. Womit wir beim Punkt wären: Wahre, ernsthafte Veränderung kann nur bei mir selbst beginnen. Damit übernehme ich die volle Verantwortung für mein eigenes Leben und für mich selbst. Mit allen daraus resultierenden Konsequenzen! Die Schuld für ein verkorkstes Leben bei anderen zu suchen und sich selbst in der Opferrolle zu suhlen, das ist der falsche Weg! Ich habe mir selbst vergeben und an meiner Vergangenheit kann ich sowieso nichts mehr ändern. Mehr noch: Ich bin heute dankbar dafür, all diese Erfahrungen gemacht haben zu dürfen, da ich so die Möglichkeit hatte, aus meinen Fehlern zu lernen. Ich bin dankbar dafür, dass ich noch lebe, um diese schöne Welt mit all meinen Sinnen in Demut erleben zu dürfen. Ich weiß, dass ich jederzeit, heute, im Hier und Jetzt, in diesem Moment, wo ich diese Zeile schreibe, die Möglichkeit habe, mich aufs Neue zu entscheiden und aufs Neue positiv für meine eigene Zukunft zu sorgen. Alles beginnt jetzt!

Mein oberstes Ziel ist es, es mir selbst recht zu machen!

Dostojewski schreibt: »Der Mensch ist nur unglücklich, weil er nicht weiß, dass er glücklich ist, das ist alles, alles!« Ich bin heute ein glücklicher Mensch. Ich bin in der Lage, an mich zu glauben, um mich mit diesen Texten mit ruhigem Gewissen ins Feuer der Öffentlichkeit zu begeben. Mein wahrer »Point of Return«, das kann ich dir jetzt ja verraten, war, als ich begann, mich auf mein eigentliches Wesen, also auf mich selbst und auf meine eigentliche, in mir wohnende Göttlichkeit zu besinnen. Da schnallte ich es! Ich bin der eigene Herr und Schöpfer meines Lebens! Wir Menschen haben das Problem, dass wir immer versuchen, etwas zu werden, das wir längst schon sind. Wir suchen einen Gott überall außerhalb von uns, wir nehmen an zahlreichen Diskussionen und Versammlungen teil, sehen uns unzählige Filme und Dokumentationen an, lesen massenhaft Bücher, recherchieren im Internet, orientieren uns an Professoren, vertrauen auf Persönlichkeiten und Gurus, obwohl die eigene Göttlichkeit doch permanent in uns ist. Wenn wir Menschen endlich damit aufhören mit der Idee des »Versuchens« und stattdessen die Idee des »Existierens« akzeptieren würden, hätten wir schnell ein perfektes Bewusstsein für die Realität, für die Wahrheit!

Berufung

Heute weiß ich: Nichts kann das Leben glücklicher und seine Endlichkeit erträglicher machen als die Erfahrung, dass man anderen Menschen etwas zu geben vermag, das ihnen wirklich hilft. Die Tatsache, dass so wenige Menschen in ihrer Arbeit und durch ihr Dasein oder durch ihre gesellschaftliche Tätigkeit diese Erfahrung machen können, hat mich dazu bewegt, als Autor, Trainer und Speaker zu arbeiten. Ich arbeite mit Menschen jeglicher Couleur. Vom ausgebrannten Manager mit Eheproblemen bis hin zum normalen Bürger mit mangelndem Selbstbewusstsein, von der Prostituierten auf Sinnsuche bis hin zum Tätowierer mit Kreativitätsproblemen.

Ein großes Thema ist weiterhin die allgegenwärtige schleichende Volkskrankheit Depression und das Modewort »Burn-out«, hinter dem sich viele, auch gestandene Menschen, die unter permanenter Überforderung und dem damit einhergehenden Verlust der eigenen Persönlichkeit leiden, verstecken. Oft flüchten sich diese Menschen in untaugliche Verdrängungsmechanismen und Süchte. Neben Karriereplanung, Prüfungsvorbereitung und ähnlichen klassischen Themen geht es auch sehr viel um äußere Fassaden und Masken, welche die Menschen tragen und unter denen sie zu ersticken drohen! Hinter denen sich viel Sehnsucht nach Gefühl verbirgt oder der Wunsch, so geliebt zu werden, wie man ist. Andere Themen sind Unabhängigkeit und große Sehnsucht nach Beziehungen und Zugehörigkeit. Ich wusste vorher nicht, dass es bei uns so viele einsame Menschen gibt, die nach außen hin super »funktionieren« und gar nicht auffallen.

Sehr oft weiß der Mensch, der zu mir kommt, ganz genau, was er nicht mehr will. Er weiß aber selten genau, was er stattdessen möchte. Dies herauszufinden ist etwas ganz Elementares! Denn wenn ich nicht weiß, wo ich hin will, brauche ich mich auch nicht zu wundern, wenn ich ganz woanders rauskomme. Ich kann und will dem Menschen die Entscheidung nicht abnehmen. Jeder weiß im Grunde selbst am besten, was gut für ihn ist. Mein Anliegen ist es, Menschen zu unterstützen, ihren Blickwinkel zu ändern, ihnen zu helfen, dass sie ihre Ziele erreichen und immer stärker dahin kommen, der Mensch zu sein, der sie sein möchten! Durch diese Arbeit erfahre ich echte Freude und wirkliche Befriedigung.

I'm your fire of change and I want you to rock your life!

Showdown

Das Leben ist KRASS und will auch so gelebt werden: Konsequent, radikal, aktiv, selbstsicher und stark! Ich hoffe, dir mit diesem Buch nicht vollends den Stecker gezogen zu haben! Im Gegenteil, ich will dir Mut machen. Ich will dich animieren, deinen Arsch zu bewegen, und dich dazu auffordern, endlich die Verantwortung für dein eigenes Leben zu übernehmen! Ich will, dass du die Augen öffnest und siehst und erkennst, wirklich erkennst, was alles möglich ist. Was du schaffen kannst, wenn du nur endlich den Arsch hochkriegst und dich dem Leben da draußen stellst. Es wird keiner kommen, der dein einzigartiges und einmaliges Leben für dich lebt.

Lemmy Kilmister – Motörhead

>*»Glück ist etwas für Arschlöcher. Glück braucht immer nur derjenige, der nichts auf dem Kasten hat.«*

Und wenn du jetzt noch immer glaubst, dass sich das Blatt ohne dein eigenes Zutun irgendwann einfach wendet, dass du plötzlich doch noch den Lotto-Jackpot knackst oder dass jemand dein wahres Talent erkennt und dich zum Abteilungsleiter befördert, obwohl du nicht mal deine Ausbildung durchgezogen hast, dann tust du mir leid. Dann tust du mir ehrlich leid. Mein Mitleid erhältst du ganz umsonst! Ich bin die Alarmglocke, die für mich damals nicht geschlagen hat. Tu mir einen Gefallen: Mach nicht dieselben Fehler, die ich begangen habe. Dafür ist das Leben viel zu kurz. Dass ich noch lebe und frisch und knackig durchs Leben schippere, grenzt nicht nur an ein Wunder, nein, das ist das Ergebnis knallharter Arbeit an meinem eigenen Selbst!

»Eigentlich« bin ich ein äußerst sensibles Kerlchen, von denen ich in den Klapsmühlen sehr viele kennenlernen durfte. Hochintelligente und ganz feine nach- und mitdenkende Menschen, die an der ganzen Scheiße, die hier in unserer Gesellschaft läuft, einfach zerbrochen sind. Verzweifelte Menschen, die keine anderen Lösungen mehr sahen, als sich auf der Flucht vor der Realität des Alltags immer mehr wegzusprengen. Die Klapse ist hier! Schau dich doch mal in deinem persönlichen Umfeld um, beobachte, wie sich die Menschen zuballern, der Realität entziehen oder einfach nur ohne zu hinterfragen, ohne sich eine eigene Meinung zu bilden die Scheiße schlucken, die man ihnen vorwirft. Wie sie in Passivität verharren, verzweifelt, unzufrieden und verbittert sind.

Was habe ich aus der ganzen Scheiße gelernt, mit der ich mich jahrelang herumgeschlagen habe, durch die ich knietief waten musste, bis mir irgendwann ein Licht aufging? Welche Erkenntnisse habe ich gewonnen, welche Konsequenzen habe ich daraus gezogen und was kann ich dir hier und heute zum Abschluss dieses Buches mit auf den Weg geben?

Denk noch mal kurz an den Anfang zurück. Ich habe dich gefragt, ob du dich sicher fühlst, ob du glaubst, du hättest alles im Griff und dir könnte nichts passieren. Warum habe ich dich das überhaupt gefragt? Weil das Gefühl der Sicherheit ein saugutes Gefühl ist, darum! Weil wir für das Gefühl der Sicherheit verdammt viel aufzugeben bereit sind. Um uns sicher zu fühlen, tun wir doch beinahe alles. Wir haben immer größere Angst vor dem Leben und davor, zu scheitern, sodass wir versuchen, uns so gut es geht abzusichern. Wir lassen uns Gefahr vorgaukeln, wo keine ist. Wo vielleicht sogar Spannung und Abenteuer warten könnten. Wir kaufen jeden Scheiß – Stichwort Versicherung – und haben panische Angst davor, Neuland zu betreten, Wege zu gehen, die noch niemand vor uns gegangen ist. Wir errichten Mauern, bunkern uns ein, machen das Licht aus und nennen das Ganze am Ende noch unsere Komfortzone.

Wir machen uns zu Sklaven unserer eigenen Angst. Ich weiß heute, dass es die absolute Sicherheit nicht gibt. Und ich bin ehrlich gesagt froh, dass das so ist. Was wäre denn, wenn alles sicher

> Wir lassen uns Gefahr vorgaukeln, wo Spannung und Abenteuer warten könnten.

wäre, wenn du wirklich keine Sorgen und Ängste mehr hättest? Ich sag's dir: Dann wärst du tot. Und wenn ich mich da draußen umschaue, dann sehe ich viel zu viele Menschen, die trotz ihres jungen Alters innerlich bereits gestorben sind, weil sie aufgegeben haben. So wie ich haben viele nach der Sicherheit im Leben gesucht und nichts gefunden außer Enttäuschung und Depression. Und so wie ich damals versuchen viele ihren Frust mit Alkohol oder Drogen zu betäuben. Oder aber sie rasten aus, laufen Amok, sind unberechenbar und aggressiv, um ihrer Umwelt zu signalisieren, wie unzufrieden sie eigentlich sind und wie zurückgelassen sie sich fühlen. Aber warum ist das so? Ich sag's dir. Viele Menschen haben aufgegeben bzw. haben verlernt, für ihr eigenes Leben einzustehen und darum zu kämpfen. Es ist bequemer geworden, die Opferrolle einzunehmen, sich in Selbstmitleid zu suhlen wie die Schweine. Nur, dass diese Menschen dabei nicht fröhlich vor sich hin grunzen, sondern lieber jammern, jammern, jammern. Der Weg des geringsten Widerstandes führt eben direkt ins Jammertal! Und von dort finden nicht viele wieder heraus. Stattdessen suchen sie sich Gleichgesinnte und potenzieren gemeinschaftlich ihre Frustration ins Unermessliche. Jammern als Lifestyle sozusagen. Wer sich sicher fühlen will, der gibt zwangsläufig die Verantwortung für sein eigenes Handeln an andere weiter und macht sich abhängig. Wer Sicherheit als hohes, als höchstes Gut im Leben ansieht, der verliert früher oder später seine Freiheit und die Möglichkeit zur Selbstbestimmung.

Ich kann dir nur raten, nie aufzuhören, an dir selbst zu arbeiten. Trainier dich selbst, dein Bewusstsein, bleib aufmerksam. Versuch, faule Kompromisse zu vermeiden, auch wenn das nicht immer leicht sein mag. Investier in dich selbst, denn du bist das einzige Kapital, das an der Börse von einem skrupellosen Finanzhai nicht in Sekundenschnelle eingedampft werden kann. Hör auf, irgendeinem diffusen Gefühl nach Sicherheit und Geborgenheit nachzujagen, lass es lieber mal so richtig krachen, verdammt. Es ist dein Leben. Und du hast nur eines davon.

Du kannst dich nicht drücken, du musst optimieren, sonst wirst du scheitern und verwelken. Es zählt die Tat und nicht nur der

Gedanke. Hau rein und sei verschwenderisch mit positiver Power! Schließ dein Buch der Negativität – jetzt! Es fällt alles auf dich zurück, früher oder später! Du wirst ernten, was du säst! Sei in diesem Zusammenhang ein echtes Egoschwein. Genau das ist es nämlich, was diese Welt braucht. Setz dir hohe Maßstäbe für dein einzigartiges Leben und sag jetzt bloß nicht, dass du das nicht kannst! Sonst empfehle ich dir dieses Buch noch einmal von vorne zu lesen! Letztlich sind wir gefesselt von bunten Bildern und geblendet von der Materie. Wir verharren in Traditionen und Gewohnheiten, die alles als normal erscheinen lassen. Was zum Teufel ist hier noch normal? Immer wieder fallen wir nach Befreiungsversuchen in alte Bahnen zurück. Immer wieder das Gleiche ist stinklangweilig und wenig erfüllend, ist Stillstand und Tod, Stagnation und null Entwicklung. Wach auf, sonst wird es noch schlimmer, zeig dir selbst deinen Stinkefinger! Zieh dir das Kommerz-Klistier aus dem Arsch!

Leb im Hier und Jetzt! Sobald du nämlich aus dem Hier und Jetzt herausfällst, bremst das deinen Lebensstrom, schaffst du Widerstände und Konflikte, die dich bei der Lösung deiner Probleme und der Erreichung deiner Ziele behindern. Unsicher ist das Leben nur außerhalb des Hier und Jetzt. Sicheres Leben heißt leben! Jeden Augenblick zu lieben und sich keine Sorgen um den kommenden Moment zu machen. Es gibt für dich nichts Wichtigeres auf der Welt als das, was du jetzt denkst!

Je größer das Risiko, desto größer ist auch die Chance, zu wachsen. Für das Wachstum eines Menschen gib es nichts Hilfreicheres als die Liebe. Wer Angst davor hat, in Liebe zu leben, der bleibt kindisch, naiv und unreif. Nur das Feuer der Liebe verleiht dir Reife!

Du bist verantwortlich in deiner Familie, in deinem Beruf, in deinen finanziellen Angelegenheiten, in deiner spirituellen Entwicklung, überall, in allen Lebensbereichen. Es gibt keine schlechten, widrigen Umstände, keine unfähigen Kollegen, keine oberflächlichen Mitmenschen, kein schlechtes Wetter, keine radikalen Parteien, keine ideologischen Pfaffen oder sonst irgendetwas, auf das du deine Verantwortung abschieben kannst. Deine Verantwortung in deinem Leben ist, dich ständig dem Evolutionsprozess so anzu-

passen, dass deine Entwicklung, deine Lebensfähigkeit und Selbstständigkeit nicht behindert wird. Du
bist für alles, was geschieht, selbst verantwortlich!
Für das, was um dich herum geschieht, und für
das, was du daraus machst. Das ist der Weg, den
du ganz allein gehst, der Weg des Erwachsenwerdens. Deshalb ist es notwendig, diesen Weg
konsequent zu gehen! Alles andere ist leeres Geschwafel. Das sind leere Phrasen, die nicht wehtun
und nicht stören. Du musst endlich den Tatsachen
ins Auge sehen und anfangen zu handeln.

Du bist für alles, was geschieht, selbst verantwortlich!

Leben ist Hingabe, die Lebensenergie ist die Liebe, Berufung
ist Schöpfung! Deine Lebensaufgabe ist die Schöpfungsidee! Sie
zu erfüllen, ist der Sinn des Lebens! Gewinn kommt durch Erfolg,
Sinn durch Erfüllung!

»Nun aber bleibt Glaube, Hoffnung, Liebe, diese drei; aber die
Liebe ist die Größte unter ihnen.« (1. Kor. 13,13)

Schlusswort

Niemand ist ohne Fehler. Vielleicht liege ich mit meiner Meinung
auch mal falsch. Nichts ist verkehrt daran, auch mal zuzugeben,
nicht recht gehabt zu haben. Ganz im Gegenteil. Ich halte es für eine
absolute Stärke, einen Fehler zu erkennen und diesen auch mitzuteilen.

Viel zu viele Menschen verwenden einen Großteil ihrer Energien darauf, perfekt zu sein und recht zu haben. Dabei gehen ihnen ihre eigenen Erfahrungen über alles. Wer könnte mit seinen
eigenen Sinnen und Gefühlen nicht intensiver erspüren, erleben,
erfahren als man selbst? Es geht aber auch um die Erfahrungen der
anderen Menschen.

Was ist so schlimm daran, wenn andere Menschen eben auch
andere Erfahrungen haben? Es wäre doch stinklangweilig hier,

wenn wir alle alles gleich toll fänden. So muss jeder für sich selbst herausfinden, was sein Weg ist, wohin dieser führt und was er für seine eigene Wahrheit hält. Man muss einfach manchmal den Mut aufbringen und unangenehme Fragen stellen. Hier und da anecken. Nur so bekommt man die wahren Wesenszüge zu sehen, und darum geht es doch im Leben. Das schafft Klarheit und man weiß danach zumindest, woran man ist.

Ich bin immer bestrebt, in vielen Lebensschulen und Traditionen, aus verschiedenen Richtungen einen guten Einblick zu erhalten. Das macht es mir möglich, aus vielen Quellen zu schöpfen, um ein bestimmtes Ziel zu erreichen. Wenn ich mich immer nur an der deutschen Moral orientiert hätte, wäre ich wahrscheinlich innerlich schon längst ein Totalschaden. Ich würde nur die Ziele der anderen verfolgen, wäre todunglücklich.

So fühle ich mich in einem Kreis, der sich stets erweitert, mit sehr bunten Leuten und verschiedensten Ansichten am wohlsten. Dort kann ich am meisten lernen und auch für mich selbst das Beste einsammeln. Es ist nicht schwer, nachzuvollziehen, dass sich in manchen Fraktionen der ein oder andere über eine derartige Lebenseinstellung wundert oder aufregt. Das ist mir egal!

Ich mag das, daraus lerne ich weiter, vor allem etwas über dich.

Das Manifest
des Heavy Metal Coach®

Nur Tote bleiben liegen: Der Preis des Lebens ist der Tod – der muss erst mal verdient werden – weglaufen kann jeder!

Du bist verantwortlich: Niemand außer dir selbst ist verantwortlich für dein Leben. Anderen die Verantwortung für das eigene Versagen zuzuschieben, bringt dich nicht weiter!

Schaff Überblick im Chaos: Mach dir klar, was du willst, und zieh dies konsequent durch!

Bleib dir selbst treu: Steh zur dir – zu deinen Worten und deinen Taten – wenn du damit anfängst, andere zu bescheißen, betrügst du nur dich selbst und verlierst dich in einem fortwährenden Teufelskreis der Lebenslügen.

Bleib frei: Löse dich von allen hinderlichen persönlichen und finanziellen Abhängigkeiten. Miste aus, befrei dich von dem ganzen Ballst, den du täglich mit dir rumschleppst!

Wenn du unzufrieden bist, dann ändere was: Bringt dich die Rolle des ewig jammernden Opferkindes weiter, und gehst du lieber, den Mitleidswalzer tanzend, mit deinem sinkenden Schiff unter?

Mitleid gibt's umsonst – Neid musst du dir verdienen: Neid ist eine Form der Anerkennung derer, die nichts auf die Reihe bekommen. Erfreu dich daran, du hast es dir verdient! Vom Mitleid anderer kannst du dir nichts kaufen!

Sei egoistisch: Wer steht an erster Stelle deines Lebens? Bedenke: Geht es dir gut, geht's auch deinem Umfeld gut!

Back to the roots: Setz dich mit dir selbst auseinander und stell dich deinen Dämonen. Ehrliche Eigenbetrachtung macht nicht immer Spaß. Der Preis kann hoch sein – der Gewinn ist fantastisch!

Learn to live – and live to learn: Mit 30 gestorben und bis 70 auf die Beerdigung warten? Stillstand ist Tod!

Bedenke das Unerklärbare: Liebe – Glaube – Hoffnung – sei demütig, Wurm!

Glück ist was für Arschlöcher: Glück braucht immer nur derjenige, der nichts auf der Pfanne hat! Für dein Glück musst du was tun!

You create you: Im Leben geht es darum, sich selbst zu inszenieren – willst du selbstbestimmt oder fremdbestimmt leben?

Achte auf deine Gedanken: Aus Gedanken werden Worte, aus Worten werden Taten! Du hast die absolute Macht!

Gesunder Geist in gesundem Körper: Ohne körperliche Gesundheit und mentale Fitness ist alles nichts!

Nothing is forever – nothing is for free: Absolut gar nichts ist für immer da – genieße den Augenblick – abgerechnet wird am Schluss!

Rock your life: Mit wem musst du es ein Leben lang aushalten? Wer hindert dich daran, glücklich zu sein?

Dank

Ich bedanke mich bei der Gnade des Lebens, bei all den Menschen, Lebewesen und Schicksalsfügungen, die ihre Spuren bewusst und unbewusst auf meiner Festplatte hinterlassen haben. Danke, Junior!

Ganz besonders möchte ich hier die Menschen erwähnen, die entscheidend zum Gelingen und Umsetzen dieses angehenden Bestsellers beigesteuert haben. Mein Dank geht an:

Darina, meine geliebte Tochter, die es mit ihrem durchgeknallten Dad nicht leicht hatte. Ich bin sowas von stolz auf dich.

Bärbel, meine Muse, Inspiration, Stimm- und Stimmungstrainerin, Sparringspartner, Troubleshooter, Backoffice, Management, Security, Powerfrau, Teufelsweib und Organisatorin für alle wichtigen und unwichtigen Dinge des Lebens. You rock!

André Jünger, mein Verleger, der mich nach meinem Vortrag »Sucht ist ein Scheißspiel« zu diesem Buch »überredet« hat. Die Chief Editorin Ute Flockenhaus, die es mit ihrer unendlich warmherzigen, ruhigen und kooperativen Wesensart und stets mit viel Humor, Bodenständigkeit und Einfühlungsvermögen erfolgreich meisterte, den »großen Junior« nach seinen wilden und unmenschlichen Schreiborgien zu diesem Werk wieder auf den Teppich zu holen. Meine fantastische Lektorin Eva Gößwein aus Berlin für die finale Diamantenveredelung!

Ben Schulz und Alexandra Arhelger und dem ganzen fantastischen Team von werdewelt für die endgeile, wertvolle, freundschaftliche, höchstprofessionelle Zusammenarbeit bei meinem Personalmarketing.

Timo Wuerz, den fuckin' Godfather und Visualizer unseres geliebten Erzdragon Junior Gabriel.

Dirk Kreuter, meinen genial besonnenen Mentor, der mir tiefe, ehrliche Einblicke und ganz spezielle Offerten in Berufswelten und Haifischbecken verschaffte, die ich mir selbst in meinen übelsten Zeiten niemals auch nur ansatzweise zu erträumen gewagt hätte.

Walter Kohl, Dr. Björn Migge und Dr. Stefan Frädrich für euer Vertrauen und die ersten so richtig coolen Testimonials zum Buch.

Chris Laut, den Frontman der St.-Pauli-Vollgastruppe OHREN-FEINDT, für die erlesenen Zeilen im Vorwort.

Petra Spiekermann, die gnadenlose Powerfrau von PS:PR, für den fetten Hintergrundsupport.

Jan Müller und Torsten Thassilo Herbert (RIP – mögen Engel dich begleiten in die Chefetage des Götterhimmels!) von der Heavy Metal Band DRAGONSFIRE, die mir in den härtesten Zeiten meiner exzessiven literarischen Gedankenmassaker im Glörfelder Turmzimmer und auch neben dem magischen Felsen »Es Vedra« auf Ibiza mit ihrem Sound immer wieder das Hirn freigehämmert haben.

Tommy »Silverskull« Deyhle, meinen begnadeten Tätowierer.

Mladen »Steel2Silver« Bakula for »Metal-Junior«.

Mr. Björn Moehl & Mr. Uwe Merz for your »Metal-Hearts«.

Und einen ganz besonderen Dank an meinen Bruder Andi – Du bist der Allerbeste!

An all diejenigen, die noch darauf warten, hier namentlich erwähnt zu werden:

1. Asche auf mein zartes Schädelchen. Verzeiht mir!
2. Legt euren Egoismus schleunigst beiseite und tut etwas für euren Seelenfrieden, anstatt hier nur nach eurem bescheuerten Namen zu suchen!
3. Leute, ihr alle seid tief in meinem Herzen!

Lieber Leser – Ich danke dir!

Der letzte Dank gilt allen meinen Neidern. Beim Leben handelt es sich um einen stetigen Veränderungsprozess. Bleibt nicht stehen. Kommt raus aus euren Löchern, hört auf zu jammern! Hört verdammt noch mal auf damit, die Schuld für euer Versagen auf andere abzuwälzen, macht eure Lichter an und bewegt endlich euren Arsch!

Stichwortverzeichnis

Über den Autor

Rainer Biesinger – Der Heavy Metal Coach®

... ist der wohl schrägste, auffälligste und provokanteste Persönlichkeitstrainer und Keynote-Speaker im deutschsprachigen Raum.

Drogen, Alkohol und Selbstzerstörung. Rainer Biesinger war am Boden, bevor er konsequent damit begonnen hat, mutig und bedingungslos die Verantwortung für sein eigenes Leben zu übernehmen. Er hat sich selbst erzogen, seine Wurzeln aus dem Dreck gerissen und seinem alten Leben endlich den Stinkefinger gezeigt!

Er schreibt aus eigener Erfahrung und zeigt, wie jeder es schaffen kann, die Kontrolle über das eigene Leben zurückzugewinnen. Seine Ganzkörper-Tätowierung zeigt die Summe seiner gelebten Erkenntnisse und die »Narben« seiner langen Reise zu sich selbst.

Rainer Biesinger macht kein Geheimnis aus seiner bewegten und einstmals aussichtslosen Vergangenheit – und genau das macht ihn aus. Er spricht Klartext und ermutigt die Menschen, die Verantwortung für ihr eigenes Leben zu übernehmen. Raus aus der Abhängigkeit – rein in die Autonomie eines einzigartigen Lebens.

Seine authentische, unorthodoxe und entwaffnende Art bewegt die Menschen dazu, ihr Feuer der Veränderung zu entfachen.

Kunden sind Unternehmen, Konzerne, Privatiers, Führungskräfte und auch Chaospiloten jeglicher Prägung. Menschen, die an der Gesellschaft und am Leben verzweifeln, perspektivlos, hilflos, unwissend und desillusioniert sind. Prominente und in der Öffentlichkeit stehende Menschen, die mit ihrer »Verletzlichkeit« unerkannt bleiben möchten und müssen.

Rainer Biesinger ist zertifizierter SeniorCoach QRC und professionelles Mitglied der German Speakers Association (GSA).

Sein Motto: »Harder – faster – louder« gilt nach wie vor. Heute im klassisch konservativen Kontext. Er ist im Leben angekommen.

Besuche Rainer auf seiner Website www.Rainer-Biesinger.de oder
schreib ihm eine E-Mail an: office@rainer-biesinger.de